安徽省高校领军人才引进资助项目
"转型中国的新闻理论创新研究"资助成果

安徽文化产业资源的整合传播与开发

马 梅 著

中国科学技术大学出版社

内容简介

本书运用新闻传播学、管理学、文化社会学、区域经济学等学科的理论与方法,梳理了安徽文化产业资源的现状与优势,对安徽文化产业资源的进一步开发与整合传播提出了意见和建议。本书认为安徽文化产业资源非常丰富,在开发和传播方面已经有了一定的进展,但还需要进行整体决策,提升开发层次,尽可能地延伸产业链、价值链,并充分运用新媒体和高科技手段进行传播与开发,着力构建文化和旅游及相关产业高质量融合发展格局,实现高质量发展。本书能够为安徽的科学发展提供决策参考和技术支撑,值得相关领域研究者、从业者及决策者参考阅读。

图书在版编目(CIP)数据

安徽文化产业资源的整合传播与开发/马梅著.—合肥:中国科学技术大学出版社,2021.9

ISBN 978-7-312-04983-5

Ⅰ.安⋯ Ⅱ.马⋯ Ⅲ.文化产业—产业发展—研究—安徽 Ⅳ.G127.54

中国版本图书馆CIP数据核字(2020)第110449号

安徽文化产业资源的整合传播与开发
ANHUI WENHUA CHANYE ZIYUAN DE ZHENGHE CHUANBO YU KAIFA

出版	中国科学技术大学出版社 安徽省合肥市金寨路96号,230026 http://press.ustc.edu.cn https://zgkxjsdxcbs.tmall.com
印刷	安徽省瑞隆印务有限公司
发行	中国科学技术大学出版社
经销	全国新华书店
开本	710 mm×1000 mm 1/16
印张	13.25
字数	260千
版次	2021年9月第1版
印次	2021年9月第1次印刷
定价	58.00元

前　言

　　文化是什么？一般来说，人们认为文化是人类社会所创造的物质文明和精神文明的总和，包含物质、制度、精神三个层面。文化在人类社会发展中有何意义？2017年10月18日，中共中央总书记习近平在中国共产党第十九次全国代表大会报告《决胜全面建成小康社会　夺取新时代中国特色社会主义伟大胜利》中指出，文化是一个国家、一个民族的灵魂。塞缪尔·亨廷顿（2010）认为文化是一个社会中的价值观、态度、信念、取向以及人们普遍持有的见解，它对社会、政治和经济行为具有举足轻重的影响。习近平总书记还多次深刻指出，文化自信是更基础、更广泛、更深厚的自信，文化自信是更基本、更深沉、更持久的力量。

　　文化是民族凝聚力和创造力的重要源泉，是一个国家、一个地区综合竞争力的重要因素。对于一个地区来说，文化是塑造区域形象的重要力量。而区域形象是一个地区内在素质和文化内涵在区域外部形态上的直观反映，是地区自身所蕴含的历史文化积淀和现实情况的客观反映，是一个地区有别于其他地区的深刻印象，是区域的资源，更是一种资产和"软实力"。当经济发展到一定阶段，地区之间的影响力不再简单地以经济发达程度和物质丰富与否来决定，而更多地依靠区域形象来体现。良好的区域形象能够为地方经济社会发展营造良好的人文氛围和社会认同，通过区域形象的塑造可以再创区域的核心资源，可以在更高层次上保护区域的传统资源、优势资源要素，使其在经济社会发展中发挥更大的作用。

　　文化本身也能"成为"经济。戴维·思罗斯比（2011）在其著作《经济学与文化》中认为，如果接受广义文化概念——文化可以被视为一套价值观、信仰、传统、习惯等，用于识别一个群体，并将其凝聚在一起，那么不难理解，文化不仅会影响群体中个人的思考方式和行为方式，还将对整个群体的行为方式产生重要影响。这样一个命题既适用于像公司这样的小群体，也适用于像国家这样的大群体……不论何种情况，如果从经济学角度来阐释这一命题，则可以将其表述为：群体认同和价值观会形成个人的偏好模式，并进一步影响他们的经济行为。他进一步分析说，文化可能在三个大致的方向上影响群体的经济产出：第一，文化也许可以通过改善群体的共同价值观而影响经济效率，这种共同价值观决定了群体成员以怎样的方式来从事经济生产活动；第二，文化会影响公平；第三，文化影响力甚至决定了群体所要追求的经济目标和社会目标。

当文化成为文化产业，或和教育、科技、娱乐、休闲、旅游、体育等产业结合起来，它便直接成为地方经济发展的一支主力军。而当这些产业的发展建立在区域各类资源的基础上，并通过各种传播手段使其具有较高的知名度时，就更可能有持续不断的生命力。

出于这样的考虑，作为一个地方高校的研究者，作为力求将理论联系实际的研究取向贯穿全部学术研究的研究者，笔者一直在思考地方文化、区域文化与当地各项事业发展的关系与实施路径。笔者首先将目光投向自己生于斯长于斯的安徽大地。笔者认为安徽文化源远流长、博大精深、内容形式多样，安徽的各类文化资源乃至相关自然资源等非常丰富，这正符合大力发展文化产业，实现安徽经济腾飞、社会和谐、环境美好等建设目标的要求。文化产业是国际公认的"朝阳产业"，要发展文化产业，核心是科学整合文化产业资源，实现文化产业资源的强力传播，促进资源的产业化发展，这就要实现文化产业内部各具体行业、文化产业和相关产业的整合式发展，形成真正的产业链延伸。

据此，笔者认为，通过安徽文化产业资源的整合传播和开发，可以充分发挥安徽的资源优势，促进安徽传统产业的转型升级，全面提升安徽经济社会发展实力，同时能够进一步彰显安徽的文化特性和知名度，塑造安徽良好的区域形象，而这种区域形象具有表现安徽人的良好人格和形象、提升安徽的凝聚力和竞争力、推动安徽发展并构成安徽发展之无形资源的重大作用。因而要加快安徽经济社会的发展，就必须注意对安徽文化产业资源的整合传播与开发。

在具体的研究过程中,笔者利用安徽各地新闻传播媒体、政府网站、文化馆藏等所发布的相关公开资料,进行了相关文化产业资源的梳理,进而分析并提出安徽各地进行文化产业资源整合传播与开发的策略方法。在这里,对本书研究中所用资料的拥有机构、人员表示诚挚的感谢。当然,由于笔者学术视野、研究能力有限,这个研究没有遍及安徽的每一个地级市;即便所涉及的地级市,可能也没有全面呈现其文化产业资源,没有给出全面系统深刻的策略建议,在这里笔者表示深深的遗憾。这些缺憾,笔者将在后续研究中去弥补,并将尽力进行未尽研究。

在这里,笔者还要感谢长期以来关心、支持这一研究的新闻传播学界和业界、文化研究领域的前辈和同道,没有你们的鼓励和关心就没有本书的完成。同时,在这本书中直接或间接引用、参考了大量论著,借鉴了许多学者的观点或方法,在这里也向他们表示最真诚的谢意。笔者的学生——安徽师范大学新闻与传播学院的优秀研究生孙静、陈强东、李冷月、王应攀、许瑞、叶元龙、刘健、杨诗慧、田娜娜、李璐阳、邵晓杰等,也参与了相关章节的写作,其中,陈强东是第三章的主要撰稿人,孙静是第七章的主要撰稿人,在此一并感谢,感谢各位的支持,感谢岁月给予我们相遇的缘分与师生情谊。

走笔至此,不由得想到"初心和使命"——为中国人民谋幸福,为中华民族谋复兴。是的,研究者要做理论联系实际的研究,做顶天立地的研究,要运用自己的研究为国家发展、民族复兴做出自己的贡献。前路漫长,永无止境,继续奔跑。

马 梅

2021 年 1 月

目 录

前言 ·· (i)

绪论 ·· (1)
  一、研究缘起 ··· (1)
  二、概念界定 ··· (2)
  三、相关研究述评 ··· (8)
  四、研究思路和方法 ·· (10)

第一章 "美好安徽"亟待安徽文化产业资源的整合传播与开发 ······ (12)
  一、"美好安徽"的内涵 ··· (12)
  二、"美好安徽"与安徽文化产业资源的整合传播、开发 ················· (13)
  三、"美好安徽"视域下安徽文化产业资源整合传播与开发的策略 ··· (15)
  四、结语 ·· (19)

第二章 安徽地方性历史文化资源的保护、整合传播与开发 ········· (20)
  一、安徽地方性历史文化资源整合传播与开发的必要性 ··············· (20)
  二、安徽地方性历史文化资源保护、整合传播与开发的具体实施 ··· (22)
  三、结语 ·· (27)

第三章 安徽文化旅游业的发展与资源的整合传播、开发 ············ (28)
  一、安徽旅游业发展简述 ·· (28)
  二、文化和旅游的整合 ··· (31)
  三、安徽文化旅游业整合发展的对策 ······································· (39)
  四、结语 ·· (41)

第四章 安徽抗战文化资源的保护、开发与传播 ……（42）
- 一、安徽抗战文化资源概述 ……（42）
- 二、安徽抗战文化资源的价值 ……（43）
- 三、安徽抗战文化资源保护、开发与传播的现状 ……（46）
- 四、安徽抗战文化资源保护、开发与传播的建议 ……（49）
- 五、结语 ……（51）

第五章 文化产业资源整合传播与开发的评价指标体系 ……（52）
- 一、安徽各地级市文化产业资源的"整合传播力"指标构成 ……（53）
- 二、安徽各地级市文化产业资源的"整合开发力"指标构成 ……（55）
- 三、结语 ……（61）

第六章 合肥市文化产业资源的整合传播与开发 ……（62）
- 一、合肥市资源概述 ……（62）
- 二、合肥市文化产业资源分析 ……（63）
- 三、合肥市文化产业资源的整合传播与开发策略 ……（71）
- 四、结语 ……（74）

第七章 芜湖市文化产业资源的整合传播与开发 ……（75）
- 一、从芜湖市城市形象说起 ……（75）
- 二、芜湖市文化产业资源分析 ……（78）
- 三、芜湖市文化产业资源的整合传播与开发 ……（85）
- 四、结语 ……（90）

第八章 宣城市文化产业资源的整合传播与开发 ……（91）
- 一、宣城市资源概述 ……（91）
- 二、宣城市文化产业资源的资料整理与分析 ……（92）
- 三、宣城市文化产业资源的整合传播与开发策略 ……（98）
- 四、结语 ……（100）

第九章　黄山市文化产业资源的整合传播与开发 ……………………(101)
　　一、黄山市资源概述 ………………………………………………(101)
　　二、黄山市文化产业资源分析 ……………………………………(102)
　　三、黄山市文化产业资源整合传播与开发的策略建议 …………(112)
　　四、结语 ……………………………………………………………(116)

第十章　池州市文化产业资源的整合传播与开发 ………………(117)
　　一、池州市资源概述 ………………………………………………(117)
　　二、池州市文化产业资源分析 ……………………………………(118)
　　三、池州市文化产业资源整合传播与开发的对策建议 …………(124)
　　四、结语 ……………………………………………………………(127)

第十一章　铜陵市文化产业资源的整合传播与开发 ……………(128)
　　一、铜陵市资源概述 ………………………………………………(128)
　　二、铜陵市文化产业资源分析 ……………………………………(129)
　　三、铜陵市文化产业资源整合传播与开发的对策建议 …………(136)
　　四、结语 ……………………………………………………………(139)

第十二章　滁州市文化产业资源的整合传播与开发 ……………(140)
　　一、滁州市资源概述 ………………………………………………(140)
　　二、滁州市文化产业资源分析 ……………………………………(141)
　　三、滁州市文化产业资源的整合传播与开发设计 ………………(151)
　　四、结语 ……………………………………………………………(156)

第十三章　六安市文化产业资源的整合传播与开发 ……………(157)
　　一、六安市资源概述 ………………………………………………(157)
　　二、六安市文化产业资源分析 ……………………………………(158)
　　三、六安文化产业资源的整合传播与开发策略 …………………(163)
　　四、结语 ……………………………………………………………(167)

第十四章　阜阳市文化产业资源的整合传播与开发 …………（168）

一、阜阳市资源概述 ……………………………………………（168）
二、阜阳市文化产业资源分析 …………………………………（169）
三、阜阳市文化产业资源整合传播与开发的对策建议 ………（179）
四、结语 …………………………………………………………（183）

第十五章　亳州市文化产业资源的整合传播与开发 …………（184）

一、亳州市资源概述 ……………………………………………（184）
二、亳州市文化产业资源分析 …………………………………（185）
三、亳州市文化产业发展的现状分析及可行性措施 …………（194）
四、结语 …………………………………………………………（196）

参考文献 ……………………………………………………………（197）

绪　论

一、研究缘起

文化是民族凝聚力和创造力的重要源泉，是一个国家、一个地区综合竞争力的重要因素。对于一个地区来说，文化是塑造区域形象的重要力量。区域形象是一个地区内在素质和文化内涵在区域外部形态上的直观反映，是地区自身所蕴含的历史文化积淀和现实情况的客观反映，是一个地区有别于其他地区的深刻印象，是区域的资源，更是一种资产和"软实力"。当经济发展到一定阶段，地区之间的影响力就不再简单地以经济发达程度和物质丰富与否来决定，而更多地依靠区域形象来体现。良好的区域形象能够为地方经济社会发展营造良好的人文氛围和社会认同，通过区域形象的塑造可以再创区域的核心资源，可以在更高层次上保护区域的传统资源、优势资源要素，使其在经济社会发展中发挥更大作用。

文化本身也能"成为"经济。戴维·思罗斯比认为，如果接受广义文化的概念——文化可以被视为一套价值观、信仰、传统、习惯等，用于识别一个群体，并将其凝聚在一起——那么不难理解，文化不仅会影响群体中个人的思考方式和行为方式，还将对整个群体的行为方式产生重要影响。这样一个命题既适用于像公司这样的小群体，也适用于像国家这样的大群体……不论何种情况，如果从经济学角度来阐释这一命题，则可以将其表述为：群体认同和价值观会形成个人的偏好模式，并进一步影响他们的经济行为。他进一步分析说，文化可能在三个大致的方向上影响群体的经济产出。第一，文化也许可以通过改善群体的共同价值观而影响经济效率，这种共同价值观决定了群体成员以怎样的方式来从事经济生产活动；第二，文化会影响公平；第三，文化影响力甚至决定了群体所要追求的经济目标和社会目标。[①]

当文化成为文化产业，或和教育、科技、娱乐、休闲、旅游、体育等产业结合起来，它便直接成为地方经济发展的一支主力军。而当这些产业的发展建立在区域各类资源的基础上，并通过各种传播手段使其具有较高知名度时，就更可能有持续

---

① 戴维·思罗斯比.经济学与文化[M].王志标，张峥嵘，译.北京：中国人民大学出版社，2011：68.

不断的生命力。

安徽的各类资源丰富多样,这正符合大力发展文化产业,实现安徽经济腾飞、社会和谐、环境美好等建设目标的要求。文化产业是国际公认的"朝阳产业",要发展文化产业,核心是科学整合文化产业资源,实现文化产业资源的强力传播,促进资源的产业化发展,这要实现文化产业内部各具体行业、文化产业和相关产业的整合式发展,形成真正的产业链延伸。

2003年,安徽省出台了《文化产业发展规划纲要》。2006年,安徽省出台了《关于深化文化体制改革的实施意见》和《关于支持文化体制改革、促进文化产业发展的若干规定》。2009年,国务院出台了《文化产业振兴规划》之后,安徽省又出台了《关于加快建设文化强省的若干意见》,将文化产业的发展放在了文化强省的高度。

通过安徽文化产业资源的整合传播和开发,可以充分发挥安徽的资源优势,促进安徽传统产业的转型升级,全面提升安徽经济社会发展实力,同时能够进一步彰显安徽的文化特性和知名度,塑造安徽良好的区域形象,而这种区域形象具有表现安徽人的良好人格和形象、提升安徽的凝聚力和竞争力、构成安徽发展之无形资源的重要作用。因而要加快安徽经济社会的发展,就必须注意对安徽文化产业资源的整合传播与开发。

二、概念界定

这里先理清资源、文化资源、文化产业、文化产业资源几个概念的关系。

本书中的文化产业资源指的是能够变现成文化产业的资源,也就是说它不等于文化资源,它的外延比文化资源包含的范围要大。资源中能够变现成文化产业的都可以是文化产业资源。资源包括自然资源和社会资源两大类,自然资源是能够进入人类劳动生产过程并被加工成生产资料的那部分自然要素,如土地、水、能源、野生动物与植被等;社会资源是人类通过自身提供的以物质形态存在的劳动力资源和经济资源,其中包括科技、教育、文化、信息、管理等非物质形态的资源,如表0.1所示。文化资源是一种社会资源,是人类在漫长历史发展过程中所积淀的,通过文化创造、积累和延续所构建的,能够为社会经济发展提供对象、环境、条件、智能与创意的文化要素的综合。[①]

---

① 姚伟钧,等. 从文化资源到文化产业:历史文化资源的保护与开发[M]. 武汉:华中师范大学出版社,2012:3-4.

表0.1 资源分类表

自然资源	社会资源			
	文化资源①	科技资源	信息资源	……

表头:资源

据此,文化产业资源是指人们从事文化生产和文化活动所利用或可资利用的各种自然资源和社会资源,包括一切可以产业化的文化存在对象,以及在产业化过程中所要利用的一些相关资源。需要进一步界定的是,为了考核评价的更加科学可行,本书中的安徽文化产业资源主要包括自然资源、文化资源等本地固有的资源,不包括后天培养打造或引进的人力资源、科技资源、资本资源、市场资源、硬件设备资源等。这里的自然资源是指安徽各地天然存在的资源,是文化产业的基本载体。在文化产业中,可以直接利用的自然资源主要是富有特色的自然生态景观,如植被、湖泊、海洋、名山大川等。这里的文化资源(有的学者称为人文资源),是人类社会的各种文化现象中可以用于文化产业的那一部分财源,是社会资源的一部分,它是文化产业的核心所在,是文化产业发展的重要战略条件,它凝结了人类劳动成果和思维活动的精华,在可持续利用的资源中,是最高层次、最具开发价值的资源。从历史的角度来说,文化资源是人类为完善自身赖以生存的环境,在改造利用自然、维系社会规范的长期实践过程中创造的物质文化、制度文化和精神文化遗产的总和。从内容的范围来看,文化资源一般是前人所创造、积累的文化遗产库和今人所创造的文化信息库的总和,包括历史人物、文物古迹、民俗、建筑、工艺、宗教信仰、语言文字等。从存在的形态来看,文化资源分为有形的物质(文化)资源和无形的精神(文化)资源两大类,前者包括:① 富含历史文化内涵的遗址和文物;② 具有鲜明的民族和地方特色的工艺、饮食文化资源;③ 文化设施与设备资源。后者包括:① 优良的精神传统资源;② 经验型的文化技能资源;③ 创新型的文化智能资源。②

考虑到文化资源在社会资源中的重要地位,后面分析各地级市的文化产业资源时,往往采用自然资源、文化资源(人文资源)、社会资源(表0.1中的社会资源中除了文化资源之外的资源)的分类。

文化产业的概念目前有多种观点,但一般可以简单地认为,文化产业就是生产和销售文化产品或服务的产业,即以产业化/商业化的形式来进行文化的生产、交换和消费的产业。③在国际上,各国各地区根据本地情况,在发展文化产业中各有

---

① 有时被称为"人文资源"。参见:李志珍. 中国文化产业资源开发与利用[D]. 长沙:湖南大学,2008:5.
② 李志珍. 中国文化产业资源开发与利用[D]. 长沙:湖南大学,2008:5-7.
③ 李思屈,李涛. 文化产业概论[M]. 杭州:浙江大学出版社,2010:9-10.

侧重,因而导致文化产业和内容产业、创意产业、文化创意产业等概念的内涵和外延存在着种种交叉、从属关系。一般来说,文化产业可分为九大块:教育培训、文化旅游、演艺娱乐、动漫游戏、影视音像、传媒出版、创意设计、工艺美术、书画艺术。本书依据我国国家统计局对文化及相关产业的分类来分析安徽省文化产业资源的整合传播与开发问题。我国国家统计局将文化及相关产业分为两大部分十个大类(《文化及相关产业分类(2012)》),表0.2根据这一分类制成。

表0.2 文化产业分类

文化产品的生产	文化相关产品的生产
新闻出版发行服务	文化产品生产的辅助生产
广播电影电视服务	文化用品的生产
文化艺术服务	文化专用设备的生产
文化信息传输服务	
文化创意和设计服务	
文化休闲娱乐服务	
工艺美术品的生产	

本书中的"整合传播与开发"由整合营销传播理论、系统管理理论而来,是指通过对安徽各地各类文化产业资源的组合、整理和规划,通过多种资源的整合、多种传播路径和开发路径的合力及区域合作,来实现安徽文化产业资源在区域内外、国内外的高知名度、美誉度,进而实现各类资源、文化产业及其相关产业对安徽经济社会发展的支撑和推动作用。这里的传播与开发密切关联,传播可能就是一种开发,传播带来了进一步的开发,开发过程中必须进行传播。

也就是说,安徽文化产业资源的整合传播与开发有四个层面的意思:一是安徽省某一区域内自我整合多种文化产业资源,进行某一种或多种途径的传播与开发;二是在安徽省某一区域内,综合运用多种传播手段与开发路径来进行某一类文化产业资源的传播与开发;三是安徽省内区域间进行合作,实现某种文化产业资源的条状整合传播与开发;四是安徽省各区域与省外周边区域的资源进行整合,包括传播手段的整合、多元开发路径的整合。

20世纪80年代末90年代初,美国学者舒尔茨等提出了"整合营销传播"的概念,并出版了《整合营销传播》,从此"整合营销传播"理论开始迅速传播、发展。整合营销传播是在原有的营销理论不断与瞬息万变的市场环境磨合的过程中产生的,其并非新概念,而是源于20世纪80年代中期以来许多学者所提出的具有战略意义的"传播协同效应"概念。

传播学理论对社会各个领域特别是经济领域的渗透,使得各界已将营销传播作为专业术语,其认可广泛度更甚于以往单纯的"促销"概念。传播成为实现最终营销的依据,营销价值的核心指向了消费者对产品或者品牌的认同,通过传递与消费者高度一致、具有相同相近理念价值的营销信息,将"信息流"引入一种市场彼此沟通或者说带有消费"文化"观念的境地,传播在很大意义上决定了营销的实现,这也是舒尔茨对两者关系界定的根本依据,更是整合营销传播策略被引入文化产业资源整合开发利用的主要理论可行性依据。

(一)整合营销传播理论提出的背景

营销的4P理论向4C理论转型的同时,沟通与传播的理念被转变成"互动的传播媒介",促销或广告的因素被隐含在对传播效果的重构强调上,与整个市场的转型相应而生。舒尔茨等将市场结构的转化划分为"制造商驱动的市场(线性传播)"→"分销商驱动的市场(传播回流)"→"交互式市场(互动传播)"→"全球化市场(整合传播)"。这种与科技的进步、社会的发展、观念的改进相伴而来的改变,使得"整合"突破了传统营销观念中"单卖"促销的不适应症。早期"广告"担任着营销传播的主要任务,随着信息流量和各方信息噪音干扰的不断增强,着重信息供应的广告在这种单向传播的诉求中的营销位置被不断挑战,最终让位于"信息多元化"的"市场整合",当这种符合全新的信息环境的市场营销传播方式出现时,"广告已死,公关崛起"。同时随着市场经济的日益深化,企业之间的竞争上升到了品牌的层次,如何成功地建立自己的品牌并得到受众的一致认同,培养出一大批忠诚的品牌消费者成为企业成功的关键所在。这种营销诉求让企业当前急切需要解决的根本问题便是整合一切与产品品牌有关的沟通手段,例如广告、公关、直销、事件营销等,将自己的产品品牌植入消费者的心中,形成整合优势,建立企业与潜在顾客的联系并巩固企业与现有顾客的亲密关系,而传统的传播方式与营销组合方式已经不能适应现代市场竞争的要求。新的整合营销传播理论(integrated marketing communications,IMC)应运而生并成为21世纪市场营销的新趋势。同时,近年来,整合营销传播、品牌传播不仅仅是企业的事情,政府、政党、事业单位、非政府组织、媒介机构和个人等也都在整合各种传播方式、传媒载体,从而推销自己,使自己的形象和理念等深入人心,进而成为"品牌"。①

---

① 随着社会发展和信息环境的变迁,"品牌"这一概念充分得到了深化和延伸。在信息高度发达的现代社会,诸多具有主体背景的事物、现象、行为均符号化,亦即品牌化;"品牌"的指代已不单单限于商业品牌,还包括城市品牌、区域品牌、院校品牌、团体品牌、个人品牌甚至国家品牌。参见:舒咏平. 品牌即信誉主体与信任主体的关系符号[J]. 品牌研究,2016(1):23.

（二）整合营销传播理论的核心理念

"整合"是社会发展到"信息时代"不可避免的"竞争选择"冲击中最先胜出的"艺术"指导。残酷的商业竞争的"资产阶级"时代成为历史遗迹，公众"普遍的利益"成为营销传播的"大赢家"，当IMC突破经济领域的概念，成为一种社会现象时，它所涉及的营销、广告、宣传、信息、文化传播等领域的专业范围解读，越发使得学界难以定义IMC的衍生含义，毕竟作为最初提出这一概念的舒尔茨，之后也在不断修正对IMC的理解。

但在其核心理念上，仍可以寻找出整合营销传播理论相较于传统营销理论的明确进步：

① 理论观念上的彻底转变，即从产品（product）向顾客（customer）的转变。商家应该研究消费者的需要，以满足消费者的需求为经营核心，此时抢占消费者也就是抢占市场。② 思维上的转变，即从价格（price）向成本（cost）的转变。应该考虑消费者愿意为其需要或者欲望所付出的成本。顾客的消费成本不仅包含了购买物品时支付的货币，还包括购物所消耗的时间成本、体力成本和风险构成。③ 树立服务意识，即由渠道（place）向便利（convenience）的转变。在新的市场环境下，一切都要以顾客的需求为考量，考虑如何给消费者带来方便，服务顾客要比营销渠道更为重要。④ 策略上的改变，即由促销（promotion）向沟通（communication）的转变。从广义的传播或推介自身来说，双向沟通使顾客、消费者、用户、受众感觉到地位平等，易于与其建立融洽的感情，从而培养忠诚的顾客、消费者、用户、受众。忠诚的顾客、消费者、用户、受众又成为口碑传播最重要的发起者，在潜移默化中影响着潜在顾客、消费者、用户、受众等做出购买、接收与接受的行为。

整合营销传播的核心要素，就是通过"整合"各个原本独立的营销与传播要素，以建立客户联系为目的，在市场上或者消费者（受众、用户等）感知里产生一种"协同效应"，从而使得可以在由于多种品牌延伸和产品线的拓展造成的混乱商品市场上，开发维系自己的客户群体，强调带来更多销售和利润的客户关系而不是单次的买卖交易。

（三）整合营销传播的价值追求

整合营销传播理论是市场上价值交换的所有要素的最初总和。它提供了一种从"消费者请注意"转变为"请注意消费者"的全新视角，即由"卖方市场"彻底向"买方市场"的倾斜，有利于企业与消费者之间解决矛盾。在使用整合营销传播策略时，除了要遵循以消费者为核心和双向沟通的原则外，还要遵循统一传播风格的原则。在全面了解了消费者的需求后,整合一切可以传播的方式以"统一的目标和企业形象"对外传递一致的产品信息从而达到迅速树立自身品牌形象的目的,实现与受众有效的双向沟通,并建立长期的说服性沟通计划。

营销环境的不断变化也相应地提升了人们对整合营销传播的要求,从早先的营销传播的战术运作,到立足于营销的经营管理,再到建立市场双方关系的系统化战略规划,IMC的目标在不断地深化和延展。提出IMC价值追求的理论现实意义在于,无论是从战略层面或战术层面,组织的每一部分都成为营销传播系统里的一个担当角色。但这种繁杂庞大的体系如果在一个环节上没有达成与利益关系者的正向促动联系,或没有增加其联系的稳定性,作为一种"规模经济"的整合营销传播反而有可能是一种负值。作为品牌关系或资产的前提——沟通与传播,需要将各方"关系利益人(stakeholders)"——包括股东、员工、商业伙伴、社区、消费群体、政府、新闻机构等各种与当事方具有关联的群体——连接到一起,进行交互式传播与双向式的利益满足,稳定信任与联系,最终实现关系营销,建立品牌资产。

(四)区域文化产业资源的整合传播与开发

区域文化产业资源的整合传播与开发,实质上就是整合运用各种手段进行"营销"——在公众中间确立一种文化认同,尽力满足大众的文化层次需求,建立起区域(城市)文化品牌,在此基础上,将文化产业资源提炼开发,提升区域文化竞争力、经济竞争力,打造出特色的文化品牌和文化产业品牌。只有经过整合才能进行资源的再开发,只有通过营销传播才能推动文化产业经济发展,才能更好地发扬文化蕴含的价值伦理道德,在浮躁的当代消费氛围中重塑对传统优质文化的更好继承传播,并达到城市文化品牌经济效益与维护发展历史文化资源现代传播的双赢博弈。

必须注意的是,集中完善专门的营销传播是达到整合的最好路径,只有专门的文化发展战略管理团队,才能将资源整合、文化建设、风物保护、文化营销、对外传播、沟通关系、广告运营、公共关系等一系列执行操作完善,特别是区域文化产业资源种类繁多、历史悠久,所需开发维护的文化产业资源规模愈大,所接触的相关链接、市场环境越纷乱,其整合项目也就越难。只有确保传统文化资源、自然资源等重建传播的所有符号品牌价值信息一致,协调所有营销传播运行流程和各资源范畴,把全社会相关领域联合起来,并使区域内每个民众都参与到当地文化产业资源营销传播的品牌意识树立中,保证内部信息通畅,树立对自身文化自豪的价值意识,统一文化品牌传递,没有复制且不相冲突,才能完善外部市场整合营销传播,增强区域文化品牌的影响力与美誉度。

三、相关研究述评

此前的相关研究往往只分别考察各地文化资源与形象塑造、文化资源与经济发展、形象塑造与经济发展这些概念两两之间的关系,缺少对各类文化产业资源的全面考察和整体科学规划,缺少从"整合"的角度出发提出的全面的措施与方案。

同时囿于时代和历史,相关研究也很少将文化强省(国)战略、文化产业理论等考察进去,也较少运用自然科学的理论方法进行运行监测体系构建和信息系统软件开发的研究。具体来说,相关研究主要集中于以下几个方面:

(一)多是考察资源的某一类别,尤其是某一类文化资源对于当地发展的重要意义,而缺少对当地各类资源全面系统的研究

常跃中《嘉庚建筑与厦门文化资本刍议》(2008)考察了嘉庚建筑这一厦门当地文化资源,认为通过嘉庚建筑品牌形象的塑造和传播,可以进一步彰显厦门城市的文化特性和知名度,从而为经济发展提供更多、更好的人文景气和文化认同。王忠武《山东精神与山东发展》(2003)从山东精神这一无形的文化资源出发,认为山东精神具有塑造山东人的良好人格和形象、提升山东的凝聚力和竞争力、推动山东发展和构成山东发展之无形资源的重大作用,因而要促进山东发展就必须注意对山东精神的弘扬利用。陈雅岚《中国道教文化资源开发及产业化》(2015)、刘斐《河南乡土文化资源产业化研究》(2016)也分别对一类文化资源进行了充分的考察和研究,对其产业开发的经验教训进行了梳理。这些研究对文化资源的传承、保护、开发都非常具有参考价值,现实操作性也很强。

而笔者认为,要实现一地经济社会的科学发展,不仅要注重当地某种知名文化资源的传播与产业开发,也要注重文化资源等社会资源和自然资源的融合发展,更要采取整体推进和多元组合策略,通过当地多个、多种资源的整体传播与共同开发,让区域内外、国内外群众能够接触到该地统合的文化产业资源信息,从而获取规模效益和集群优势,形成对区域内外的强力吸引、多重吸引。

（二）侧重考察文化资源与旅游产业或文化产业等某一开发与传播渠道的关系，而对文化资源的其他开发与传播渠道、文化产业内部、文化产业与其他相关产业的整合式发展的研究较少

汪政杰《文化建设：发展贵州旅游业的希望与难点》(2008)从文化资源和旅游业互动的角度论述了保护贵州传统文化资源，并充分利用其打造贵州旅游品牌、塑造贵州形象的问题。孟爱云《东北区域冰雪旅游资源整合开发探讨》(2009)认为，凸显文化内涵是整合东北区域冰雪旅游资源应遵循的核心理念，要从主题整合的角度塑造统一的冰雪旅游形象，但并没有把这种当地文化资源的传播和区域形象的塑造结合起来，也没有提出其他的开发与传播渠道。陈建等《论江西红色文化产业发展之路》(2007)对江西红色文化的发展与传播从文化产业发展的角度进行了论证。

而笔者认为，文化资源的传播应该采取多种传播方式进行整合传播，如利用区域文化资源构建区域形象识别系统并利用各类大众传播媒介进行传播，通过旅游传播来实现区域文化资源的"点线面"开发发展与区域形象塑造，通过节日活动传播、会展传播、事件传播来实现区域文化资源的高效传播与形象塑造，通过文化产业化来实现特定文化资源的持续传播，通过旅游传播、节日活动传播、会展传播、事件传播、文化产业与大众传播媒介的深度合作，实现区域文化资源的大众传播和合力传播，等等。而文化资源的产业开发除了文化产业路径外，还应该同时在旅游、娱乐、休闲、体育、教育、科技等与文化产业具有不同程度相关性的产业领域展开。

（三）侧重考察文化产业资源的传播与开发对于经济社会发展的意义的论证，而对文化产业资源的传播与开发实践的运行监测体系构建的研究还较少

应培忠《城市形象塑造与区域经济发展》(2001)、郭蕊《宜兴城市文化与区域经济互动发展个案研究》(2009)等文章对文化资源与经济发展的关系及其实际开发策略都有细致的分析论述。但是开发的成效，无论是经济成效，还是社会效益等，该如何评估与测量？笔者认为，如果不重视效果测评，就容易滋生地方政府对文化资源传播与产业开发的"重建设轻管控"的倾向，不利于实现文化产业资源传播与开发的效益，不利于地方经济社会的可持续与科学发展。同时，在互联网已广泛运用的背景下，安

徽文化产业资源整合传播与开发的运行监测的数据信息不必沿用"纸质文件"上传下达的方式,而应充分利用计算机网络信息平台,由文化资源传播及文化产业的各行业、各环节分别即时申报上传数据,再利用互联网信息平台即时监督与核对数据信息,既可减少监测成本,又可实现实时监测,避免运行监测数据滞后的缺陷。当然,网上监测不能完全替代线下检核,应辅之以必要的现场验查。

四、研究思路和方法

(一) 研究思路

本书立足于当前我国大力发展文化事业和文化产业、我省加快实施文化强省战略的现实背景,力图通过对安徽文化产业资源中自然资源、文化资源的分布、类别、组成、保护、传播与开发状况的详细梳理和调查,来进一步对安徽文化产业资源整合传播与开发的现状进行评估,并对安徽文化产业资源整合传播和开发的策略、路径、模式、具体实施等提出科学、系统的整体规划设计方案。在此基础上,尝试为安徽文化产业资源整合传播和开发的科学实践构建出一个系统科学的运行监测指标体系,并开发出相应的信息系统软件。本书研究路线图如图0.1所示。

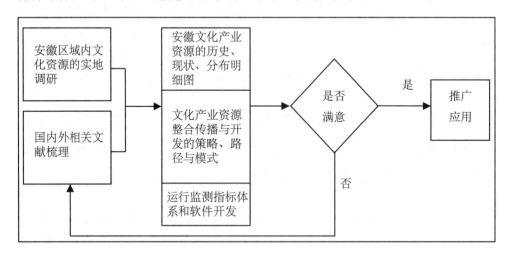

图0.1 本书研究路线图

(二) 研究方法

学科交叉法:本书是涉及新闻传播学、管理学、区域经济学、模糊数学、计算机科学、文化社会学等多学科的交叉研究,因而必须运用学科交叉的方法,在书中必须突出跨学科整合,为研究提供广泛的支撑。

文献研究法:先对本书涉及的新闻传播学理论、管理学理论、区域经济学理论、模糊数学理论、文化社会学理论等进行一定的集中梳理,再对安徽区域内有关文化产业资源(主要是自然资源、文化资源)的分布、特性等进行文献梳理,再梳理国内外区域文化产业资源整合传播与文化产业开发的经典案例以总结其经验教训,此后资料整理贯穿整个研究过程,及时补充新内容。

扎根理论研究法:这是由芝加哥大学的格拉泽(Barney Glaser)和哥伦比亚大学的施特劳斯(Anselm Strauss)两位学者共同发展出来的一种研究方法。它是一种定性研究方法,针对某一现象,经由系统化的程序进行资料搜集与分析,运用归纳方法整理、发掘、发展所得的理论,并暂时地验证该理论。[1]资料搜集与分析的过程是该方法的核心,包括理论演绎和理论归纳两个部分,且二者同时发生,同时进行,连续循环。

调查研究法:包括问卷调查、深度访谈、田野调查等方法。① 对安徽文化产业资源和区域形象的社会认同度进行问卷调查;② 对安徽文化产业资源进行田野考察,进一步查明其现实状况;③ 拜访相关的专家、学者、媒体人士、政策的制定者、实际运营的决策者,进行深度的访谈,在访谈中与被访者思想交流和碰撞,以对安徽文化产业资源的整合传播与开发的各层面问题进行求证和探询。

比较研究法:对国内外各地利用区域文化资源、自然资源进行形象塑造、打造软实力、实现经济社会科学发展的案例进行分析对比。

---

[1] Strauss A, Corbin J. Grounded Theory Methodology: an Overview[M]. Thousand Oaks: Sage Publications, 1994: 22-23.

第一章 "美好安徽"亟待安徽文化产业资源的整合传播与开发

2011年10月26~31日,中国共产党安徽省第九次代表大会提出了建设美好安徽的宏伟蓝图,向全省人民全景式展现了美好安徽的共同愿景:"经济繁荣、生态良好、社会和谐、人民幸福"。这是对中国共产党十八大报告的"美丽中国"在安徽的落实,是安徽省对自己形象的定位和未来发展的总体要求。那么如何去建设"美好安徽",并在这一过程中进行"美好安徽"形象的塑造与传播?

一、"美好安徽"的内涵

首先必须厘清"美好安徽"这一表达的内涵。表面上看,它只是一个区域形象塑造与传播的问题。区域形象是一区域内部公众和外部公众对该地区政治、经济、社会、文化与地理等方面状况的认识与评价。[①]安徽形象就是安徽区域内部公众和外部公众对安徽各方面发展状况的整体认识和评价。[②]但实际上,"美好安徽"形象塑造的内涵要更加深刻。

"美好安徽"形象塑造的根本和基础是要把安徽建设成"美好安徽",在此基础上和建设的过程中再通过各种手段对"美好安徽"形象进行进一步的塑造和传播,让省内外的公众真正产生"美好安徽"的认知和评价。具体来说,它首先是关于安徽发展目标的一种定位与愿景,其次才是一种关于安徽区域形象的塑造与传播。在安徽政治、经济、文化、社会、生态文明等各方面事业扎实推进的过程中,通过各种推介活动来塑造与传播安徽的美好形象,即先要把安徽自己的事业发展上去,再运用适当的传播措施来助力,各种传播手段的塑造与扩散只是外因,外因终归还是要靠安徽自己的工作这个内因起作用。最后,"美好安徽"的形象塑造是一种关系

---

① 郑萍,陈样平."大型媒体行动"塑造陕西区域形象效果探析[J].新闻知识,2010(4):16-18.
② 张香萍.基于媒体策略视角的安徽形象塑造研究[J].黄山学院学报,2010(6):33.

视域下的主客关系的体现。行动主体的努力及取得的成绩是一方面,而社会公众的认识和评价则是另一方面。安徽提出了"美好安徽"的共同愿景,为之开展了一系列工作,但是成效如何,省内外公众是否认可,则是另外一回事。在这一过程中,安徽各级政府、各种企事业单位、社会组织、人民群众是行动的主体,他们各自在建设安徽过程中的每一个行动都暴露在其他主体的审视之下,也就是说他们既是建设主体,也是考评主体,"美好安徽"依赖于安徽各种行动主体的作为——安徽各级政府的形象、市民形象、农民形象、企业形象、空间形象、景观形象、文化形象、媒体形象等正面的作为。

梳理至此,我们已经清楚地知道:首先必须练好内功,将安徽的各项事业建设好,然后才有塑造"美好安徽"形象的可能,才能让"美好安徽"形象得到社会的认可。共同愿景已经提出,那么现实中安徽的区域形象是否已能够达到这样的要求——安徽省内外公众是否认为安徽各方面情况已经是"经济繁荣、生态良好、社会和谐、人民幸福"?应该说,安徽在省内外的认同度正在上升,但是还有需要提升的方面,安徽的知名度还需要不断提高,安徽经济文化社会等各方面建设的成就还需要进行更具有艺术性的传播。

二、"美好安徽"与安徽文化产业资源的整合传播、开发

那么,怎样在建设"美好安徽"的同时进行"美好安徽"形象塑造、进行艺术性的形象传播?笔者认为,安徽文化产业资源的整合传播正是迅速有效进行"美好安徽"形象塑造的重要内容和手段。这里所说的安徽文化产业资源的整合传播是指在对安徽各地各种文化产业资源进行综合调研和科学规划的基础上,统筹安排,统一调配,综合运用各种手段,包括各种媒体传播、公共关系活动、演艺会展、节事庆典、文化旅游、产品研发与营销等,将安徽的文化产业资源整体传播出去,树立统一的品牌形象,从而建立"美好安徽"形象的基础认知系统。具体来说,安徽文化产业资源的整合传播在两个层面上对"美好安徽"形象的塑造发挥着重要作用:其一,安徽文化产业资源的整合传播是在国家大力发展文化产业、从文化大国迈向文化强国、安徽实施"文化强省"战略和大力发展文化产业的背景下进行的,这种整合传播本身就是安徽文化产业发展的重要方面,是建设"经济繁荣、生态良好、社会和谐、人民幸福"的"美好安徽"的内容之一;其二,安徽文化产业资源的整合传播又能够将安徽文化建设、文化产业发展的内容与成果整体传播出去,因而这种整合传播又是"美好安徽"建设的手段之一。

根据前文"绪论"中所列国家统计局关于文化产业的分类、笔者梳理的资源与文

化产业资源诸概念的关系,可以得出安徽文化产业资源可谓非常丰富的结论:① 安徽的自然资源,如名山大川、各地独具特色的旖旎风光,都可以进行文化休闲娱乐服务产业——文化旅游业和休闲娱乐业的开发,但是目前安徽省内外公众知道的主要是黄山,然后是九华山,其他如天柱山、齐云山、琅琊山、敬亭山、司空山、天堂寨、八公山、马仁山、皇藏峪等虽然也独具风格且颇有与之相关的历史典故,但很少有人知道。② 安徽的历史文化资源、非物质文化遗产资源极其丰富,可以通过新闻出版、广播电影电视、文化艺术活动、文化创意等进行产业化开发,但目前这些往往也很少为人所知。所以必须加快传播,只有先为省内外公众所知,然后才能进行充分的开发。③ 安徽的工艺美术资源非常丰富,可以通过工艺美术品的生产进行产业化变现,但是这一块的力度仍然不大。④ 安徽的文化用品资源丰富,如徽墨、歙砚、宣纸,其产业化开发做得很好,但仍然可以进一步通过整合传播手段来让世人更多地了解。

那么为什么要进行"整合传播与开发"?

首先,安徽各地的经济、文化、社会建设等各项事业的发展不均衡,这种不均衡使得安徽部分地区的形象传播不广,甚至不佳,可能产生"1+1<2"的效果,因而必须进行安徽各地文化产业资源的整合传播以整体性地塑造和传播"美好安徽"的形象,并带来进一步开发的各种可能。安徽的黄山、黄梅戏、徽州古民居以美好的形象广为天下所知,但是安徽其他地级市很少为省外公众所知,甚至安徽省内民众也很少了解自己居住地之外的其他地级市。而且,安徽北部某些地级市在过去还有市容脏乱差的社会评价,某些地级市有落后愚昧的社会评价等。其实,安徽的16个地级市都有各具特色的丰富深厚的各类文化产业资源,这些文化产业资源一旦进行很好的整合传播和产业化开发,将有效地推动当地经济、文化和社会建设,真正使各地都变得"美好"。遗憾的是,安徽对除黄山和徽州之外的地区文化产业资源的有效传播还很不够。笔者分析了安徽近些年拍摄并送播中央电视台的形象宣传片,发现《旅游难忘安徽》的15秒标版电视形象宣传片,出现的几个镜头主要是黄山和徽州,对安徽其他地区几乎未提及;各地级市送播的形象宣传片往往集中播放一两个星期,不能给予省内外公众长久的印象;有些地级市的形象宣传片在中央电视台2套、4套的《天气预告》节目中播出,但是播出之后观众甚至不知道这个地级市是哪一个省域的。对比山东的形象传播,既有囊括山东各地级市文化特色的标版电视形象宣传片,也有各地级市各自的形象宣传片,看了这些片子,省内外观众既能产生山东各地都如此之美的感知,也能总体上把握山东形象,产生了"1+1>2"的传播效果。

其次,文化产业资源的整合传播与开发天然地具有规模经济和范围经济的特征,在经济上非常划算。规模经济存在于任何边际成本低于平均成本的产业中,当每多生产一个单位产品的成本随着生产规模的扩大而降低时,就出现了规模经济。

边际成本是指每多向一个消费者提供一个产品或一项服务而产生的成本。而当通过分担日常开支或增加其他效能,使共同生产或销售两个或更多相关产品比分别生产和销售这些产品更划算时,就出现了范围经济。①如果为一种产品所积累的专门投入可以再用到其他产品上,就能够节省资金。比如制作包括安徽各地文化资源和自然资源的安徽旅游形象宣传片,这个形象宣传片一旦制作完成,在某一媒体投放交付了播出费用之后,无论观众增多到何种程度,都不需要追加成本,也就是说,这时的边际成本接近于零。这就是说,安徽文化产业资源的整合传播仅仅是形象宣传片这一方面就符合规模经济的特征。从拍摄和送播中央电视台的电视形象宣传片来说,如果各地分别制作,那么各地要分别组建团队,形成拍摄脚本,请作家、导演、演员、摄影师、后期工作人员进行拍摄等,人力成本非常高。16个地级市乃至一些县级市分别制作,比起省里集中组织有关人员进行拍摄,所花的制作成本要高出很多。安徽完全可以集中起来请一个制作团队拍摄一部包含各地文化旅游资源的旅游宣传片,并分别帮各地拍摄各地级市的宣传片,这样至少可以省去分别请摄制团队的重复的人力资本、社会资本,省下来的费用可以让宣传片能在中央电视台或港澳台地区、国外媒体进行更高级别、更好时段、更多频次的播出,这样将更有利于"美好安徽"形象的更大范围的传播。这就符合范围经济的特征。

当然,还应进行安徽各地文化产业资源的整合传播与开发,比如制作投放形象宣传片,也还可以将这些形象宣传片的脚本整理加工做成图书进行出版,做成安徽各旅游景点的宣传册投放,抑或根据这些脚本制作动画片播放,或制作旅游点、博物馆、科技馆、主题公园的互动导览软件和互动游戏软件以便游客能够进行体验式消费或快捷地游览……因为前期工作的大量成本在制作形象宣传片时已经交付,后面这些利用方式的成本很少,或者说后面这几种利用方式的成本已经被前期的生产活动分担,这样在经济上非常划算,完全符合范围经济的特征。

三、"美好安徽"视域下安徽文化产业资源整合传播与开发的策略

(一)提高开发层次

提高开发层次主要是指对安徽文化产业资源的整合传播与开发应该在高度、深度和广度等方面进一步加以提高。

---

① 吉莉安·道尔.理解传媒经济学[M].李颖,译.北京:清华大学出版社,2004:10-11.

首先,需要提升管理级别。目前,安徽省文化产业的发展由安徽省文化厅[①]主管,但是文化产业资源的调研、梳理、规划,其实牵涉到很多部门,如省广播电影电视局、省新闻出版局、省旅游局、省教育厅、省委宣传部等多个厅局级机构。如何提高办事效率,让整合传播与开发的深度、广度、高度得以提高,需要这几个厅局密切配合。目前安徽省已经成立安徽省文化产业发展促进会,但这个组织只是一些文化企事业单位自愿组成的,很难具有领导全省文化产业资源整合传播与开发的权威力量。这就需要在省委、省政府领导下成立协调机构。

其次,要注重整体规划力度。省级层面应该制定整体规划,对安徽文化产业资源进行长期、立体、系统的整合传播与开发。如可以在系统调研、梳理安徽各地文化产业资源后,制订长期的影视剧制作计划,将安徽各地的文化产业资源以电影、电视剧、纪录片、动画片的方式加以呈现。如我们有动画片《淮南子》,是淮南市和中央电视台动画公司合作制作的,在国内获得了成功。安徽本土动画企业创作了动画片《黑脸大包公》,登上了央视少儿频道、美国和日本的电视台。我们还可以将安徽历史文化名人如老子、庄子、管仲及其他历史文化资源、民俗文化资源制作成动画片或影视剧。

再以制作形象宣传片为例,可以制作不同长度、不同风格的版本,在中央电视台各频道、全国各省级电视机构、港澳台地区电视机构以及国外电视台,进行长期的、有针对性的投放,让省外、国外的公众都能知晓安徽丰富的文化产业资源,从而到安徽旅游、购买安徽的工艺美术作品、欣赏安徽戏剧戏曲演出等,而本省的公众也能够更多地在省内旅游、休闲娱乐、购物、欣赏文艺演出,这样不仅可以让安徽的文化产业成为经济发展的重要产业,而且也让"美好安徽"的形象得以传播。目前安徽文化产业资源的整合传播与开发,即便从形象宣传片来看,也如前文所说,存在对安徽大部分地级市较为忽视的情况,没有完全将安徽各地极为丰富的文化产业资源很好地表现出来。当然,在一部形象宣传片中确实很难将各地级市的各类文化产业资源都说到,但是最好应该南北均衡、东西均衡。

(二)"点线面"齐头并进

整合传播与开发的重要方面是在对安徽各地各种文化产业资源进行综合调研和科学规划的基础上,统筹安排,统一调配,综合运用各种手段将安徽的文化产业资源整体传播出去,实现开发利用,树立统一的品牌形象,从而建立"美好安徽"形象的基础认知系统。现实中,在安徽文化产业资源整合传播与开发的过程中,可以有少数龙头项目、重点对象,以集中力量迅速树立品牌,这是"点"的突破。但是,我

[①] 2018年11月27日,安徽省文化和旅游厅正式挂牌。

们也要两手抓,对安徽各地文化产业资源都予以充分重视,让安徽各地文化产业资源能够"共同富裕"。这就要在"线"和"面"上进行规划,制定纵横策略。先说"线",可以以某种资源类别来画出纵贯安徽南北的文化产业资源线,如安徽的红色文化资源线、文化遗址线、民俗艺术线、名山名湖线、古寺旅游线等。再说"面",可以以某种地域的资源进行集中连片为面,如徽文化区、江淮文化区、吴楚文化区、皖江文化区、皖北文化区、皖西文化区,将各区域的自然风光、民俗传说、工艺美术、历史典故、文人遗踪、文化遗址、古建遗存等进行集中传播与开发。

(三) 产业链延伸

产业链是指经济布局和组织中,不同地区、不同产业之间或相关联行业之间构成的具有链条绞合能力的经济组织关系。[①]对于安徽文化产业资源的整合传播与开发来说,就是要形成媒体传播、影视剧拍摄、文化旅游、休闲娱乐、相关旅游产品和工艺美术产品研发与销售等密切联系、纵横延伸的传播链条乃至产业发展链条。目前安徽文化产业资源的传播,已经运用了媒体传播、公共关系活动、演艺会展、节事庆典、文化旅游、产品研发与营销等手段,但是这些手段还没有综合运用起来。比如淮北市联合有关方面拍摄了电视剧《大哥》《大姐》,但是播放之前没有在省内外进行充分的宣传,电视剧播放之后,很多人并不知道故事发生地是淮北,淮北的自然资源、文化资源也没有充分地在剧中加以表现,淮北地域的文化精髓也没有集中呈现,淮北的文化旅游、书画艺术等本应发展起来的文化产业没能得到带动而发展起来。即便是传播得比较好的黄山、徽州地区的文化产业资源——在影视剧方面产生较大影响的《新安家族》《徽州女人》,在戏曲演出方面产生较大影响的《徽州往事》《徽州女人》(黄梅戏),占安徽旅游业大半江山的黄山旅游和徽州旅游,以徽文化为表现内容的工艺品,徽墨、歙砚、宣纸这些文化用品等,虽然已经形成了初步的产业链延伸,但是比较平民化、日常化的休闲娱乐、文化体验游,能够让低龄人群接受的动画片摄制,让青少年乃至成人方便操作的互动游戏开发,也都还没有涉及。

(四) 充分利用大众传播手段

大众传播是进行形象传播并带来开发机会的"多快好省"的平台,但是很遗憾,安徽没有很好地利用这一渠道。在当今的大众传播媒介中,安徽的省级报纸没有对安徽文化产业资源设置充分传播的栏目和版面,合肥的报纸如《合肥晚报》《江淮晨报》等有过《最合肥》之类的专版专栏,定期或集中对合肥地区的自然资源、文化

---

① 李思屈,李涛. 文化产业概论[M]. 杭州:浙江大学出版社,2010:340.

资源等进行梳理,但是,作为传播范围广、收看方便、在安徽最权威的电视机构,安徽电视台却没有一个对安徽文化产业资源进行整合传播的栏目。与之形成对比,北京电视台有《这里是北京》《京郊大地》《今日京华》《成长在北京》《北京话 话北京》等栏目,采用不同的节目形式,从不同的角度,对北京的各种自然资源、文化资源进行介绍和展现;陕西电视台有《文化陕西》栏目,对陕西丰富的历史文化资源进行深度揭示。

在新媒体传播方面,安徽文化网、安徽文化产业网、安徽省文化厅网站都有一定的板块对安徽的文化产业资源进行介绍,对安徽文化事业发展、文化产业发展的动态进行报道,但是毕竟不像大型门户网站、主流媒体网站那样具有很高的点击量和影响力。笔者认为,还应该在大型门户网站(如新浪网、腾讯网等)上建立对安徽文化产业资源进行传播的微博账号、微信账号等,以利用微博、微信超强的传播力来宣扬安徽文化产业资源,从而推动其产业变现,带来安徽经济文化社会的发展,使"美好安徽"有坚实的现实基础并得到迅速而广泛的传播。

(五)集中传播和持续传播结合

"美好安徽"形象的塑造不是短期的事,即便形象塑造成功也还必须进行长期维护,"美好安徽"的建设更不是一蹴而就的。这就要求对安徽文化产业资源的整合传播必须坚持集中传播和持续传播相结合的策略。集中传播是指在短期内利用各种手段对安徽文化产业资源进行迅速有效的传播。持续传播是指在总的规划下,持续不断地运用各种手段进行长期的传播。比如,安徽省艺术节、中国(安庆)黄梅戏艺术节、安徽省民俗文化节、中国农民歌会这些活动就是利用节日、庆典、事件进行传播,在短期内产生轰动效应,在省内外乃至国内外迅速打造安徽的知名度和良好形象。但是,如果在节日、庆典、事件之后,不注意对相关资源的维护、培养、发展,则很可能使得刚刚建立起来的良好形象迅速消失,也可能使得相关文化产业资源无法得到更新和提升。以黄梅戏而言,真正能让这种文化产业资源成为安徽形象的典型代表,不能只凭借每年一度的节庆暂时聚集的人气,而必须靠安庆各县区、省内其他地区的群众对黄梅戏的热爱、学习、演出所形成的浓厚的黄梅戏艺术氛围,这就要创造新戏、小戏,要高级别黄梅戏剧团走基层,让黄梅戏不仅在大剧院里传播,还在全省社区村落里到处传唱,这样黄梅戏就会成为全省群众生活中的文化习惯,黄梅戏艺术就会成为"美好安徽"建设中社会和谐、人民幸福、经济繁荣的一个很有力的符号,反映出安徽公众良好的艺术修养和精神风貌。在这样的传播过程中,黄梅戏剧团的营销收入也会上升,成为文化产业的重要有生力量。当然,在黄梅戏的整合传播与开发中,有关部门还可以组织文化产业的各部门开发黄梅戏的动画片、影视剧,可以开展相应的教育培训、黄梅戏剧情互动体验活动、黄梅戏演员进课堂活动等。

（六）加强对文化产业及相关领域人才的培养

文化产业及相关领域的发展需要既通晓文化艺术，又懂经营管理，既具有扎实的理论功底，又能够进行各类业务实践的复合型、创新型人才。这样的人才是文理结合、理实并重的高端人才，而目前无论在安徽省还是在全国，这类人才都是非常缺乏的。这就需要安徽省通过实施文化管理机构、文化企事业单位、相关科研院所和高校之间的联合培养，来切实培养文化管理人才。

四、结　语

安徽有极为丰富的各类资源，这些资源大多数能变现为文化产业，关键是如何运作。安徽非常美好，下一步是如何使这种美好可持续发展下去，真正使"美好安徽"成为省内外、国内外公众对安徽的共识。对安徽文化产业资源进行整合传播与开发是实现这一切的重要途径。

第二章 安徽地方性历史文化资源的保护、整合传播与开发

安徽是一个地方性历史文化资源非常丰富的区域,240万年前在安徽省繁昌县孙村镇人字洞就有古代人类活动,夏商周的文明时期安徽就是多种文化荟萃的地方,春秋战国时期安徽就是吴、楚、越文化等多文化交融的地方,明清时期以来徽文化广为人知……这些独特的地域性的历史文化特质,是安徽独特的名片,也是安徽经济社会建设得天独厚的现实基础。

一、安徽地方性历史文化资源整合传播与开发的必要性

(一)为地方经济社会的发展营造良好的人文氛围和社会认同

文化是民族凝聚力和创造力的重要源泉,是一个国家、一个地区综合竞争力的重要因素。对于一个地区来说,文化是塑造区域形象的重要力量。而区域形象是一个地区内在素质和文化内涵在区域外部形态上的直观反映,是地区自身所蕴含的历史文化积淀和现实情况的客观反映,是一个地区有别于其他地区的深刻印象,是区域的资源,更是一种无形资产和"软实力"。当经济发展到一定阶段,地区之间的影响力不再简单地以经济发达程度和物质丰富与否来决定,而更多地依靠区域形象来体现。良好的区域形象能够为地方经济社会发展营造良好的人文氛围和社会认同,通过区域形象的塑造与传播可以再创区域的核心资源,可以在更高层次上保护区域的传统资源、优势资源要素,使其在经济社会发展中发挥更大作用。

(二)地方性历史文化可以直接转化为经济效益

文化本身也能成为经济,当文化成为文化产业,或和教育、科技、娱乐、休闲、旅

游、体育、商品制造等产业结合起来,它便直接成为地方经济发展的一支主力军。而当这些产业的发展建立在区域文化资源的基础上,并通过各种传播手段使其具有较高的知名度,才更可能有持续不断的生命力。

以浙江省杭州市为例,自2004年开始至2007年结束、为期4年的杭州市背街小巷改造工程,已经给杭州市的旅游业带来了巨大的经济效益,而且其在全国乃至世界都广受好评,被认为创造了历史文化名城保护的"杭州模式"[①],而这一工程正是和历史文化资源的挖掘、整理、恢复、保护紧密结合在一起的。进一步看,杭州市的背街小巷所体现的历史文化特色,除了该地独有的名人故居、京杭大运河、南宋故都遗存等,其历史文化建筑所体现的正是徽派建筑的文化特征。

相形之下,作为徽派建筑发源地、集中地的安徽,徽派建筑和其历史文化的保护与开发工作,以及这种保护与开发所带来的经济效益,都尚不能与杭州相比。这不得不让人感到深深的遗憾!

现在杭州市又恢复了南宋御街,这条街南起凤凰山麓,北至如今的市中心武林门一带。从南宋一直到民国,这条长达4200米的街道,一直都是杭州城最重要的商业街区。人们在这里可以看到被活化了的历史,可以饱览美轮美奂的江南民居建筑,仿佛穿越到800多年前的南宋时期,可以体验纯正"流水绕古街,小桥连老铺,清池围旧宅"的生活,可以欣赏模仿南宋时期的各种文艺演出,可以参观独具特色的博物馆,可以品尝美食,可以尽情购买各类具有地域特色、历史文化特色的商品。这些所带来的经济效益是无比巨大的。其对杭州市乃至浙江省的知名度、美誉度的提升都是非常可观的。

(三) 历史文化资源是安徽文化资源中最为丰富的部分

当前我国正在大力发展文化事业和文化产业,安徽正在加快实施文化强省战略,而安徽又正是一个文化资源大省,在安徽的各种文化资源中尤其以安徽的地方性历史文化资源最为丰富:从远古到近现代的各个历史时期,各种文化遗存和文明积淀极为丰富多样;从皖北到皖南、皖西到皖东,不同地区的历史文化异彩纷呈;从物质文化遗产到非物质文化遗产的各种类型,安徽都可谓是应有尽有。因此,无论是从提升安徽的区域形象、彰显安徽的文化品格,还是从开发历史文化资源以形成经济效益的角度来说,安徽都应该重视和加大对地方性历史文化的保护、整合传播与开发。

---

① 参见:方益波,王利渡.杭州不忘背街小巷[N].人民日报海外版,2005-08-20(5);叶辉.文化名城保护的"杭州模式"[N].杭州日报,2008-01-12(8).

（四）开发与保护能够形成良性循环

从杭州的背街小巷改造中，我们已经充分看到了开发与保护的双赢。安徽也应该积极行动，采取有力措施，只要认识到位、措施得当，完全能够实现安徽地方性历史文化资源保护与开发的良性循环。

以红色文化资源为例，在近现代历史上，安徽对于中国革命有着独特而重要的贡献，红色文化资源在安徽各地广泛分布，五四运动的革命烽火，新四军的长期战斗，淮海战役、渡江战役的激战等，在安徽各地留下了大量的革命遗迹。目前这些遗迹已有不少被不同程度地保护，但又因为经费不足而面临着各种各样的问题。其实如果能够采取一定的开发措施，比如发展红色旅游来对这些资源进行开发，再用开发所得资金开展进一步的保护，应该能够形成良性循环。但是，现实是安徽的红色旅游没有形成规模，很多红色文化资源虽立牌加以保护，但即便是当地人也知之甚少。除此之外，还有大量的红色文化资源没有清理出来，比如说有不少烈士墓园在山野深处独守寂寞。

这就形成了一个矛盾：一方面是各地非常重视革命传统教育、爱国主义教育、社会主义核心价值观教育；另一方面却是对地方性革命历史文化资源的忽视或漠视，或舍近求远地奔赴异地——对于成年人来说，奔赴异地尤其是革命圣地延安、井冈山、西柏坡当然非常必要，但是对于少年儿童和中小学校的素质教育来说，就近利用本地的红色历史文化资源不是更好吗？

二、安徽地方性历史文化资源保护、整合传播与开发的具体实施

（一）对安徽地方性历史文化资源进行全面系统的、"地毯式"的清查与挖掘，在此基础上进行分类整理

对地方性历史文化的保护、整合传播与开发首先要从对区域内历史文化资源的清查与挖掘开始。安徽是一个历史文化资源大省。240万年前安徽省芜湖市繁昌县孙村镇人字洞就有古代人类活动，繁昌人字洞遗址是欧亚大陆迄今已知发现最早的古人类活动遗址，为研究东亚地区早期人类起源提供了极为重要的线索。和县猿人、薛家岗文化、凌家滩文化、皖南古代铜矿、蚌埠双墩一号春秋墓、寿县寿春城、六安双墩汉墓……在我国文博、考古领域都赫然有名。自1990年开始评选年度"全国十大考古发现"以来，我省已有天长三角圩汉墓群、蒙城尉迟寺遗址、凌

家滩遗址第四次发掘、淮北柳孜大运河遗址、六安双墩六安王陵、蚌埠双墩一号春秋墓共6项考古成果当选。①但是,在安徽广袤的土地上,还有更加多样的历史文化资源有待进一步清理、恢复、保护与开发。

安徽地理范围很广,从夏商周以来,各种部族、方国、诸侯王国在八皖大地留下了丰富多样的文化遗存,春秋战国时期的群舒、钟离、蔡、吴越、楚等国,西汉的六安王国,三国时期的魏、吴两国,五代十国时期的吴国……安徽的文化品质综合了楚文化、吴文化、越文化、徽文化等多种特质的文化,蔚为大观。但是长期以来在历史文化资源的宣传中,无论是安徽省内群众,还是外地人士,普遍只知道"徽文化",对于其他知之甚少,对于其他文化的物质遗存和非物质遗存更是非常陌生。因此,我们必须加紧对安徽历史文化的特质、资源类型、分布、组成、现状等情况进行彻底细致的清理,为进一步的保护、整合传播与开发奠定基础。

(二)成立文化、宣传、旅游、发展规划、城管等部门的省级统一协调机构,对安徽地方性历史文化资源的保护、整合传播与开发进行整体规划设计,形成规模效益和集群优势

安徽地方性历史文化资源很丰富,但是,长期以来,安徽在对文化资源进行开发的过程中往往只注重某些地区、某种类型、某个文化资源的单一开发,在省外、国外,很多人只知道安徽有历史文化名山黄山,有黄梅戏,当然这二者确实是安徽的文化名牌,它们对安徽的形象推介发挥了重要作用,为安徽带来了可观的旅游收入和文化消费收入。同时,安徽各地在保护和开发历史文化资源时往往是单兵作战,各自为政。

事实上,安徽各地的历史文化资源有很多,为了让这些历史文化资源充分发挥它们对安徽经济社会发展的作用,应该打破区域分割的限制,对其进行统一规划,对各种历史文化资源进行整体设计、系统开发,尽早实现安徽各种类型、各地历史文化资源的链条式、集群式开发。以历史文化的旅游开发为例,应该在安徽省内形成联动机制,各地相互推介,为游客提供安徽旅游资源一站式查询。

可以发展"安徽历史文化名山游"系列。当省内外、国内外的游客只知道黄山时,他们到安徽来就只会是蜻蜓点水式的一天两天的停留,其实在安徽还有其他历史文化名山,比如九华山、天柱山、齐云山、司空山、琅琊山等,虽然这几座名山在名气、规模上与黄山具有不同程度的差距,但是当打破地域分割,把它们捆绑起来统一推介给游客,或作为黄山游的下一链条时,其规模效益和集群优势就能体现出来,对

---

① 安徽省博物馆明日举办"新中国成立60周年安徽重要考古成果展"[EB/OL].[2019-06-12]. http://news.cncn.com/80276.html.

安徽知名度的提升无疑是非常有益的。而且当这些名山形成"安徽历史文化名山游"系列时,游客也就不会对黄山诸峰因为保护而采取的分时开放办法耿耿于怀了。

可以发展"安徽历史文化名城(镇、村)游"系列。在安徽各地,历史文化名城、名镇、名村广泛分布。安徽应该对这些历史文化资源进行系统调查和整体规划,无论是皖北的亳州、凤阳,皖中的合肥、巢湖、寿县,皖西的六安,皖南的绩溪、歙县、宣城等名城,还是三河古镇、西递、宏村、唐模、呈坎、查济等古村,都魅力无穷,但是目前这些地方单个看来总还是时而存在游客稀少的情况。而一旦有一站式查询,游客就可能会将更多的时间花在安徽,正如饮食业,一条街只有一家包子店,消费者可能不会来,一旦整条街都是小吃,消费者可选择余地大,来得就多,集群优势便得以彰显。

可以发展"安徽名人故居游"系列。安徽各地人杰地灵,名人辈出。目前在省会合肥的大蜀山(西山)还专门建有安徽名人馆,对历史上的安徽名人事迹进行介绍,但是这只是一个"点",游客和文化消费者只需一个小时左右的时间就能够看完,难以带来更多门类的消费活动,也不能满足一些高层次、对名人文化倍感兴趣的人士的需求。如果馆内有安徽历史文化旅游资源一站式查询,游客便可以查到名人馆的这些名人以及其他馆内没有介绍的名人的故居所在地,他们完全可能奔赴当地进行查访,于是又能带来更多安徽历史文化资源的传承机会,而他们的消费所产生的收入更可以用作相应历史文化资源的保护经费。

而在对传统地方戏的保护与开发上,可以发展"安徽地方戏欣赏"系列。安徽除了黄梅戏,还有流行于合肥、六安、巢湖地区的庐剧,北部的泗州戏、梆子戏,凤阳的花鼓戏等,这些也应该大力推介,以共同形成地方戏曲对省内外、国内外游客、文化消费者的吸引合力。毕竟,黄梅戏再好,游客和消费者一次也只能点几出,而当几种剧种同时推出时,只要每个剧种各点一两出,其消费总量就非常可观。而在人们的消费过程中,传统戏曲文化也得到了良好的传播,这种传播又带来了经济效益,于是能够形成一个传统戏曲文化的商业开发与保护传承的良性循环。

(三)应采取"统筹发展、整体推进、多渠道并举"的策略,对各种历史文化资源进行整合传播与产业开发,并在传播与开发中进行保护

历史文化资源应该采取多种传播方式进行整合传播,如利用地方性历史文化资源构建区域形象识别系统并利用各类大众传播媒介进行传播,通过旅游传播来实现地方性历史文化资源的"点线面"开发发展与区域形象塑造,通过节日活动传播、会展传播、事件传播来实现地方历史文化资源的高效传播与形象塑造,通过文

化产业化来实现历史文化资源的持续传播,通过旅游传播、节日活动传播、会展传播、事件传播、文化产业与大众传播媒介的深度合作,实现历史文化资源的大众传播和合力传播,等等。而历史文化资源的产业开发除了文化产业路径外,还应该同时在旅游、娱乐、休闲、体育、教育、科技等产业展开。

对于具体的地域来说,要实现当地经济社会的科学发展,不仅要注重当地某种知名历史文化资源的传播与产业开发,更要采取整体推进和多元组合策略,通过当地多个、多种历史文化资源的整体传播与共同开发,让区域内外、国内外群众能够接触到该地统合的历史文化资源信息,从而获取规模效益和集群优势,形成对区域内外的强力吸引、多重吸引。诸如安徽历史文化名山和名人、名小吃、传统民俗等可以经过整合,通过旅游业和休闲娱乐业来传播与开发;可以出版图书、画册,拍成专题片、动画片在电视、网站传播,并带来文化产业的繁荣;也可以通过在本地开展旅游推广、会展活动等进行形象推介,或在外地、国外的文化交流活动中进行推介。

以杭州市为例,为了更好地发挥被挖掘出来的历史文化,杭州市城管办与有关部门合作组织了"小街巷大变化,背街小巷改善工程摄影大奖赛",编辑出版了《小街巷大变化》画册和反映杭州街巷历史文化的《小巷故事》一书,摄制了42集电视系列片《小巷故事》,绘制了《杭州的小巷》旅游图,开发了"杭州名人名巷一日游",将文化带出街巷。①

而2010年在安徽芜湖举办的中国中央电视台"芜湖月·中华情"中秋晚会,也是一次成功地利用节日活动、大众传播、事件传播来传播芜湖各类文化资源包括地方性历史文化资源的活动,是提升知名度、为旅游业的发展吸引投资、促进地方经济社会发展的典型案例。

(四)应秉承"普及、保护、开发并举"的原则,让安徽人民共享地方性历史文化资源,在文化资源共享中更好地传承、保护与开发地方性历史文化

地方性历史文化资源的保护不仅仅是对物质文化遗产的保护,也不仅仅是拨点款让其物质形态低层次存留,而更应该让历史文化资源所蕴含的精神、思想、内涵得以代代传承,并加以发扬光大,并应该尽可能地通过各种手段为其保护赢得资金,从而对其进行高质量的、持续的保护。这就必然需要经济的介入,需要开发,需要让其走近大众。

安徽应该对地方性历史文化资源进行分类,根据历史文化资源的类别,并适当

① 叶辉. 文化名城保护的"杭州模式"[N]. 杭州日报,2008-01-12(8).

照顾中低收入群众、流动群众,采取付费观赏和免费观赏并举、多种场所多种票价并举的措施,切实将历史文化资源的开发与保护落到实处。

以黄梅戏为例,为了让这一传统戏曲更好地传承下去,当然需要省委、省政府拨出一定的专项文化发展经费,但是黄梅戏自身的"造血"功能其实也非常强大,只要善于谋划,完全可以做到文化保护性传承和产业开发的双赢。比如游客游览安徽历史文化名山时,总要休息,休息中往往需要文化休闲娱乐,这就可以在历史文化名山的重要地段开展黄梅戏的商业化演出。又如通过文化展演活动,让黄梅戏在各类艺术展演中心或黄梅戏专有的剧院开展长期、大众化的演出,完全能让这一具有丰富历史文化内涵和地方文化特色的地方戏永葆青春。

但是,目前黄梅戏的演出除少数剧团的偶尔下乡演出、民间戏班的演出外,主要是在大型剧院演出,票价高昂,动辄160元、220元一张票的票价[①]无疑会将大量想看黄梅戏的普通市民拒之于门外,他们可能从此就打消了去剧院看黄梅戏演出的念头。其实,如果票价低一点,比如20元一张票,那么大多数老百姓尤其是城市市民可能都能接受,他们可能从此将去剧院观看黄梅戏当作经常性的文化休闲活动,那么用不了多久,160元的单人票房就能达到。

(五)充分利用大众传播媒介,尤其是电视、网络、手机等强势、新兴媒介,大力开展安徽地方性历史文化资源的传播工作,通过大众传播实现保护与开发

同样是徽文化资源,浙江杭州将其运用在背街小巷的改造中,不仅通过旅游业,还通过举办文化推广活动,通过出版书籍、画册,制作播出42集专题片等文化产业形式进行开发,获得了巨大的社会认同和经济效益。而作为徽文化发源地、集中地的安徽,徽文化的保护与开发却时时面临着资金的短缺、保护不力、保护不当、开发零散的状况,这和大众传播的宣传力度还不够强有一定关系。

安徽地方性历史文化资源丰富,但是安徽的大众传播媒介在其保护与开发过程中的作用还有待进一步发挥。黄梅戏和徽文化的大众传播力度还算可以,有不少黄梅戏电视剧、舞台剧、体现徽文化特征的影视剧在国内外产生了较大影响,但是其他历史文化资源相较而言,就很少被安徽大众传播媒介所传播了,或者至少可以说在安徽大众传播媒介上还没有形成长期化、规模化、力度大的传播。

安徽电视台和安徽各地级市电视台对其本地历史文化资源的传播还没有形成规模化、长期化的模式。如安徽电视台虽然制作了一些专题片、纪录片、电视剧,如

[①] 记者王剑飞报道《黄梅戏突围:记者探访后台 韩再芬说"转移"》,中国安徽网络电视台《新闻第一线》栏目,2010年10月5日。

《淮军》《新四军》,但是这些节目都是偶然性的,并没有形成固定的电视栏目。其实,以安徽电视台在国内的实力,以安徽地方性历史文化资源的支持,安徽电视台完全可以办一档推介安徽地方性历史文化资源的固定栏目。事实上,国内很多电视台,比如北京电视台、陕西电视台等都有专门的固定栏目,如《这里是北京》《开坛》等,持续不断地推介本地的历史文化资源,收视率、社会效益都很好。①

另外,当前网络媒介、手机媒介(至少是和网络联合的手机媒介)已然成为受众获得信息、娱乐消遣、知识学习的主要渠道,为了占有最广大的受众,安徽地方性历史文化资源的保护与开发应该主动拥抱这些新媒介,将各种历史文化资源通过文字、音视频在手机、互联网上进行传播。

(六)充分利用现代信息技术,建立安徽地方性历史文化资源信息库,实现信息的永久储存,便于实时动态地监控安徽历史文化的保护与开发状况

目前,安徽文化部门有自己专门的网站,对安徽一些重要的文化资源包括历史文化资源进行一定程度的传播,但这还是远远不够的。在对安徽历史文化资源进行全面清理的基础上,还应该建立专门的安徽地方性历史文化资源信息库,将安徽历史文化资源的种类、分布、组成、保护与开发等信息建立一个动态的信息库,并和旅游、文教、宣传等部门网站合作,如为旅游部门提供安徽历史文化旅游资源的一站式查询,在任何一个历史文化旅游景点都能查到安徽其他地方的历史文化资源,最大程度地方便群众、游客的旅游、休闲、娱乐等。这样既能实时监控安徽历史文化的保护与开发状况,也能带来更大的社会效益与经济效益,从而为进一步的保护与开发带来便利。

三、结 语

文化是一个民族的灵魂,地方文化是一个地区形象识别系统和核心竞争力的重要组成部分,而地方性历史文化更是地方文化的核心与灵魂。安徽文化强省战略的实现,是加快地方经济社会科学发展、实现安徽崛起的必由之路,而安徽地方性历史文化的保护与开发不仅是这一战略的组成部分,更是实现这一战略的手段之一。因此,当前必须重视研究对安徽地方性历史文化进行保护与开发的策略、路径与方式方法,期待安徽历史文化保护与开发累累硕果的出现。

---

① 参见北京电视台官网BTV在线、陕西电视台官网陕视网。

第三章 安徽文化旅游业的发展与资源的整合传播、开发

前文所述,安徽的自然资源得天独厚,社会资源中的文化资源极为丰富多样,这是安徽发展文化旅游业的有利条件,而从旅游到文化旅游是旅游业发展的必然选择,文化旅游业现实发展的强劲态势也证明了这个观点。按照国家统计局关于文化产业的划分,文化休闲娱乐、文化艺术服务、文化用品的生产等是文化产业的重要部分,这些部分恰恰是文化旅游业中游客消费的重要方面。比如游客在安徽黄山、宣城等地旅游,会欣赏当地徽文化演出,参观古民居,充分感受徽菜徽茶文化,购买徽州"四雕"和文房四宝等。

一、安徽旅游业发展简述

安徽旅游业是随改革开放发展起来的,1979年7月,邓小平同志在视察黄山时的讲话,揭开了新时期安徽旅游开展的序幕,使安徽旅游业走上了快速发展的轨道。改革开放40多年来,安徽省委、省政府遵照邓小平同志黄山谈话精神,实施政府主导型发展战略,按照"打好'黄山牌'、做好'徽文章'、唱好'特色戏'"的工作思路,把旅游业摆在全省国民经济发展的重要战略位置上,不断加大扶持力度,加快旅游经济的发展,逐渐形成了以国内旅游为主体、以国际旅游为龙头、国际与国内旅游并重的发展格局。现在安徽旅游产业形象日渐鲜明,产业地位日益提高,产业规模不断扩大,成为安徽国民经济新的经济增长点,在赚取外汇、拉动内需和扩大开放等方面发挥着积极作用,对国民经济和社会发展的贡献不断增强。

随着经济全球化、产业结构升级和体制转轨进程的加速,人民生活水平的不断提高,安徽旅游经济正面临前所未有的良好发展时期。首先,我们具有两大优势:一是资源优势。安徽旅游资源品位之高、数量之多,在全国都是突出的。二是区位优势。其次,我们还面临两大机遇:一是世界旅游业的迅猛发展和旅游热点的东

移。二是国家宏观经济政策的调整为安徽发展带来了历史性机遇。而这两大历史性机遇都将对安徽旅游业产生重大影响。

2003年6月,安徽省委、省政府印发《安徽省全面建设小康社会的战略目标、战略步骤及起步阶段的重点建设任务》,提出了在起步阶段重点建设八大产业基地和六大基础工程的战略构想。2004年1月,在安徽省人大十届二次会议审议通过的《安徽省政府工作报告》中,明确提出全面实施"861"行动计划。2004年5月,省政府印发《安徽省人民政府关于全面实施"861"行动计划的通知》,"8"指建设八大重点产业基地,包括加工制造业基地,原材料产业基地,化工产业基地,能源产业基地,高新技术产业基地,优质安全农产品生产、加工和供应基地,全国著名的旅游目的地和重要的文化产业大省;"6"指构筑六大基础工程,包括防洪保安工程、通达工程、信息工程、生态工程、信用工程和人才工程;"1"为目标,指到2007年,全省人均生产总值达到1000美元以上。①

继要建设"全国著名的旅游目的地"后,安徽旅游业一直在从旅游资源大省到旅游大省乃至旅游强省不断努力。2008年8月,安徽提出要以更大的力度推动旅游业加速发展,建设旅游产业大省;9月1日,省政府代表团赴江浙沪学习考察,省委、省政府又提出要"建天堂",强调要将安徽建设成为旅游强省,并将建设旅游强省提升到与工业强省和农业强省同等的全新高度。②

至此,安徽旅游业发展的基本思路是:围绕一个目标,完成两项任务,构建三大板块,开发四条主线,坚持五种统筹,实施"六动"战略。③这正是各类资源整合传播与开发以发展文化旅游产业的做法。

所谓一个目标就是建设旅游大省并向旅游强省推进。

所谓两项任务就是把旅游产业建设成为安徽国民经济的支柱产业,把安徽建设成为全国著名的旅游目的地。

所谓构建三大板块就是以黄山为龙头,"两山一湖"为重点,三大遗产为品牌,构建大皖南国际性旅游区;以合肥为中心,巢湖和大别山为依托,两小时高速路程为半径,构建泛巢湖国家级旅游区;以亳州为重点,"两淮一蚌"为主轴,历史文化为主题,构建新皖北区域性旅游区。

所谓开发四条主线就是呼应"马芜铜宜"城市群建设,开发"沿江一线"的都市

---

① "861"行动计划实施与演进[EB/OL].[2019-08-08]. http://861jh.ahpc.gov.cn/information.jsp?xxnr_id=10119113.

② 机遇与责任并存 安徽旅游步入发展新阶段[EB/OL].[2019-08-12]. http://www.17u.net/news/newsinfo_124277.html.

③ 从旅游大省到旅游强省[EB/OL].[2019-08-19]. http://news.sina.com.cn/c/2006-03-23/02128506287s.shtml.

旅游和商务旅游;响应"东向发展"号召,开发毗邻"江浙一线"7市23县假日旅游和休闲旅游;呼应文化大省建设方略,开发徽文化、三国文化等"文化一线"的文化旅游和特色旅游;适应红色旅游发展形势,依靠红色旅游优势资源,开发"红色一线"教育旅游和扶贫旅游。

所谓坚持五种统筹就是统筹区域协作,构筑南北互动、城乡联动的旅游发展大格局;统筹旅游要素,突破购物娱乐环节,促进旅游产业"链条"的大协调;统筹产品开发,丰富观光、度假和专项三大旅游产品的大体系;统筹市场开拓,建立"超常发展国内游,大力发展入境游,规范发展出境游"的大市场;统筹可持续发展,推行资源保护型旅游开发方式、环境友好型旅游消费方式和质量效益型旅游经营方式,形成又快又好、科学发展的大局面。

所谓实施"六动"战略就是:"政府推动"战略,坚持政府主导机制,发挥党政及其部门在旅游产业中的组织、领导和推动作用;"东向带动"战略,毗邻地区带头融入,其他地区共同对接,吸引东部游客群,招徕东部投资商;"企业驱动"战略,培育市场主体,依靠企业"唱戏",增强企业对旅游产业的驱动力;"项目牵动"战略,以招商引资为抓手,形成多元化投资机制,依靠项目建设牵动旅游开发;"市场拉动"战略,以市场为导向,研发和适销对路产品,以"游客流"拉动消费流、资金流,发展旅游产业链;"区域联动"战略,推动省内南北互动,东西联动,加强省外区域联合,共谋发展。

之后,安徽仍然不断探索旅游业发展的具体措施,并在大力发展皖南文化旅游方面有新的系统设计。2014年3月,经国务院同意,国家发展改革委正式下发了《关于皖南国际文化旅游示范区建设发展规划纲要的批复》(简称《批复》),这意味着安徽旅游进入了一个新的发展阶段。《批复》指出,规划建设皖南国际文化旅游示范区,有利于加快转变经济发展方式,推动优秀传统文化传承创新,巩固华东地区重要生态屏障,打造世界一流旅游目的地,为美丽中国建设提供示范。

皖南国际文化旅游示范区范围包括黄山、池州、宣城、马鞍山、芜湖、铜陵、安庆等7市,共47个县(市、区)。其中核心区为黄山市的屯溪区、徽州区、黄山区、歙县、休宁县、祁门县、黟县,池州市的贵池区、青阳县、石台县、东至县,宣城市的绩溪县、旌德县、泾县,安庆市的岳西县、太湖县、潜山县,面积2.83万平方公里,人口533.86万。

皖南国际文化旅游示范区的战略定位是美丽中国建设先行区,世界一流旅游目的地,中国优秀传统文化传承创新区;目标是到2020年旅游总收入突破7000亿元,接待国内外游客人数超过46000万人次。

皖南国际文化旅游示范区的发展格局主要分为古徽州文化旅游发展圈、"三山三湖"山水观光旅游发展带、皖江城市文化旅游发展带三个部分。①

---

① 李远峰. 皖南国际文化旅游示范区建设发展规划获批[EB/OL]. (2014-03-08)[2019-09-27]. http://sd.ifeng.com/lvyou/guoneiyou/detail_2014_03/08/1950146_0.shtml.

从国家关于皖南国际文化旅游示范区的批复及示范区的建设内容,我们都可以看出文化和旅游的共存关系,看出旅游业发展的资源整合传播与开发的文化旅游业路径。

当然,笔者认为安徽北部、东部、中部、西部的文化旅游业也大有可为,需要认真梳理、规划。

二、文化和旅游的整合

前文所述的安徽的旅游资源中大多是文化资源和自然风光紧密结合的,现实旅游业态中,旅游和文化也正以多种方式进行融合。而国家层面的机构改革也证明了社会各界都已认识到文化和旅游的密不可分。2018年3月,中华人民共和国文化和旅游部批准设立。中华人民共和国文化和旅游部是根据党的十九届三中全会审议通过的《中共中央关于深化党和国家机构改革的决定》《深化党和国家机构改革方案》和第十三届全国人民代表大会第一次会议批准的《国务院机构改革方案》设立的。[①]

具体来说,文化与旅游的结合有多种具体形式。第一,与文化体育盛事的结合。如奥运会、世博会、大学生运动会等。第二,与文化节庆的结合。如端午节、中秋节、七夕等。第三,与文化演出场所的结合。如伦敦四大交响乐团的演出、维也纳金色大厅新年音乐会。第四,与主题公园的结合。如上海迪士尼乐园、深圳华侨城、芜湖方特等。第五,与创意产业园区、基地的结合。如北京的"798"、潘家园古玩市场等都是很典型的主题产业园区和基地。第六,与专业市场、专业街区的结合。如国内有云南的茶叶市场、安徽亳州的中草药专业市场,国外有瑞士的劳力士手表市场、德国的数码专业电器街区等。第七,与历史文化遗址、博物馆、画院的结合。如故宫博物馆、法国卢浮宫、大英博物馆等。第八,与休闲农业、乡村旅游的结合。新华社2018年9月26日电:近日,中共中央、国务院印发了《乡村振兴战略规划(2018—2022年)》。《规划》指出,中华文明根植于农耕文化,乡村是中华文明的基本载体。《规划》要求深入挖掘农耕文化蕴含的优秀思想观念、人文精神、道德规范,结合时代要求在保护传承的基础上创造性转化、创新性发展,有利于在新时代焕发出乡风文明的新气象,进一步丰富和传承中华优秀传统文化。《规划》要求顺应城乡居民资源禀赋,深入发掘农业农村的生态涵养、休闲观光、文化体验、健康

---

① 为了增强和彰显文化自信,统筹文化事业、文化产业发展和旅游资源开发,提高国家文化软实力和中华文化影响力,推动文化事业、文化产业和旅游业融合发展,《国务院机构改革方案》提出,将文化部、国家旅游局的职责整合,组建文化和旅游部,作为国务院组成部门,不再保留文化部、国家旅游局。

养老等多种功能和多重价值。可以说,游客在上述节庆、园区、场馆、城市、乡村的休闲娱乐、旅游,很大程度上是为了获得文化知识、进行文化体验、提升文化修养、拓展文化视野,甚至可以说没有了独特的文化资源,上述旅游项目便无法形成。

(一) 文化和旅游的天然联系

文化是旅游之"魂"。文化的内涵决定着旅游的品位、精神价值和人文含量,是旅游业增强吸引力、感染力、影响力、竞争力的根本所在,是支撑旅游业可持续发展取之不尽、用之不竭的核心资源。旅游景点往往凝固着丰厚的历史文化、革命文化、民族民俗文化等资源,这是旅游的第一资源,旅游过程本质上是文化之旅、精神之旅,是感知文化、品味文化、鉴赏文化、体验文化、享受文化的经历,是愉悦身心、陶冶情操、增长见识、提升境界、净化心灵的文化体验。

旅游是文化之"体"。旅游是承载文化内涵的重要载体,是文化传播的重要渠道,是把群众潜在文化需求转变为现实文化消费的重要形式,是普及历史文化知识、弘扬民族精神和时代精神、开展爱国主义教育和革命传统教育的重要方式,是文化惠民、文化乐民、文化育民、文化富民的重要途径。

文化之"魂"与旅游之"体"相互依存、相辅相成,统一于旅游文化产业发展和人民群众的旅游实践中。通过旅游,寓教于游、寓教于乐,使文化之"魂"广为弘扬、传之久远、生生不息。离开了文化之"魂",旅游之"体"就失去了精神价值的支撑,即使形式上热热闹闹,也会因为缺少品位和内涵而失去魅力和生命力,最终失去对游客持续的吸引力和影响力;离开了旅游之"体",文化之"魂"就失去了有效的表现形式和传播渠道,其精神价值的实现就会大打折扣,也就难以充分发挥引领风尚、教育人民、服务社会、推动发展的作用。

(二) 文化与旅游相结合,能够催生出巨大的社会效益和经济效益

第一,有利于把促进优秀文化遗产保护传承与推动经济社会发展有机结合起来。实践证明,对于有市场前景的非物质文化遗产,在国家政策支持下积极与旅游相结合,与旅游纪念品开发相结合,通过旅游市场推动产业化,是对非物质文化遗产最积极、最有效、最可持续的保护传承方式。例如,全国剪纸艺术之乡河北蔚县,积极利用剪纸艺术开发旅游纪念品,形成26个剪纸专业村、1100个专业户、3.6万从业人员的规模,产品涵盖8大类6000多个品种,销往世界各地,使以往人们仅仅用来贴窗花、自娱自乐的小小剪纸,成长为产值数亿元的当地支柱产业,这就是一个生动的案例。

第二,有利于加快贫困地区群众脱贫致富的步伐,帮助更多群众共同富裕。一些旅游景区地处偏远贫困地区,土地贫瘠、交通不便、资源缺乏,发展地方经济举步维艰,而文化与旅游结合,给当地群众开启了一条脱贫致富、实现跨越式发展的捷径。比如,据《人民日报》报道,贵州黔东南苗族侗族自治州雷山县西江千户苗寨,2008年人均收入只有1800元,通过推动文化与旅游结合,民族风情、民族歌舞得到充分展示,非物质文化遗产大放异彩,吸引了来自国内外的众多游客前来游览,短短3年多的时间,人均收入就达到7100多元,各族群众生活水平大幅提高。

拿安徽芜湖的方特主题公园来说,短短几年时间,迅速成长为省内乃至全国知名的主题公园品牌,它的成功有多方面的因素,但中间文化融入的作用不可忽视。将文化要素注入主题公园旅游之中,传统的主题公园不再是简单的项目惊险刺激、设施如何先进,而是有了文化的底蕴和文化的内涵。反过来说,有了旅游这个载体,有了主题公园这个呈现方式,芜湖方特使主题公园文化、芜湖城市文化乃至安徽文化都有了较好的呈现和展示。

又如北京的"798艺术区",也是文化和旅游结合的成功典范。提起"798艺术区",大家知道这是一个蜚声世界的艺术区,据不完全统计,目前入驻北京"798艺术区"的画廊、艺术家个人工作室以及动漫、影视传媒、出版、设计咨询等各类文化机构有400余家,分别来自法国、意大利、英国、荷兰、比利时、德国、日本、澳大利亚、韩国、中国等国家及中国的台湾、香港等地区。这里已成为中国文化艺术的展览、展示中心,成为国内外具有影响力的文化创意产业集聚区。同时,这里不仅仅是全国乃至全世界艺术家、艺术爱好者的天堂,更是众多普通人北京旅游的必选之地。笔者曾经在2011年春天的一个周末前往"798艺术区",除了众多的艺术展览会、时装发布会、电影首映式,更多的是来自各地的旅游者,从耄耋老人到学龄儿童,俨然成了周末旅游休闲的好去处。据报道,2007年美国CNN调查显示,"798艺术区"已经成为仅次于长城的外国人来京第二目的地。

(三)文化旅游业是大势所趋

如上所述,改革开放以来,安徽的旅游行业、旅游产业已经取得了长足的进步,在发展方式、发展战略上都已经有了系统的、理论的、全面的发展模式。2017年4月19日,在江苏苏州召开的文化部2017年全国文化产业工作会议上,正式发布了《文化部"十三五"时期文化产业发展规划》(以下简称《规划》)。《规划》明确了"十三五"时期文化产业发展的总体要求、主要任务、重点行业和保障措施,并以8个专栏列出22项重大工程和项目,着力增强操作性。《规划》指出,要坚持创新驱动,促进演艺、娱乐、动漫、游戏、创意设计、网络文化、文化旅游、艺术品、工艺美术、文化会展、文化装备制造等行业全面协调发展,以重点行业的跨越式发展助推文化产业成为国民经济支柱性产业。文化旅游在文化产业格局中的地位彰显。

在此背景下,旅游经济作为文化产业的重要组成部分,日渐成为共识,并受到了空前的重视,各地纷纷将旅游产业发展列入本地经济发展规划的重点部分,这其中最直接的变化就是,不单纯地以原有景区旅游为主,而是在原有景区旅游的基础上,将旅游的外延大大扩展,将文化特色融入旅游发展,大打文化牌。各地纷纷推出省级、市级旅游品牌,如好客山东、多彩贵州、晋善晋美、有福之州、大湖名城等,将本地区的旅游资源与文化资源进行融合、整合,提出全新的发展战略和品牌。

试以电视宣传片来看旅游产业的文化融入。笔者对2012年1～11月期间,在中央级电视媒体、省级卫视媒体、安徽省级电视媒体三种不同的电视媒体中有关旅游行业、旅游景区的电视宣传片,做了简略统计及分析。

1. 中央级电视媒体

2013年,共410个相关旅游品牌投放央视媒体,较2012年348个景区投放,上涨18%,投放金额上涨54%,如图3.1所示。

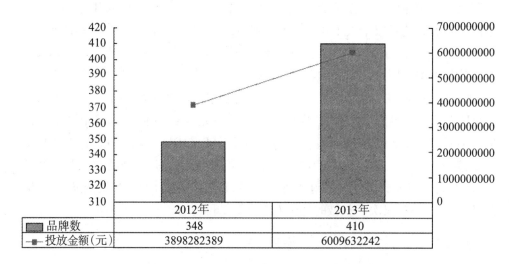

图3.1 2012年和2013年央视频道旅游行业电视投放整体概况

在全部410个旅游品牌投放中,有332个功能诉求定义为国家/城市形象的宣传片,占据全部投放的81%,如图3.2所示。与此同时,在投放总额前15位的品牌中,城市宣传片达到13个,占据绝对优势,只有2个属于风景区宣传片,如表3.1所示。

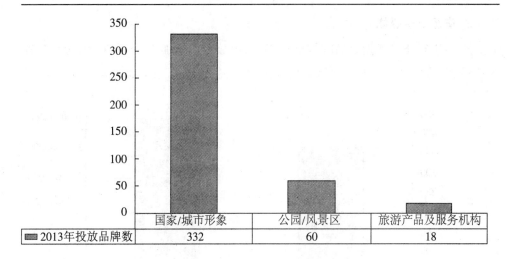

图3.2 相关旅游品牌投放的具体功能性分类

表3.1 2013年投放排名前15位的具体旅游品牌及投放金额

	景区	投放金额(元)
1	中国山东	427779580
2	中国贵州	235512519
3	山西晋城	224262316
4	中国河南	190588200
5	中国湖北	176232468
6	中国福建	155051000
7	中国山西	136485200
8	苏州吴中旅游区	100311193
9	四川泸州	99645400
10	山东潍坊	95180900
11	三国城&水浒城风景区	91947200
12	江苏常州	91127000
13	云南腾冲县	86879400
14	山东济宁	86093800
15	中国青海	85724400
共计		2282820576

2. 省级卫视媒体

2013年省外卫视投放品牌数增长21%,投放金额增加6%。国家/城市形象片占比最高,达60%,公园/风景区宣传片占比30%,如图3.3、图3.4所示。

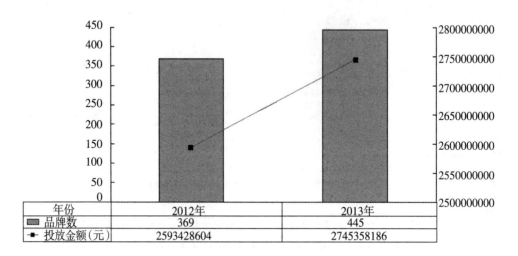

图3.3 省级卫视频道旅游品牌投放概况

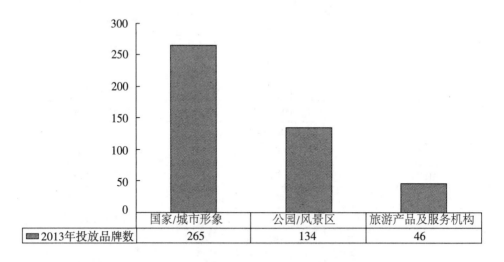

图3.4 相关旅游品牌投放的具体功能性分类

3. 安徽省级电视媒体

在安徽省级电视媒体中,公园/风景区投放最高,占60%,旅游产品及服务机构类别在安徽省级媒体投放较少。在城市形象宣传片类型中,以县、乡镇区域的宣传片居多。在景区投放中,以省内景点为主,如图3.5、图3.6和表3.2所示。

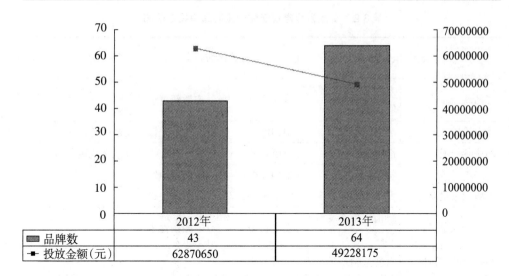

图3.5 安徽省级电视频道旅游品牌投放

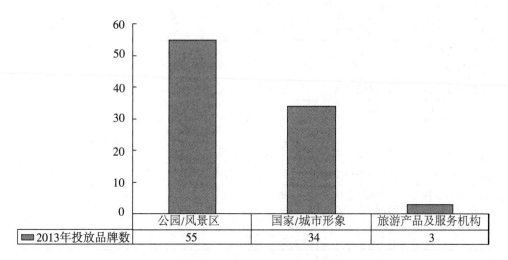

图3.6 相关旅游品牌投放的具体功能性分类

表3.2　安徽省级电视媒体中旅游品牌投放明细

公园/风景区		国家/区域形象		旅游产品及服务机构
万佛湖	方特欢乐世界/梦幻王国	辽宁沈阳	安徽新杭镇	在水一方旅游开发有限公司
浮山风景区	焦岗湖风景区	中国黟县	安徽城关镇	安徽旅游局
八达岭长城	怪潭风景区	安徽六安	安徽乌江镇	万达文化旅游城
九华山风景区	牯牛降风景区	中国安徽	安徽西埠镇	
太极洞风景名胜区	九华天池风景区	安徽凤阳县	安徽鲍集镇	
齐云山风景区	映山红生态文化大观园	安徽黄山	安徽汤池镇	
马仁奇峰旅游区	六安金领欢乐世界	安徽合肥		
方特欢乐世界	大别山石窟风景区	安徽石台县		
燕子河大峡谷	金麒麟生态园	安徽呈坎村		
秋浦河风景区	横排头风景区	安徽造甲乡		
泾县江南第一漂	马鬃岭风景区	安徽姚李镇		
棠樾牌坊群鲍家花园风景区	三十岗风景区	安徽周潭镇		
天目湖度假区	江村风景区	安徽矿山集街道		
大浦乡村世界	大别山彩虹瀑布风景区	安徽诸佛庵镇		
桃花潭风景区	常州恐龙园	安徽十九里镇		
芙蓉谷风景区	罗河谷探险漂流	江苏横梁街道		
太平湖风景区	马衙风景区	安徽十字镇		
大熊猫主题乐园	合肥包公园	安徽南照镇		
		安徽歙县		

从上述数据可以看出，无论在哪一级电视媒体中，旅游品牌的投放均呈现增长的态势，国家/城市形象片占据投放的主要比重，可见各级政府部门、行业主管部门在旅游品牌的传播上，不再以单个的旅游景区为传播重点，而是将重点放在本地区全新整合打造的文化旅游上，用整体的品牌形象作为传播的重点，这无疑是将文化融入旅游产业的重要特征和标志。

三、安徽文化旅游业整合发展的对策

(一)系统梳理各地文化资源,文化与旅游的融合要无缝对接

笔者认为真正高层次的旅游、休闲娱乐必然是能给予游客、消费者以深层的文化享受和精神提升的,旅游业的本质属于文化产业。在某种意义上可以说,旅游产业具有两种不同的特征:一方面,文化是其属性,旅游是其功能,因为即使在纯自然景观中仍然会依托神话传说、历史典故来烘托景观的自然美;另一方面,在行业渗透、学科交叉的当今,文化产业本身也形成了本体产业、交叉产业和延伸产业。因此,应该打破原有的行业门槛,将主题文化融合到旅游产业的框架下发展,这意味着旅游产业的发展将得到一个全面的提升过程,深挖旅游景区的文化内涵,营造适宜的文化氛围和完善的解说系统,打造旅游酒店的文化品牌形象,培养一批有独到文化见解的学者型讲解员,使旅游开发摆脱急功近利的短期商业化怪圈,是发展和壮大文化旅游业的必由之路。

安徽既有黄山、九华山、天柱山等一系列享誉世界的旅游资源、旅游品牌,又拥有极其丰富的文化资源。比如,以徽派建筑、文房四宝、徽商为代表的徽文化,被称为三大显学之一;还有以九华山为代表的佛教文化,以黄梅戏为代表的黄梅戏文化,以老子、庄子、华佗为代表的黄淮文化,等等。安徽应该充分利用这些既有的文化资源,提炼文化品牌,打造文化品牌,将单纯的旅游资源转化为融文化、旅游、休闲于一体的全新文化旅游资源。但是,文化与旅游的联姻,不是生硬的,不是千篇一律的。如果黄山某块山石的神话故事与九华山某块山石的神话故事完全一样,则神话成为笑话;如果在歙县买到的特产和在安徽其他地方买到的一样,则特产不"特"。也就是说,安徽每一个文化旅游地应该在系统规划的基础上建立联动机制,使得各地有量身打造的一套文化言说体系。

(二)文化与旅游要达成真正意义上的融合

"文化+旅游"最关键的就是"+"号,由这个"+"号可以演变出四个字:"加,夹,假(借),嫁"。笔者认为最理想的是第四种方式,即旅游与文化真正的融合。

"文化+旅游"最终的成果是形成产业链,或者产业群,在这个链条里最核心的是内容创意产品,内容创意产品最关键的是人才。如果我们有一套很好的针对创意的知识产权的回报机制,人才在本土成长,或者是从国外聚集在这里就会成为很

自然的事。而不是仅仅提出一个口号,举办一个所谓文化节,建立一个文化产业园,就认为已经将文化和旅游高度融合了,就是在打文化牌。其实,这是徒有其表,或者假文化之名,依旧是走传统旅游的老路。

近年来,安徽省陆续推出并逐步形成黄山国际旅游节、芜湖国际旅游商品博览交易会、中国首届中东部旅游交易会、淮南"中国豆腐文化节"、合肥"徽菜美食节"、巢湖牡丹节、安庆"黄梅戏节"、铜陵"青铜文化节"、滁州"琅琊山国际文化节"、马鞍山"国际李白诗歌节"(原马鞍山"中国国际吟诗节")、宣城文房四宝文化旅游节、亳州中医药旅游文化节、九华山庙会、砀山梨花旅游民俗文化节、凤阳花鼓灯节、黟县乡村摄影节等一大批大型节庆活动。这里面,有的具有较强的影响力,有清晰、完整的文化品牌内涵,但有的就仍然停留在"文化搭台,经济唱戏"的老思路上,殊不知,在当今这个时代,文化产业、旅游产业早已和经济融为一体,其本身就能够带来巨大的经济效益和社会效益。

(三) 文化和旅游的结合,需要制度的保障和营销的投入

首先,政府和行业主管部门应该建立完善的制度保障,从政府机构设置上来说,文化部门和旅游部门分属不同的部门,是否有可能将它们的部分职能进行合并,或者成立具有实质协调功能的联络机构,从这个意义上来说,排除体制的障碍,形成配套完善的制度是非常重要的。

其次,政府要营造良好的外部环境。比如,把整个城市作为卖点的话,在总体推广上就应该有一个整体的设计,要在文化内涵上下功夫。同时政府应该提供相对完善、舒适的城市环境、休闲空间,为从业者解除后顾之忧。

最后,应该在营销上花大力气。上面列举的众多旅游品牌进行电视广告投放,一方面,这是非常必要的,表面进行宣传推广已经成为大家的共识。另一方面,我们也要看到,这些都是传统意义上的广告投放,还属于"硬广告"。在大家进行同质化广告宣传的同时,如何做好"软广告"也是十分必要的。冯小刚的两部《非诚勿扰》让中国游客熟知了两个旅游地,一个是杭州的西溪湿地,一个是日本的北海道,特别是北海道,自《非诚勿扰》上映之后,到此地观光的中国游客数量大增。又如韩国济州岛,因为是多部韩剧的外景地,大批中国剧迷前往该地旅游观光,单纯的旅游目的已经不是全部,更重要的是要前往偶像曾经拍戏的地方亲身感受。这就是传播上的软广告、植入广告,更是将文化巧妙融入旅游的成功案例。

四、结　语

无论是文化旅游业,还是文化产业的其他方面,都应该积极深入挖掘本领域的文化内涵。文化是旅游的灵魂,旅游是文化的载体[①],应以更主动的姿态、更有力的措施推动旅游和文化的融合,为不断满足人们的精神文化需求,加快经济发展方式转变,促进经济社会又好又快发展提供新的动力。

---

① 刘云山.打造文化品牌　推动海南国际旅游岛建设[EB/OL].[2010-03-24]. http://finance.people.com.cn/GB/8215/179399/185477/185483/11250791.html.

第四章 安徽抗战文化资源的保护、开发与传播

安徽作为中国历史文明的重要发祥地,拥有丰富的历史文化资源,将历史文化与政治、经济、现代科技结合起来共同发展,大力推动文化产业建设,有利于建设文化安徽的美好形象。在安徽丰富的文化资源中,抗战文化是在中国抗战时期,中国共产党人和老百姓奋勇抗敌,为实现抗日战争胜利的过程中所形成的具有中国特色的先进文化,也是中国红色文化的重要组成部分,在传承和发扬抗战时期党的文化精神中具有独特的功能和价值。正是因为安徽抗战文化有其特殊的历史地位和文化内涵,所以有必要对其进行研究,总结安徽地区抗战文化资源的现状,讨论其保护、开发与传播问题,对其中发展不到位的地方提出积极有效的建议,从而进一步彰显安徽抗战文化的特性和知名度。同时,可以将安徽抗战文化资源与安徽经济建设相结合,实现抗战文化资源和安徽经济发展的双赢。

同时,据中国互联网络信息中心2020年4月发布的《第45次中国互联网络发展状况统计报告》,截至2020年3月,我国网民规模达9.04亿,互联网普及率为64.5%;我国手机网民规模达8.97亿,网民使用手机上网的比例高达99.3%。在这样的情况下,我们的抗战文化保护、开发与传播需要有新的思路与举措。

一、安徽抗战文化资源概述

红色文化资源是中华民族宝贵的精神财富,红色文化是中国传统文化不可分割的重要组成部分,是我们党领导人民在实现中华民族解放的历史进程和社会主义建设的伟大实践中产生的特有的文化现象。在构建社会主义核心价值观的过程中,充分发扬红色文化精神是至关重要的,这对于建设和巩固社会主义思想文化阵

地,大力发展社会主义先进文化①,有重要的历史和现实价值。抗战文化本来就是红色文化中重要的组成部分,从中国共产党的成立到新时期的社会主义建设这段时间内,不同重大历史阶段中的各种实践是中国红色文化形成的物质和精神基础,抗日战争是其中历史意义最为重大、最不能令人忘却的重要时期。

伟大战争铸就伟大精神。2014年9月3日,习近平总书记在纪念中国人民抗日战争暨世界反法西斯战争胜利69周年座谈会上的讲话中指出了抗战精神的深刻内涵:"中国人民向世界展示了天下兴亡、匹夫有责的爱国情怀,视死如归、宁死不屈的民族气节,不畏强暴、血战到底的英雄气概,百折不挠、坚忍不拔的必胜信念。"伟大的抗战精神,是中国人民弥足珍贵的精神财富,是激励中国人民克服一切艰难险阻、为实现中华民族伟大复兴而奋斗的强大精神动力。②

抗战文化资源分为物质文化资源和非物质文化资源。安徽作为抗战时期的重要战场,由于地理位置的优势,战略地位十分重要,成为抗战时期各方争夺的焦点。安徽战场是国民党抗日战场的重要组成部分,新四军和老百姓在安徽这片土地上均做出了巨大贡献。

抗战的物质文化资源在安徽各地均有不同程度的分布,如合肥庐江县新四军江北指挥部旧址、蜀山烈士陵园、芜湖繁昌县荻港镇板子矶岛百万雄师渡江第一船登陆点、淮南大通"万人坑"教育馆、黄山屯溪老街中共皖南特委旧址、六安天堂寨刘邓大军前方指挥部旧址等一些旧址和纪念场馆。

安徽革命老区非物质文化资源主要有抗战故事、革命歌曲、革命精神等,尤其是安徽的黄梅戏,抗战时期在宣传军人和老百姓的英勇事迹、为革命成功奉献一切的精神方面具有重要作用,直到现在,我们仍可以通过这些戏剧学习、了解、感受当时革命斗争的精神。

二、安徽抗战文化资源的价值

(一)烛照后世的自信精神

抗日战争中,中国共产党及其领导的军队和人民,对外来侵略者进行勇敢顽强的斗争,这是一段抛头颅、洒热血,追求中国人民解放、中华民族解放的不容中国历史和世界历史忘却的反侵略斗争。这种伟大的斗争精神,激励和鼓舞中国人民和

---

① 向国华.论红色文化资源在社会主义核心价值观培育中的价值[J].怀化学报,2016(6):42-44.
② 曹艺.抗战精神的由来与内涵[EB/OL].[2017-11-16].http://dangshi.people.com.cn/n1/2017/1116/c85037-29649993.html.

军队艰苦奋斗,百折不挠;这场伟大胜利,使中国人民有了自信,并烛照之后的发展历程。

抗日战争后,中国共产党带领人民经过一系列革命斗争、政策改革,建立了政权,对社会主义不断探索,使中国摆脱了过去穷困疲弱的局面,走上快速发展的道路,直到现在中国在国际上的政治地位和经济影响力已经有了极大的提高。但是我国现在仍处于社会主义初级阶段,需要一种意志力将整个国家、民族和人民的力量凝聚起来,这种意志力需要有先进文化带头牵引。纵观中国历史长河,中国的先进文化由很多部分组成,而抗战文化就属于这种先进文化,宣传抗战文化符合社会主义核心价值观。抗战文化可以生动形象地展现中国共产党和人民在抗战时期的奋斗历史,抗战文化中中华民族的伟大团结精神、伟大革命精神、伟大牺牲精神,激发起全民族建设国家的动力和热情,使人们克服所面临的一切困难。

安徽的抗战同样可歌可泣,新四军各支部队、党的地方游击队和民兵,党在安徽的各级地方组织,始终团结和领导广大人民群众,坚持不懈地斗争,在经历了巨大的牺牲和挫折后,最终赢得了胜利。这样的斗争故事及其彰显的抗战精神,展现了安徽人民的伟大斗争精神,给予了后世的安徽人民乃至全国人民以巨大的自信——在这样一个今天看来不那么发达的中部省份,竟在整个中国的抗战史、在世界反法西斯战争史上,具有不可替代的重要地位——那么在今天各方面条件都大大好转,在党和国家经过艰苦奋斗营造的和平稳定的国内外环境下,安徽乃至全国更没有理由不自信。安徽,应该相信自己能够实现各方面事业的蓬勃发展。

(二) 党的形象传播

执政党的媒介形象,是它在大众传媒上形成并传播的形象,会经公众口耳相传的方式进行再传播,故能产生广泛和持久的影响。这种媒介形象,直接或间接地影响公众对执政党的社会评价和心理认同。①

中国共产党于1921年7月创立,从创立初期的不成熟到经过各种革命斗争,逐渐成为一个完整严密的组织,始终为了中华民族的伟大复兴服务,为了中国人民奋斗。安徽各地的抗战文化资源,集中展现了中国共产党无论在何区域、在何种境遇之中,都敢于担当、勇于奉献、忠于信仰、不懈奋斗的精神,集中展现了安徽人民自强不息、百折不挠、爱国爱乡、拥护党的领导的精神品质。

中华人民共和国成立后,中国共产党不懈奋斗、不断探索,让中国发生了翻天覆地的变化。中国发展到现在这个阶段,党并没有为现在所取得的成就而沾沾自

---

① 丁柏铨,夏雨禾.党的执政能力建设与党的媒介形象展观(上)[J].当代传播,2008(3):4.

喜,依然保持着建党之初的信念与决心。

进入21世纪以来,随着全球化进程的加快,新媒体科技的发展,各种不同的话语出现在大众媒介上,网络与新兴媒体的"众声喧哗"中有大量的非理性和不客观不公正的信息野蛮生长。在这样的情况下,我们需要向中国人民展现中国共产党最真实的面貌,让民众认识到,党的性质和任务一直未变,党始终"不忘初心"。抗战文化是我国先进文化的重要组成部分,对抗战时期党的伟大事迹进行积极宣传,对抗战中党的精神、党为中华民族解放事业所做出的努力进行发扬光大,让民众感同身受,使执政党的媒介形象往好的方向发展,让民众信任党、支持党、与党同心同德同向而行。

(三)文化经济的变现

作为世界上最大的发展中国家,改革开放40多年来,在党和政府的领导下,在人民群众的共同努力下,我国在政治、经济和文化领域有着众多突破与收获,经济持续高速增长,尤其是在我国先天人均资源和后天资本积累都不是特别丰富的情况下,我国成为了世界上的经济强国。文化在我国经济发展中,同样做出了重要的贡献。戴维·思罗斯比认为,文化可能在3个大致的方向上影响群体的经济产出。第一,文化也许可以通过改善群体的共同价值观而影响经济效率,这种共同价值观决定了群体成员以怎样的方式来从事经济生产活动。第二,文化会影响公平。第三,文化影响力甚至决定了群体所要追求的经济目标和社会目标。①

抗战时期所形成的文化,不仅在当时影响了中国的政治和经济,在现如今的新时期,同样也会对我国社会主义经济的发展起到强大的推动作用。抗战文化的内涵价值对我们追求共同价值观、经济目标和社会目标都有很深的影响,其中蕴含的不怕牺牲,不怕吃苦,以人民群众、大众利益和国家利益为主的精神,正是当代我国发展经济所必需的品质。

与此同时,抗战文化资源本身就可以转化为经济,随着我国经济的快速发展,人们日益增长的物质需求——得到满足,这时高层次的文化需求就应运而生,抗战文化资源作为红色文化的一部分,同时也是极其稀缺的精神食粮,具有很深的传播与开发价值。抗战文化资源在大环境下拥有良好的品牌形象,将抗战文化资源产业化发展,以旅游带动抗战文化宣传,以抗战文化的品牌效应带动当地旅游发展,是实现互利共赢的良好形式。安徽省革命老区保留了许多抗战遗址和抗战英雄的故事,以此为出发点,创造具有高质量和时代宣传价值的文创产品,改变过去单纯的政治教育模式,将抗战文化资源投入当下的市场之中,有利于将这些资源转化为

---

① 戴维·思罗斯比.经济学与文化[M].王志标,张峥嵘,译.北京:中国人民大学出版社,2011:68.

经济发展的动力,既促进了当地的经济建设,也适时地宣传了抗战文化的内涵价值。

三、安徽抗战文化资源保护、开发与传播的现状

(一)安徽抗战文化资源保护与传播取得的成就

自从党和政府加强对全国红色文化资源的保护性开发后,安徽省政府加大了对省内抗战文化的搜集、统计并采取合理方式进行保护。早在2003年,安徽省金寨县争取到国家的文物遗址修复资金,并在社会上筹集各方资金,当地有关部门将全部资金投入县革命博物馆和旧址的维修与保护之中,让部分濒临倒塌的遗址得到了妥善的保护。安徽省宣城市泾县云岭新四军军部旧址是全国新四军纪念地中唯一的全国重点文物保护单位,是全国保存最完整的革命旧址群之一,同时也是中国近现代八大重要史迹之一。云岭新四军军部旧址无论是在历史文化还是在革命精神承载方面都具有重大的现实意义。为此,云岭红色文化资源军部旧址管委会聘请东南大学专家精心编制文物保护规划,并多方争取项目资金,先后用于旧址的维修、复原、油漆、消防、防雷等保护工程和周边环境整治工程,进一步提高了文物保护水平,完善了基础设施建设。[①]安徽省人民政府办公厅于2015年颁布了《安徽省贯彻落实大别山革命老区振兴发展规划实施方案》,金寨地区专门聘请了有关专家编制了《鄂豫皖红军纪念园建设规划》《重点革命遗址整修保护规划》等方案[②],从政策到实践,一步步完善对抗日革命遗址的修复。

安徽在响应国家红色旅游的大格局下,初步形成了具有安徽品牌的红色旅游路线,安徽省副省长张曙光称,目前我省已完成《2016~2020年安徽省红色旅游发展规划》编制,下一步将在提升31个红色旅游经典景区的基础上,策划和建设一批红色旅游龙头项目。[③]安徽省发展红色旅游,具有得天独厚的自然优势,从天堂寨易地重建刘邓大军前方指挥部旧址到中共皖南地委机关驻地——钟鸣镇的上山缪自然村,从定远藕塘烈士陵园到淮南大通"万人坑"教育馆,各种丰富的革命历史遗存正成为一笔不可多得的红色旅游资源。现在安徽省红色精品旅游路线众多,如黄山—婺源—上饶—弋阳—武夷山线,黄山—绩溪—旌德—泾县—宣城—芜湖线,

---

[①] 陈法娟.新视域下安徽红色文化资源保护和利用[J].湖北第二师范学院学报,2016(12):51-54.

[②] 张贝.安徽金寨红色文化建设研究[D].武汉:华中师范大学,2016.

[③] 殷艳萍.全国人大代表、安徽省副省长张曙光:安徽将建立一批红色旅游龙头项目[N].市场星报,2017-03-13(4).

合肥—六安—金寨—霍山—岳西—安庆线等,沿途的主要抗战景点有宣城市泾县皖南事变烈士陵园及新四军军部旧址、繁昌县荻港镇板子矶岛百万雄师渡江第一船登陆点、岳西县红军中央独立第二师司令部旧址等革命遗址与纪念馆,同时还有部分旅游线路被列入全国精品红色旅游线路,部分纪念馆和革命遗址还成为全国红色旅游经典景区。

自2015年起,在中国人民抗日战争暨世界反法西斯战争胜利70周年之际,在安徽省内开展红色文化历史研讨会,在安徽省政协组织下,省政协委员、部分专家学者与相关部门展开对口协商,主要针对促进安徽省抗战遗址与文物的保护利用性开发,进一步增强人们对抗战遗址与文物保护重要性的认识,提出积极建设性意见。同时,在高校也开展了各种保护传承红色文化资源的项目,如2017年10月"安徽红色文化传承创新中心"成立大会在中共安徽省委党校召开,此次大会主要有省委党校、合肥工业大学、安徽大学和安庆师范大学四校参加,以此联合成立传承创新中心,主要目的是利用四所高校的专业人才优势,让他们有能力深层次挖掘安徽省各地红色文化资源,让学生们在实践中找到传播红色文化资源的创新性方法,既可以从更高层次上开发传播红色文化资源,也可以让年轻一代了解那段红色文化历史,将红色文化继续传承下去。

(二)安徽抗战文化资源的保护、开发与传播过程中的失衡

一是抗战文化资源开发理念错位。抗战文化作为红色文化重要的组成部分,它的开发不同于传统意义上其他类型文化的开发,它传承的是中国共产党和人民在国家危亡之时将生死置之度外,为国家不惜牺牲自己的生命,英勇抗敌,团结一致的重要品格与精神,在开发的过程中应该更具有严谨性、科学性和合理性,不能仅仅将抗战文化资源的开发当作是经济发展的一个跳板,更不能假经济之名行破坏之事。但是,近年来某些房地产公司和地方政府相勾结,打着开发、修缮、保护与传播红色文化遗址的噱头,实际上将这些遗址圈地进行毁灭性拆迁,在这些曾经沾染祖辈鲜血的土地上开发房地产,获得经济暴利。

二是开发形式单一肤浅。虽然省内将部分地区划为红色旅游线路,但这些旧址、纪念馆和当地旅游资源并没有很好地相契合,注重的只是红色政治教育,展示的物品都是静物,讲解人员仅仅只是介绍历史,没有任何创新意识;同时开发方式较为单一、粗放、缺乏活力,目前安徽各地抗战文化资源开发主要领导者是政府,仍然是计划经济式的开发,自上而下传达命令式的发展,没有更多新鲜血液注入其中,对这些抗战遗址的保护修复仅仅局限于国家下达通知政策,政府就去执行,政

府很少自主性采取积极有效的措施去保护这些遗址。

三是现阶段抗战文化资源保护、开发与传播软硬件不成熟。由于安徽地理位置的特殊性,抗战文化资源分布相当分散,这就在很大程度上给政府统一管理带来了困难。各个地级市或县区所采取的保护措施又不尽相同,有一些地方成立专门的机构对革命遗址进行修护,而又有一些地方指定单位代为管理和看护,也有一些地方没有具体的单位对革命遗址进行看护。由于保护的力度不够,有些遗址遭到破坏,甚至已经不复存在,遗迹难寻;有些遗址建筑面貌破旧,缺乏观赏性;有些遗址还仅局限于家族式的管理,没有得到政府的重视,面临随时消失的困境。①

安徽有部分地区为贫困县,而很多抗战遗址恰恰位于这些贫困地区,人们的生活只能保持最基本的生活标准,当地政府主要资金都投入到了新农村建设中,没有多余资金投入到抗战遗址的修复与保护上。同时在区域开发上也具有不平衡性、片面性,地区之间贫富差距突出,政府往往会主要保护、修缮那些可直接带来经济利益的地方,而忽视了更加偏远的农村和山区,一些偏远地区的抗战遗址周围杂草丛生,更甚者还有牲畜的排泄物堆积成山。

四是人才缺乏。在抗战文化资源的保护与建设中,人才是不可缺少的,虽然安徽省近年来开展了一些学术讨论工作和高校合作的人才利用计划,但总体上并没有达到理想的效果。那些专注于讨论与研究抗战文化的学者,或是地方文化部门领导、党校领导教师、曾经参加过抗日战争的革命老人,或是高校教授学者们,他们的年龄普遍较大,精力与时间相当有限,难以将当前国内外先进的文化保护、传播、开发技术与实际结合起来,很多想法还停留在概念和理论层面。省内高校虽然有人才合作计划,但这些人才都没有经过严格的培训与学习,对抗战文化历史只知皮毛,未能从多方面深入了解这段历史,高校理论研究人员、文化学者和高新技术力量的结合还没有形成规模,从而对省内抗战文化的开发、保护与传播没有产生直接的效果。

保护、开发与传播抗战文化是一项工程量浩大的事情,需要内外部人员共同努力,需要理论研究人员和高新技术人才通力合作,需要地方政府、社会资本和当地群众通力合作,但目前想实现这些方面的有效合作还比较难。尤其是在这个过程中,当地群众并没有积极投身到抗战文化资源的建设中,很多当地人都不知道他们周围的遗址是什么,有什么样的历史故事和历史价值,他们还没有形成自觉保护遗址的意识,这也说明当地对抗战文化资源宣传保护的力度不够。

---

① 陈法娟.新视域下安徽红色文化资源保护和利用[J].湖北第二师范学院学报,2016(12):51-54.

四、安徽抗战文化资源保护、开发与传播的建议

(一) 政府民间协同开发

政府应当发挥各方面的先导作用,对省内抗战文化资源进行全面系统的勘察,将抗战文化资源进行分层分类登记,合理分配财政资金,先将各个地方开发抗战文化资源的基础设施建立起来,再制订科学有效的方法对这些遗址进行抢救性修缮保护,利用现代信息技术,建立抗战文化资源信息库,便于实时监控。同时成立省级统一协调机构,对抗战文化资源的保护、开发与传播进行整体规划、设计。但是保护修缮这些遗址费用过高,政府财政资金不能持续输出,这时就需要市场进驻,民间投资者可以在政府的领导下,将抗战文化资源投入到市场化的运作中。在专业人才培养方面,可以让政府、企业和高校之间互相合作,加强人才引进计划,让懂技术、会宣传的人同时懂得文化历史知识,可以减少在抗战文化资源的保护、开发和传播中造成不必要的人力物力财力的浪费。政府除了在本地吸引外部投资,在政策允许的范围内,也可以在重要资源的开发项目上吸引外国投资,安徽省可以向重庆市学习这方面的经验,如与韩国方面合作保护、开发韩国临时政府遗址,与美国方面合作保护、开发史迪威将军旧居等。①

(二) 在新媒体环境中与市场接轨

在市场化越来越明显的今天,任何事物没能与市场接轨,是无法生存下来的,所以要将抗战文化资源与市场相结合,最直接的就是将文化资源与文化艺术创作相结合,借助影视剧、综艺节目、纪录片和时下最受青年人欢迎的动漫资源,不仅可以宣传这个地方的文化,也可以直接或间接地展示场景。

例如近年大热的游戏"绝地求生"是一个以竞技、团队合作、策略为主的射击游戏,它的战场地址设定在国外某著名小岛,安徽省可以和这款游戏的开发者合作,以安徽的抗战地址为其中一个游戏界面,1:1复制安徽地形,将部分著名的抗战遗址名称保留,在潜移默化中宣传文化。

再如爱国主义题材的漫画《那年那兔那些事儿》是由军旅爱好者"逆光飞行"2011年创作的,发表后就受到广泛好评,同名动漫在豆瓣得到高达8.9的评分,在腾讯视频平台获得了相当高的播放量,同时通过微博、微信、短视频APP等新媒体

---

① 陈法娟. 新视域下安徽红色文化资源保护和利用[J]. 湖北第二师范学院学报,2016(12):51-54.

应用得到广泛传播,安徽省可以召集人才创造出属于本省的抗战文化动漫,在创新的基础上,有效传播安徽省抗战文化。

充分利用大众传播媒介与最新技术,西安与抖音的合作就是一个成功的案例,西安通过抖音这个平台,以短视频的方式展现了西安特有的历史文化、现代文化与美食文化,这些视频在抖音上的点击量都高达上亿次。据西安市旅发委统计,2018年清明假期,西安市接待游客数量同比增长38.76%,旅游业总收入同比增长接近50%。到五一小长假,西安市接待游客数量同比增长又翻一番,为69.05%,旅游业总收入同比增长高达139.12%。其中,抖音的包装和宣传作用不言而喻。[①]安徽的抗战文化资源也可以通过相同的方式,利用各大火爆的新媒体进行对外宣传,当然在宣传内容上需要创新发展,需要具有地方和时代特色,将安徽的故事说给中国听,甚至可以说给世界听。

但是在开发的过程中,不能仅受市场经济的影响,而忽视社会属性,近年来各种抗战神剧层出不穷,虽然主旨是表达爱国情怀,但表现手法过于夸张,其表达的内涵不具备科学性,过于哗众取宠。所以在对抗战文化资源进行开发、发展文创产业时,一方面要促进产业结构调整,以市场受众为导向;另一方面,要对文创产品结构优化调整,着力提高产品的质量与品质,以小成本小情怀替代宏大叙事,积极创造出符合社会主义核心价值观的文化产品。

(三)大力开展红色旅游,提升旅游质量与内涵

习近平总书记指出:"每一个红色旅游景点都是一个常学常新的生动课堂,蕴含着丰富的政治智慧和道德滋养。"[②]宣传革命文化思想,最主要的对象应该是学生,现阶段学生都只是从历史书本上获取知识,没有亲身实践经历就无法产生共鸣,在安徽地区应该推广学生红色文化研学旅行活动,让每一次旅行都成为意义深刻的课堂学习;同时每个抗战遗址和纪念馆都要在传播当地特色文化和历史文化的基础上,打造出属于自己的特色,让这些遗址和纪念馆真正成为传播红色文化的摇篮;抗战文化博物馆与纪念馆可以采用计算机技术,实现抗战文化的数字化展览,展览内容不再只是单纯静态,可以实现动静结合,同时场馆内容表达也不再局限于人的讲解,可以利用科技让游客亲身体验每个纪念馆的历史故事,增强景区和参观者之间的互动效果,让游客真正受到革命文化的熏陶。

打破区域独立作战的形式,在安徽建立一条大道多分支的红色旅游路线,将各个地区的红色旅游资源重新整合开发,进行统一协调发展,同时要将革命历史文化资源保护利用、开展红色旅游"与山水生态游、历史文化游、民俗风情游、康体养生

---

① 贺佳雯,孟婉晴."抖音之城"西安[N].南方周末,2018-06-07.
② 徐京跃.习近平韶山献花篮 称红色旅游景点是常学常新的课堂[N].人民日报,2011-03-24(1).

游、休闲度假游等有机结合起来,培育形成以红色旅游为主题的特色鲜明、内涵丰富、形式多样的复合型旅游产品","把红色、绿色、蓝色、古色旅游资源有机结合起来,创造'红绿蓝古'有机结合的复合型旅游模式"。①

五、结　语

抗战文化资源是中国人民在长达14年的抗日战争中产生的特殊文化资源。安徽拥有十分丰富的抗战文化资源,这些文化资源的传播有其重要价值,在对这些文化遗址进行传播与开发的过程中,有失也有得,但从现在起坚持合理科学的方法,对安徽的抗战文化资源进行有效的保护、传播与深层次开发,必将收获巨大的社会效益和经济效益。

---

① 焦世泰.红色旅游景区游客满意度及其影响因素研究[J].西北师范大学学报(自然科学版),2012(5):115-120.

第五章　文化产业资源整合传播与开发的评价指标体系

在绪论部分,就已限定本书"安徽文化产业资源的整合传播与开发"的概念是指通过对安徽各地各类文化产业资源的组合、集中的整理和规划,通过多种资源的整合,多种传播路径和开发路径的合力,区域合作,来实现安徽文化产业资源在区域内外、国内外的高知名度、美誉度,进而实现各类资源、文化产业及其相关产业对安徽经济社会发展的支撑和推动作用。基于此,笔者主要尝试探索在全省层面分地级市对各地文化产业资源的整合传播与开发工作进行考核的方法。

笔者认为,安徽文化产业资源的整合传播与开发的考核应该分为两部分,一部分是对各地级市运用各种传播手段对文化产业资源进行传播的能力和效果的考查,可用"整合传播力"作为考核的一级指标;一部分是对各地级市运用文化产业开发路径或其他相关产业路径来开发本地区文化产业资源的能力和效果的考查,可用"整合开发力"作为一级指标。

对于安徽省整体的文化产业资源整合传播与开发的考核,则可以采用文化创意产业增加值占地区生产总值的比重来大致判定。其原因为:第一,文化产业资源的整合传播与开发在经济价值上主要表现为依托文化产业资源形成的各文化创意产业部门的产业总增加值;第二,文化产业资源的整合传播与开发还可以通过文化融入其他产业(产业文化化)来实现,但这种计算比较繁琐,虽然从理论上可以用产业文化化前后的产业增加值来表现;第三,文化产业资源的整合传播主要表现的是一种社会影响力,是一种文化价值,难以用经济价值来衡量。当然,也可以采取将安徽省各地级市文化产业资源的整合传播力与整合开发力累加处理的方法来考查。

戴维·思罗斯比的论述给笔者提供了理论支持。他认为文化商品和文化服务同时具有经济价值和文化价值。对于经济价值的考量,他说:"举例来说,艺术市场上的价格无时无刻不在人们的监控之中,而任何一段时期的总销售额都可用作市场经济规模的指标。贸易统计资料被用于评估音乐、电影、电视节目等文化产品国际流动的经济价值。通过考查市场价格和生产的产出量——剧院的票房收入、博物馆与美术馆的入场费,等等——可以估计文化组织对本地经济、区域经济和国民经济的影响。在更一般的意义上,许多国家通过加总文化部门的增加值或总产值来衡量文化部门的规模及其对经济的贡献。简言之,在用市场价格作为指标估计文化商品和文化服务的经济价值时需要保持谨慎,因为这种方法存在理论局限性,即便如此,使用市场交易中的第一手数据来对文化商品和文化服务进行估价,也已经成为实际工作中被广为采纳和接受的做法。"①

对于文化品和服务的文化价值,戴维·思罗斯比说:"文化领域中的价值来源十分不同于经济领域中的价值来源,因此使得用文化术语表达价值的方式可能不同于用经济术语表达价值的方式。……即使在一些地方可以借用经济思维模式,将其作为模型化分析的一种方法,但用以评价文化价值的尺度与方法必须取自文化领域。简而言之,在宽泛的文化语境里界定价值需要遵循一条必不可少的原则,该原则意味着,价值代表了积极的而非消极的特征,导向了好的而非坏的、更好而非更糟的方面。"②

一、安徽各地级市文化产业资源的"整合传播力"指标构成

评价指标体系构建应该遵循的原则是可操作性原则、系统性原则、独特性原则、简明性原则、动态与静态相结合原则。③

安徽文化产业资源(这里主要包括自然资源、文化资源等本地固有的资源,不包括后天培养打造或引进的人力资源、科技资源等)的整合传播路径主要有大众传播媒介的传播、节庆传播、会展传播、事件传播、组织传播。

在媒介化社会,民众对信息的感知与获取主要是从各种大众传播媒介而来的。安徽各地级市的文化产业资源要能够广为传播,为区域内外人士知晓,首先必须尽可能地利用各种区域外的大众传播媒介,包括安徽省级媒体、省外各级媒体、港澳台地区媒体、国外媒体。因为,在各地级市的区域内,民众都对本地的文化资源、自然资源等有一定的了解。而在利用区域外各种大众传媒传播本地的文化资源、自然资源方面,安徽各地级市都做了很多工作,各地级市纷纷争取在中央级报纸、期刊、广播、电视、网站等媒介传播有关本地区形象的文章、音视频作品。这里就用以安徽各地级市文化产业资源为内容的新闻作品、音视频节目(形象宣传片、专题片、

---

① 戴维·思罗斯比.经济学与文化[M].王志标,张峥嵘,译.北京:中国人民大学出版社,2011:25-26.
② 戴维·思罗斯比.经济学与文化[M].王志标,张峥嵘,译.北京:中国人民大学出版社,2011:28.
③ 范娟霞.文化产业竞争力评价指标体系[D].长沙:湖南大学,2008:11-13.

纪录片、微电影等)在各地级市区域外的大众传媒传播的定量数据来进行分地级市统计和考察。

据此,可以参照新闻传播学研究中运用定量内容分析法分析新闻作品、媒介产品时所运用的一些指标①,从而得出:

1. 安徽各地级市文化产业资源的报纸传播力指标:区域外的报纸地位(行政级别、权威性、公信力、美誉度的综合评分)、版面数量、版面位置、内容容量(文字长度、图片尺寸)。

2. 安徽各地级市文化产业资源的期刊传播力指标:区域外的期刊地位(行政级别、权威性、公信力、美誉度的综合评分)、页面数量、页面位置、内容容量(文字长度、图片尺寸)。

3. 安徽各地级市文化产业资源的广播电视传播力指标:媒体地位(行政级别、权威性、公信力、美誉度的综合评分)、播出时段、播出频次、时间长度。

4. 安徽各地级市文化产业资源的网络传播力指标:网站级别(行政级别、权威性、公信力、美誉度的综合评分)、网页数量、点击率、下载量、转发量。

5. 安徽各地级市文化产业资源的移动(互联网)传播力指标:新浪微博综合传播力(开博时长、粉丝数量、粉丝活跃率、博文数量、转评数量)、腾讯微博综合传播力(开博时长、粉丝数量、粉丝活跃率、博文数量、转评数量)②,其他手机传播产品种类及数量(如抖音号、快手号、头条号、微信号等的传播数据)。

需要说明的是,这里的"开博时长"等可以以安徽各地级市文化委员会、文产办、旅游局等负责本地文化管理的部门的新浪微博、腾讯微博账号等为考察对象,考察这些机构的开博时长、粉丝数量、粉丝活跃率、博文数量、转评数量。如果某地级市没有这几个主管机构的微博,可以以各单个新闻作品、音视频作品(以传播本地文化产业资源为内容的宣传片、文字新闻、图片新闻)的微博的开博时长、粉丝数量、粉丝活跃率、博文数量、转评数量来考察。如果某地级市既有这些官方机构的微博账号,又有单个节目的微博账号,则可将二者总数同类相加,剔除内容指向重复的部分。

6. 安徽各地级市文化产业资源的节庆、会展、事件传播力:节庆活动、会展、媒介事件的数量、媒体传播综合影响力(区域外的媒体传播总数量、主流媒体报道数量)、节庆、会展、媒介事件的人气指数(嘉宾层次与人数、嘉宾单位层次与数量、游

---

① 丹尼尔·里夫,赖蒂文·赖斯,费雷德里克·G·菲克.内容分析法:媒介信息量化研究技巧[M].2版.嵇美云,译.北京:清华大学出版社,2010:133-139;夏雨禾.改革开放以来《人民日报》"三农"议程设置研究[M].北京:新华出版社,2008:60.

② 人民网研究院,武汉大学互联网科学研究中心.2013中国报刊移动传播指数报告[R].北京:人民网研究院,2014.

客人数、参与人数)。

需要指出的是,节庆传播、会展传播、事件传播这三者在活动的呈现方式、消费者或参与者或游客的参与方式方面都是相似的。在媒介化社会,这三种传播往往都是当地有关政府部门精心打造,在一定的室内或室外空间,通过文艺汇演、产品展示、访客参与互动等形式来实现的,媒体纷纷参与报道的形态。如安徽省艺术节、安徽省民俗文化节、安徽巢湖银屏山牡丹节、安徽芜湖丫山牡丹花节、安徽滁州中国农民歌会、中国(安庆)黄梅戏艺术节、中国铜陵青铜文化博览会等,媒体大量报道,集中对安徽某地的文化产业资源进行宣传。所以,笔者将对这三种传播方式的传播力的考察放在一起。

7. 安徽各地级市文化产业资源的组织传播力:各地级市政府门户网站,与文化产业资源整合传播与开发相关的部门自办网站、报纸、杂志,区域内各媒体对本地文化产业资源的传播数量。

二、安徽各地级市文化产业资源的"整合开发力"指标构成

文化产业是众多行业的集合体,各行业之间的生产原材料、生产过程、产品形态、产品属性、盈利模式、产业链、人力资源等生产要素和产品因素都存在很大的差异。[1]因此,无法用一个单一的标准来进行文化产业资源开发水平的评价。这里根据国家统计局《文化及相关产业分类(2012)》,分产业类型进行"整合开发力"指标构建。表5.1是绪论中根据这一分类列出的表格。

表5.1 文化产业分类

文化产品的生产	文化相关产品的生产
新闻出版发行服务	文化产品生产的辅助生产
广播电影电视服务	文化用品的生产
文化艺术服务	文化专用设备的生产
文化信息传输服务	
文化创意和设计服务	
文化休闲娱乐服务	
工艺美术品的生产	

本书参考表5.1的分类,主要依据安徽各地级市文化资源、自然资源是否在该产业中占决定性地位,是否是主要生产要素,同时参考了南京航空航天大学国家文

---

[1] 范娟霞. 文化产业竞争力评价指标体系[D]. 长沙:湖南大学,2008:7.

化产业研究中心的"城市文化竞争力的评价指标体系",从以下几个方面考察"整合开发力":

1. 安徽各地级市文化产业资源的新闻出版发行指标:以本地文化资源和自然资源为题材开发的图书种数、销售码洋,报业总产值(年度增加值)。

需要说明的是,这里如果以年度为期限进行考察,报业总产值主要是某地级市自己的报业在当年的经营收入的增加值。同时,报业总产值虽然不是仅仅依据当地文化资源、自然资源而产生的,但是它具有一定的参考价值,因为某地报纸当然首先需要对本地的事件事实等素材进行报道,首先依托本地文化资源、本地社会环境而可持续发展,或者说从广义来说,它体现的是对某地固有的文化资源、自然资源、人力资源、设备资源的开发程度。

2. 安徽各地级市文化产业资源的广播电影电视服务指标:各地自制、联合制作或出品的本地题材影视剧、动画片、纪录片、音乐作品、本地文化产业资源推介性质的文化栏目,以及其他形式音视频产品的销售收入、广告收入;广播电视台总产值(年度增加值)。这里,广播电视台总产值在指标内涵和参考意义上与报业总产值相似。

3. 安徽各地级市文化产业资源的文化艺术服务指标:以本地文化资源、自然资源为基础进行的文艺创作与表演(如话剧、歌剧、地方戏、实景演出等)的总收入,本地艺术场馆、图书馆、档案馆、博物馆、科技馆、纪念馆、烈士陵园等文化场所的总收入(利用本地人力资源进行的文化研究和社团服务的总收入、文化艺术培训服务的总收入不计入内)为指标。

4. 安徽各地级市文化产业资源的文化创意和设计服务指标:依托本地文化资源、自然资源进行创意设计,融入广告服务、文化软件服务、建筑设计服务、专业设计服务的总收入(如各地开发的本地文化资源题材的网游、教育软件收入等)。

5. 安徽各地级市文化产业资源的文化旅游业与文化休闲娱乐服务指标:各地级市景点、景区、公园、文化主题公园、乡土旅游点及其他文化休闲娱乐场所等游览服务收入、休闲娱乐消费收入。

6. 安徽各地级市文化产业资源的工艺美术品销售收入指标:各地特色的雕塑、陶瓷、剪纸、漆器、地毯、挂毯、珠宝首饰等总收入。

7. 安徽各地级市文化产业资源的文化用品生产指标:各地特色的文房四宝、字画、乐器等文化用品生产销售的总收入。

需要说明的是,文化信息传输服务、文化产品生产的辅助生产等产业,因为依托的主要是当地的技术资源、硬件设备资源,和利用当地文化资源、自然资源没有必然联系,所以不列入考察范围。

综上,得出本书安徽文化产业资源整合传播与开发的评价指标体系(分地级市统计并考核)如表5.2所示。

表5.2 安徽各地级市文化产业资源整合传播与开发的评价指标体系

一级指标	二级指标	三级指标
整合传播力	报纸传播力	区域外的报纸地位(行政级别、权威性、公信力、美誉度的综合评分)
		版面数量
		版面位置
		内容容量(文字长度、图片尺寸)
	期刊传播力	区域外的期刊地位(行政级别、权威性、公信力、美誉度的综合评分)
		页面位置
		页面数量
		内容容量(文字长度、图片尺寸)
	广播电视传播力	媒体地位(行政级别、权威性、公信力、美誉度的综合评分)
		播出时段
		播出频次
		时间长度
	网络传播力	网站地位(行政级别、权威性、公信力、美誉度的综合评分)
		网页数量
		点击率
		下载量
		转发量
	移动(互联网)传播力	新浪微博综合传播力(开博时长、粉丝数量、粉丝活跃率、博文数量、转评数量)
		腾讯微博综合传播力(开博时长、粉丝数量、粉丝活跃率、博文数量、转评数量)
		其他手机传播产品种类及数量(如抖音号、快手号、头条号、微信号等的传播数据)
	节庆、会展、事件传播力	节庆活动、会展、媒介事件的数量
		媒体传播综合影响力(区域外的媒体传播总数量、主流媒体报道数量)
		节庆、会展、媒介事件的人气指数(嘉宾层次与人数、嘉宾单位层次与数量、游客人数、参与人数)

续表

一级指标	二级指标	三级指标
整合传播力	组织传播力	各地级市政府门户网站、与文化产业资源整合传播与开发相关的部门自办网站、报纸、杂志的传播影响力
		各地级市媒体对本地文化产业资源的传播数量
整合开发力	新闻出版发行	以本地文化资源和自然资源为题材开发的图书种数、销售码洋
		报业总产值(年度增加值)
	广播电影电视服务	各地自制、联合制作或出品的本地题材影视剧、动画片、纪录片、音乐作品、本地文化产业资源推介性质的文化栏目,以及其他形式音视频产品的销售收入、广告收入
		广播电视台总产值(年度增加值)
	文化艺术服务	以本地文化资源、自然资源为基础进行的文艺创作与表演(如话剧、歌剧、地方戏、实景演出等)的总收入
		本地艺术场馆、图书馆、档案馆、博物馆、科技馆、纪念馆、烈士陵园等文化场所的总收入
	文化创意和设计服务	依托本地文化资源、自然资源进行创意设计,融入广告服务、文化软件服务、建筑设计服务、专业设计服务的总收入(如各地开发的本地文化资源题材的网游、教育软件收入等)
	文化旅游业与文化休闲娱乐服务	各地级市景点、景区、公园、文化主题公园、乡土旅游点及其他文化休闲娱乐场所等游览服务收入、休闲娱乐消费收入
	工艺美术品销售收入	各地特色的雕塑、陶瓷、剪纸、漆器、地毯、挂毯、珠宝首饰等总收入
	文化用品生产	各地特色的文房四宝、字画、乐器等文化用品生产销售的总收入

同时,笔者根据南京航空航天大学国家文化产业研究中心《城市文化竞争力及其评价指标》一文编制的城市文化竞争力的评价指标体系①如表5.3所示,供读者参考。

---

① 南京航空航天大学国家文化产业研究中心.城市文化竞争力及其评价指标[EB/OL].(2009-10-27)[2019-10-11].http://www.chinacity.org.cn/csph/pingjia/48291.html.

表5.3 城市文化竞争力的评价指标体系

一级指标	二级指标	三级指标
文化资源竞争力	城市的物质文化遗产	世界文化遗产数量
		国家重点文物保护单位数量
		省级重点文物保护单位数量
	城市的非物质文化遗产	国家级非物质文化遗产数
		省级非物质文化遗产数
	城市历史知名人物	《大不列颠百科全书》中出现的人物数量
		《中国大百科全书》和《辞海》中出现的人物数量
城市旅游资源		世界自然遗产数量
		国家森林公园数量
		省级以上自然保护区数量
		3A以上风景名胜区数量
公共文化服务力	公共文化基础设施	馆藏国家三级以上文物数量
		图书馆藏书量
		文化馆数量
		体育场馆座位席数
		展览馆规模（占地面积）
		公共文化艺术馆固定资产数量
		当地电视频道、电台频道自办节目总时长
		平均入户带宽
	社区文化服务建设	社区文化服务人员数
		社区文化站固定资产规模
		群众性的文化社团和文艺演出团体数量
	文化行政效率	政府文化事业财政补助占全部财政支出的比重
		政府行政成本
		文化管理机构的行政人员本科以上比例
		文化行政审批平均周转部门数量
		文化事业单位经费自给率
		政府文化事业年度总投入绝对量
文化价值转化力——文化产业的发展		文化产业增加值占GDP比重
		产业集中度（指市场上某种行业内少数企业生产量、销售量、资产总额等方面对某一行业的支配程度）：这几家企业的某一指标（大多数情况下用销售额指标）占该行业总量的百分比

续表

一级指标	二级指标	三级指标
文化价值转化力——文化产业的发展		报纸发行量
		音像图书发行数量
		文化专项基金的数额
		文化产业从业人员数量
城市文化辐射力	产业的文化化	零售业奢侈品(高档名牌服装、首饰、手表、汽车等)销售收入增加值占GDP的比例
		中国名牌产品、中国驰名商标的数量
		省级名牌的数量
		专利和版权交易收入总额
	文化传播媒介	企业年均广告投入
		中央电视台新闻联播报道次数
		当地全国发行刊物数量
		网络用户数
	文化活动	省级以上的展览数量
		承办、主办各类省级以上体育赛事活动
		拍卖规模在百万元以上的艺术品拍卖会的次数
		大型节庆活动数量
	文化对外贸易与交流	文化产品对外贸易总额
		文艺团体对外演出数量
		境外文艺团体演出场次
		电影院票房收入
文化创新力	文化的多元性和开放性	国际学术会议的数量
		国际知名企业和机构的分支数量
		外来移民人口比例
		非本地电台、电视台和期刊的数量
	人才与研究实力	新增专利数量
		文化与科研单位拥有高级职称人数
		科研单位获国家、省部级奖项的科研项目
		每年新出版图书、新排戏曲、拍摄影视剧数量
		高等教育机构在校生数
		"双一流"高校数量

第五章　文化产业资源整合传播与开发的评价指标体系

续表

一级指标	二级指标	三级指标
文化创新力	人才与研究实力	其他普通本科、专科高校数量
		国家级示范高中的数量
		人均受教育年限
	文化的号召力	学术期刊的权威性(被一流研究型大学列为核心刊物和重要核心刊物数量)
		当地全国文化名人数量(体育、文艺、文学、影视、艺术等)
		一线流行歌手和外地知名艺术团体演出数量
		获国内外重大的文艺、文学奖项数量
		驰名商标和品牌产品的销售总额在同行业中排名的综合值
		每年旅客到访人数

三、结　语

当然,本书尝试建立的用于分地级市评价安徽文化产业资源整合传播与开发能力、效果与程度的指标体系,仍然还不够简洁,其中大部分指标可以直接采用地方上报的定量数据来考察,而少数指标仍是质化的、主观性较强的指标——需要进一步用专家评估法等方法来量化,而且本评价指标体系还没有进行加权处理。这就需要进一步在文化产业实践中、在文化资源调研中加以验证和深化。

第六章 合肥市文化产业资源的整合传播与开发

在前几章,笔者已经论述了文化产业资源的整合传播与开发对于一个地区形象传播、经济发展的重要作用。本章开始,将分章对安徽省大多数地级市文化产业资源的整合传播与开发进行或详或略的论述,当然各章搜集的资料不一定完备,所得结论或建议可能也不尽恰当。同时需要说明的是,安徽目前共有16个地级市,但本书由于搜集资料不足,考虑得还不够深入,同时考虑到内容重复、整合传播与开发的策略相似等问题,便没有分专章讨论安庆、马鞍山、淮南、淮北、蚌埠、宿州等6个地级市的问题。

一、合肥市资源概述

合肥坐落于安徽省中部以及长江和淮河之间,处于南北文化的交汇处,通过南淝河通江达海,具有承东启西、接连中原、贯通南北的重要区位优势,并以"淮右襟喉、江南唇齿"以及"三国旧地、包拯故里"而远近闻名。旧志称"合肥受南北潮,皮革、鲍、木输会也",这是合肥之名最早的出现。北魏郦道元《水经注》云:夏水暴涨,施(今南淝河)合于肥(今东淝河),故名合肥。正是它这种承东启西、南北交汇的地理优势,造就了今天合肥的社会文化。社会发展的历史也是一部文明史,泰勒、拉策尔生态学的文化研究提出了环境对个人以及整个民族的文化特质具有极大的影响力。社会、政治、经济等要素在影响文化发展的同时,文化发展又会反过来影响经济、政治、社会等方面的发展。

合肥,秦末置县,至今已有2000多年的历史,诞生过包拯、李鸿章、刘铭传等文化名臣,诞生过杨宝森这样的一代京剧表演大家,诞生过范鸿仙这样的一代铁血报人,更诞生过杨振宁这样的诺贝尔奖得主。毛泽东当年在致安徽省委第一书记曾希圣的信中主张把安徽省的省会定为合肥:"合肥不错,乃皖之中。"

这样一座文化历史悠久的城市,似乎早就应该具有其特色的区域文化、标志性的城市精神,然后由于种种原因,这样一座城市在改革开放以来的相当一段时间内却显得相对落后,工业不发达,商业不活跃,旅游业不尴不尬,文化事业不温不火,一直都处于一种低水平的缓慢发展之中。这些窘状的背后有一个极其重要的原因,那就是合肥没有确立一个核心的价值观,没有一个特色的区域文化精神。合肥虽然毗邻江浙,但是却不具备江浙的地区精神,合肥人偏于中庸和保守,缺乏危机感和创新精神。昔日人们耳熟能详的美菱、荣事达都没落了;背负着中国四大科教城的名誉,聚集着中国科学技术大学、中科院合肥分院、合肥工业大学等一大批高校和科研机构,合肥的发展却缺乏创新的推动力。要解决这些问题的关键在于,通过整合发展合肥的文化产业资源,发展合肥的文化产业,从而塑造出一个新的合肥城市精神。所幸,近年来合肥已经找准了自己的主攻方向,大力发展文化事业、文化产业,文化旅游迅速发展,乡土旅游非常红火,文化市集办起来了,文创街区运营起来了,打造了罍街、"中隐于市"、林间书吧等,环巢湖"毅行"、合肥马拉松等活动都产生了很大影响。

在此需要特别注意的是,2011年8月22日,安徽省根据国务院的批复,撤销地级巢湖市。撤销原地级巢湖市居巢区,设立县级巢湖市。以原居巢区的行政区域作为新设的县级巢湖市的行政区域。新设的县级巢湖市由安徽省直辖,合肥市代管。原地级巢湖市管辖的庐江县划归合肥市管辖,无为县划归芜湖市管辖,和县的沈巷镇划归芜湖市鸠江区管辖,含山县、和县(不含沈巷镇)划归马鞍山市管辖。行政区划调整后,合肥市辖4区1市4县,马鞍山市辖3区3县,芜湖市辖4区4县。巢湖地域是古人类最早的发源地之一,有着悠久的历史文化,有"商汤放桀于巢湖""伍子胥过昭关""楚霸王乌江自刎"等历史典故,20世纪著名爱国将领冯玉祥、张治中、李克农"三上将"也出生于此,同时又拥有众多的名胜古迹和区域特产。因此,巢湖的并入,大大地丰富了合肥区域文化产业资源的内容。本章把县级巢湖市、庐江县及原来的合肥市当作一个整体性的区域来论述。

二、合肥市文化产业资源分析

本章及后面各章多采用扎根理论研究方法对所梳理的各地文化产业资源进行整理分析。

扎根理论研究方法(grounded theory)是由芝加哥大学的格拉泽(Barney Glaser)和哥伦比亚大学的施特劳斯(Anselm Strauss)两位学者共同发展出来的一种研究方法。它是一种定性研究方法,针对某一现象,经由系统化的程序进行资料搜集与分析,运用归纳方法整理、发掘、发展所得的理论,并已暂时地验证过该理论。[①]可见,资料搜集与分析的过程是该方法的核心,包括理论演绎和理论归纳两个部分,且二者同时发生、同时进行、连续循环。

扎根理论研究方法的资料搜集方法与其他定性研究方法相同,而对资料分析的要求则颇为严格。施特劳斯将扎根理论研究方法对资料的分析称为译码,指将所搜集或转译的文字、资料、信息等加以分解、指认现象、将现象概念化,再以适当方式将概念重新抽象、提升和综合为范畴以及核心范畴的操作化过程。[②]译码过程(即资料分析的过程)要忠实于资料,挖掘出资料的范畴,识别出范畴的性质和性质的维度,范畴间错综复杂的本质关系就是研究所得的理论。扎根理论研究的目的就在于从理论层次上描述现象的本质和意义,通过对多种文献资料的整理与归纳得出比较规范的扎根理论。[③]

(一)资料搜集与整理

笔者通过搜索期刊论文、查询现代传播媒体、古迹实地走访、翻阅历史文献等形式搜集了有关合肥自然资源、历史文化、合肥文化产业发展趋势、合肥文化资源的优劣性分析等资料,再通过对搜集来的数据资料进行整理分析,最后得出合肥现有的文化产业资源以及潜在的可开发资源,并对资源进行概念的逐级编码,如表6.1所示。

表6.1 合肥市文化产业资源的资料清单

序号	详细的资料内容	概念
资料a_1	历经1770余年的风雨剥蚀的三国遗址是安徽省乃至全国保存最为完整的三国遗址之一,对城内考古发掘出的兵器铸造窑址、练兵指挥台、饮马池、车马道等遗址进行保护性建设和展示;位于合肥庐阳区大杨镇的欢堆湾遗址对于合肥商周时期的历史文化及社会变迁具有重要意义,是合肥地区较为少见的保存完整的一处商周古遗址;"教弩耸高台不为炎刘消劫难,听松来远客谁从古佛识真如",合肥的教弩台旧址是三国鼎立时期魏主曹操指挥之所,堪为千年历史之见证;大雁墩古文化遗址系商周古文化遗址;商周时期的古遗址还有大古堆遗址、烟大古堆遗址、陆老孤堆遗址、刘大墩遗址、河墩头遗址、枣树棵城墩遗址、陆大古堆遗址、师姑墩遗址等,在这些古遗址中都发现了大量陶器残片、红烧土块以及生产工具,	A1先古遗址

[①②③] Strauss A, Corbin J. Grounded Theory Methodology: an Overview[M]. Thousand Oaks: Sage Publications, 1994:22-23;张燚,刘进平,张锐. 基于扎根理论的城市形象定位与塑造研究:以重庆市为例[J].旅游学刊,2009(9):54-55.

续表

序号	详细的资料内容	概念
资料 a_1	从这些古遗址可看出合肥悠久的文化积存;明清时期的古遗址有合肥城遗址、童祠堂遗址、龚照发祠堂遗址、李湾遗址、卸甲庙等;"曹魏已随风吹去,空留几多量兵塘",位于合肥蜀山区的鸡鸣山斛兵塘古遗址是三国曹魏时曹操屯兵的地方;位于合肥肥东县龙城乡的龙城遗址为江淮地区商周村落遗址和秦汉浚道县城址,是研究商周时期合肥文化的重要遗址。巢湖地域是古人类最早的发源地之一,距今20万年的"银屏智人"印记了人类祖先从猿人到智人进化的历史,展示了人类创造的古代文明	A1 先古遗址
资料 a_2	分裆铜鼎属于春秋时代（公元前770年至公元前476年）早期的巢国遗物,是合肥近郊发现的最早的带有铭文的青铜器;《清光绪李鸿章致亲家吴赞诚信札》,为李鸿章在光绪年间任清政府直隶总督时手书其亲家吴赞诚的信札,内容多反映当时军中事务及对家人的挂念之情,是研究李鸿章和中国近代史的重要实物资料。近几十年来,合肥古遗址出土文物层出不穷,在合肥境内出土的有西周龙首钮直流盉、北宋菱花口人物楼阁镜、商兽面纹铜方壶、西周青铜鼎、北宋定窑酱釉金彩壶、唐灰陶胡人立俑、战国楚郢爱金钣等。较为著名是1988年1月,安徽省合肥市文物管理处在合肥市郊城南乡出土的一座宋代夫妻合葬墓中,除出土漆器、木器外,还发现了一批珍贵的文化用品,其中有两枚墨锭,堪称稀世之物,为北宋制墨工艺及墨史的研究提供了难得的实物资料。随着最近几年考古发现的重大突破,一系列合肥商周、汉代等墓葬群已被发现,出土文物数以万计	A2 文物
资料 a_3	新石器时期,合肥就有人类活动,远古先民从事着农业、手工业、渔猎等;三国时期,魏吴逐鹿,在合肥纷战32年之久。215年,东吴主帅孙权攻打合肥,合肥守将张辽率八百精锐挫败东吴十万大军;晋、南北朝时,合肥是南北军事前沿阵地;明末,张献忠智取合肥。太平天国时期,太平军两克庐州,取得三河大捷;势力强大的淮系集团成为影响晚清政局的一支重要的政治、军事、经济力量。李鸿章创办的淮军和北洋水师,开创了中国军队近代化的先河;淮军参加的军事行动有镇压太平天国和捻军起义、中法战争、中日甲午战争等;近代在五四运动和五卅运动中,合肥人民奋起响应。1926年9月底,合肥地区最早的中共组织——中共合肥北乡支部成立。从此,合肥人民开始在中国共产党的领导下,进行有组织的革命斗争。北伐战争时期的吴山庙起义是第一次国内革命战争	A3 历史事件

序号	详细的资料内容	概念
资料 a_3	时期共产党人和国民党左派人士联手在合肥地区开展武装暴动的最早尝试。巢湖发生了罗家咀和六洲暴动、蒋家河口战斗和渡江战役，是现代革命的纪念地	A3 历史事件
资料 a_4	合肥的历史名人有：五代十国吴国的开国皇帝杨行密；以公正廉洁、不畏权贵著称的北宋清官"包拯"，其精神为历代民众所称颂；明末著名诗人龚鼎孳，与钱谦益、吴梅村并称为"江左三大家"；"一门三进士"的李文安、李鸿章、李瀚章，影响着晚清的历史发展方向；晚清在中法之战中击败法军夺取中国台湾的首任台湾巡抚刘铭传；皖系军阀首领，有"北洋之虎"之称的国务总理段祺瑞；与于右任等主编《民呼日报》《民吁日报》《民主日报》，有"铁血军总司令"之称的范鸿仙；国民革命军上将、"五虎上将"之虎将，中国远征军司令长官卫立煌；新金陵画派后期代表人物，新金陵画派发起组织者亚明，代表作为《孟良崮战役》；毕生从事高等教育和学术研究，在校勘方面尤为卓著的语言学家刘文典；1957年诺贝尔奖获得者，国际理论物理界权威杨振宁；美国著名保险学教授，段祺瑞之孙，有"保险先生"之称的段开龄；为等离子体微波电子学的发展奠定了坚实的理论基础的刘盛纲；等等。 　　巢湖是历史名人的故里。历史名人有三国名将周瑜，清朝北洋水师提督丁汝昌，"巢湖四上将"冯玉祥、张治中、李克农、温宗仁等	A4 历史名人
资料 a_5	合肥是中国十大节庆城市之一。清明节：合肥流行的是插柳和上坟。每家门上要悬插柳条，妇女、儿童头戴柳条，传说"清明插柳，百邪避走"，故形成风气。清明前后家家都要为祖坟培土，加"坟帽子"，清明这天上坟祭祀。中秋节：合肥人除了吃月饼和赏月之外，还有"摸秋"风俗，中秋夜间青年男女纷纷至别家田间偷瓜果，不受责罚。有些怀孕妇女还以"摸秋"来预卜生男生女，如摸到南瓜即生男，否则就要生女。媳妇节：旧时民间传统习俗，自春节到正月十五日，都为年期。此间，家务活都由媳妇承担，过了正月十五，便是过了年期，在正月十七媳妇节这天，一直忙忙碌碌的媳妇就可以歇下来了，家庭烧煮一类的炊事，概由男人承担。端午节：每年端午节，家家户户都要为小孩子制作端午衣。端午衣的制作极为讲究，多是在衣裤上用五彩丝线绣上图案、花卉和如意边。龙头节：民间习俗视农历二月二日为新年春耕生产的启始日，故有"二月二龙抬头，大家小户使耕牛"之谚。旧时，城乡在龙头节这天，俗兴举行"龙踩水"活动	A5 节庆民俗

续表

序号	详细的资料内容	概念
资料 a_6	曹操鸡：始创于三国时期的安徽合肥传统名菜，相传三国时期，曹操统一北方后，从都城洛阳率领83万大军南下征伐孙吴，曹操因军政事务繁忙，操劳过度，卧床不起，行军膳房厨师遵照医嘱，选用当地仔鸡配以中药、好酒，精心烹制成药膳鸡，"曹操鸡"声名不胫而走，于是这道菜便在合肥流传至今。庐州烤鸭：原系宫廷御膳美食，明时流入豪门至民间，香气浓郁，皮酥肉嫩，是合肥的特色美食。李鸿章杂烩：相传李鸿章到俄国参加俄皇尼古拉二世加冕典礼的宴会上所说的一句"好吃多吃"，与英语杂烩（hotch-potch）发音相近，于是此菜被命名为"李鸿章杂烩"	A6美食传说
资料 a_7	贵妃凉皮：因细腻、滑爽、香辣等特点，经过十多年的发展，已经成为合肥市的经典美食。合肥的鸭血粉丝、肉合饼、宫廷桃酥、地锅鸡等都是家喻户晓的名肴。 巢湖名席：鱼席、鹅席、野味席、家常席	A7特色饮食
资料 a_8	合肥四大名点：麻饼、烘糕、寸金、白切，历史悠久，风味独特，是合肥四大传统特产。麻饼：相传早在北宋时代，合肥就生产一种形似铜钱大小的实心饼，名为"金钱饼"，风味可口；烘糕：具有800多年的历史，传说始于北宋末年；寸金：形似笔杆粗细，长约一寸（1寸=0.033米），故名"寸金"；白切：拌有芝麻，故香、甜、脆三味俱佳，而成为优质名点。合肥特色农产品丰富，被授予"中国淡水龙虾之都"称号。 三岗苗木花卉、长丰草莓、高刘白鹅、朱巷仔猪、巢湖银鱼、柯坦有机茶叶等名牌农产品享誉全国。 "巢湖三珍"（自古有名，包括银鱼、螃蟹、白虾）、"长江三鲜"、东关老鹅汤等驰名中外。 合肥特产还有撮镇狮子头、石塘驴巴、梁园小鳖、长丰草莓、肥西米酒、三河米饺、羽毛扇、巢湖银鱼、大闸蟹、虎皮金橘蛋、竹黄雕刻等	A8名优特产

续表

序号	详细的资料内容	概念
资料 a_9	安徽自古以来就是产茶大省,拥有黄山、大别山、沿江江南和皖东南四大产区,作为省会城市合肥,茶产业发展却一直处于空白局面。区划调整之后,合肥市一改过去不产茶的历史,新划入合肥的庐江、巢湖都是产茶区,其中庐江县还是全国重点产茶县,合肥人从此有了自己的好茶。"合肥出好茶,好茶在庐江",早在唐代,陆羽在《茶经》中就有"庐江好茗,饮之宜人"的记载。史册证明:唐朝时巢湖已产茶,而庐江的小兰花和安溪铁观音、黄山毛峰、太平猴魁、涌溪火青、碧螺春、六安瓜片等名茶同在清朝创制。陈椽教授著的《安徽茶经》中记载:"传说在清朝以前,当地士绅阶层极为讲究兰花茶生产。"因此,合肥的茶文化发展潜力尤为巨大	A9茶文化
资料 a_{10}	合肥自然条件优越,水资源、土地资源、农产品资源、矿产资源和旅游资源等丰富。水资源:合肥地处亚热带季风气候区,降雨丰沛,可利用水资源充裕,且成本较低,天然水资源总量为38.63亿立方米。地表水系较为发达,以江淮分水岭为界,岭北为淮河水系,主要有东淝河、沛河、池河等,岭南为长江水系,主要有南淝河、派河、丰乐河、杭埠河等。土地资源:全市国土面积11429.7平方公里,其中,耕地面积509万亩(1亩=0.000667平方公里)。矿产资源:矿产资源丰富,目前已发现的矿产资源有白云石、花岗石、磷、铁、铅、锌、银、明矾石、石膏、灰岩等	A10自然资源
资料 a_{11}	合肥开发的旅游点如下:古有镇淮角韵、梵刹钟声、藏舟草色、教弩松荫、蜀山雪霁、淮浦春融、巢湖夜月、四顶朝霞八处,统称"庐阳八景"。1995年,包河秀色、教弩梵钟、逍遥古津、琥珀流光、花园艺苑、环城翡翠、庐州灯火、蜀山春晓、吴王遗踪和五里飞虹当选为"合肥十景"。2006年,包园清风、三河古镇、李府春秋、翡翠环城、天鹅湖畔、逍遥古津、墨荷琼林、蜀山览胜、科学绿岛、瑶岗风云入选"合肥新十景"。合肥素以"三国故地,包拯家乡"著称于世,著名的人文景观有国家4A级旅游景区包公园,"融八皖文化于一体,汇安徽名景于一园"的安徽省最大主题公园徽园、三国古战场逍遥津、教弩台和建立在"三国新城"遗址上的三国遗址公园,晚清军政重臣李鸿章故居和享堂,中国台湾首任巡抚刘铭传故居,千年水乡三河古镇,荟萃安徽历代杰出人物的安徽名人馆和全国重点文物保护单位渡江战役总前委旧址——瑶岗等	A11旅游点

续表

序号	详细的资料内容	概念
资料a_{11}	巢湖素以优美绮丽的风光而闻名,湖面烟波浩渺,帆樯如画,美不胜收,宛如一面宝镜镶嵌在江淮大地;姑山、姥山矗立于湖心,湖光山色交相辉映,被誉为"两颗宝石";中庙(汉)傍湖凌空而建,与姥山岛隔水相望,称为"湖天第一胜景";巢湖四周半汤、汤池、香泉三大温泉,终年喷涌、冷暖合流,富含多种对人体有益的化学元素,可谓华东一绝	A11旅游点
资料a_{12}	合肥从五四运动到抗日战争时期办有14份报纸,虽然和当时的芜湖、安庆相比相对滞后,但是在当时的安徽县城中还是首屈一指的。合肥最早的一份报纸当推《庐阳日报》,除此之外还办有《新合肥报》《合肥日报》《民众日报》《洇津报》等。如今的合肥媒体发展繁荣,其中的合肥报业传媒集团就拥有《合肥日报》《合肥晚报》《江淮晨报》《今日生活报》和合肥在线"四报一网"。除了纸质媒体,广播电视媒体、网络媒体也发展迅速,如合肥广播电视台、合肥新闻网、合肥热线等	A12媒体资源
……	……	……

(二)资料分析

下面将编码后的资料内容进行范畴化的定义,找出各个范畴的同质性,然后进行提炼整合,完成开放性译码(表6.2)。表6.2尽可能地对表6.1的资料进行类属比较,将其进行整合,建立起类属间的联系,最后建立一个具有合理联系的分类,从而为文化产业资源的整合传播与开发提供扎实的证据支撑。

表6.2　合肥市文化产业资源的开放性译码分析

合肥文化产业资源资料记录	概念化	范畴化	范畴的性质	性质的维度	结论
资料a_1	a_1先古遗址	1. 由概念a_1,…,a_4范畴化为:历史文化(A1)	1.文化性质: 文化特色 文化根基 文化影响	1.1 鲜明/模糊 1.2 深厚/浅薄 1.3 大/小	鲜明 一般 大
资料a_2	a_2文物				
资料a_3	a_3历史事件				
资料a_4	a_4历史名人				

续表

合肥文化产业资源资料记录	概念化	范畴化	范畴的性质	性质的维度	结论
资料a_5	a_5节庆民俗	2. 由概念a_5范畴化为：民俗(A2)	2. 民俗性质：民俗特色 民俗影响度	2.1 鲜明/模糊 2.2 高/低	一般 一般
资料a_6	a_6美食传说	3. 由概念a_6,…,a_9范畴化为：美食特产(A3)	3. 美食特产性质：知名度 美誉度	3.1 高/低 3.2 好/差	一般 一般
资料a_7	a_7特色饮食				
资料a_8	a_8名优特产				
资料a_9	a_9茶文化				
资料a_{10}	a_{10}自然资源	4. 由概念a_{10},a_{11}范畴化为：旅游资源(A4)	4. 旅游性质：旅游资源 旅游条件 资源美誉度	4.1 丰富/贫乏 4.2 好/差 4.3 好/差	较好 好 一般
资料a_{11}	a_{11}旅游点				
资料a_{12}	a_{12}媒体资源	5. 由概念a_{12},…,a_{15}范畴化为：文化名片(A5)	5. 文化名片性质：资源 条件 市场	5.1 丰富/贫乏 5.2 好/差 5.3 大/小	丰富 好 大
资料a_{13}	a_{13}庐剧之乡				
资料a_{14}	a_{14}文化长廊				
资料a_{15}	a_{15}艺术剧院				
资料a_{16}	a_{16}消费之都	6. 由概念a_{16},a_{17},a_{18}范畴化为：生活休闲(A6)	6. 生活休闲性质：消费市场 时尚文化	6.1 大/小 6.2 丰富/贫乏	大 一般
资料a_{17}	a_{17}购物街				
资料a_{18}	a_{18}时尚休闲				
资料a_{19}	a_{19}园林城市	7. 由概念a_{19},…,a_{23}范畴化为：城市名片(A7)	7. 名片性质：城市竞争力 产业规模 产业支撑面	7.1 强/弱 7.2 大/小 7.3 广/窄	一般 一般 一般
资料a_{20}	a_{20}科教之城				
资料a_{21}	a_{21}文明城市				
资料a_{22}	a_{22}商贸名城				
资料a_{23}	a_{23}交通枢纽				

从表6.2可以看出，通过对合肥文化产业资源的译码分析，最后抽象出23个概念和7个范畴，概念数量众多并且互有联系，范畴是后面分析的基础。历史文化(A1)是从合肥的先古遗址、文物、历史事件、历史名人进行考察，从而挖掘出合肥背后的历史积淀；民俗(A2)是基于民俗和节庆的分析从而挖掘出这个区域的社会意识等社会因素对文化资源的影响；美食特产(A3)是挖掘合肥饮食风俗、特色小吃、茶文化、名优特色产品等资源所形成的竞争力；旅游资源(A4)是挖掘合肥自然资源、旅游资源等自然风物方面的资源；文化名片(A5)是整合合肥的媒体资源、庐

剧之乡、大蜀山文化长廊、南淝河文化长廊等形成的对外宣传资源；生活休闲(A6)是体现在众多购物街、步行街、购物商场以及城隍庙等便利日常生活的基础设施和商业设施的资源；城市名片(A7)是合肥的城市精神，也是合肥的城市发展目标。

(三) 主轴译码分析

即从上述7个范畴归纳出更具有概括性的、更能有效分析出在实际领域中成为实质性的范畴。经过对表6.2的分析，我们可以归纳出合肥文化产业资源的3个主范畴，分别是人文资源类B1、自然资源类B2、社会资源类B3。其中，人文资源类由A1、A2、A3 3个范畴组成；自然资源类由A4构成；社会资源类由A5、A6、A7 3个范畴组成。而综合以上资源整理分析，可以得出合肥市发展的定位是"包公故里、大湖名城、科教之城、历史文化名城、国际山水园林城市"。

三、合肥市文化产业资源的整合传播与开发策略

纵观最近几年合肥的发展，从政府到企业、个人，发展文化软实力的主动性、能动性日益彰显。文化事业不断发展，文化产业也初具规模，文化发展的环境也在不断优化。但是提升合肥的文化软实力也有着巨大的挑战：对"工业立市"的合肥来说，文化产业仍然在许多方面是经济发展的附庸，文化发展薄弱，仍然处于底层位运行，传统文化也处于弱势，文化产业创新力度不够，文化消费能力低等。这些问题都需要我们对当前的合肥文化产业资源做一个科学合理的整合，追求产业结构的优化和整体效益的最大化。下面将遵循区域文化产业资源的特性，按照整合营销传播理论将文化产业资源的整合传播与开发分为以下几个阶段：

(一) 改变发展思路，确立合肥文化产业资源整合传播与开发的方向

整合营销传播需要首先建立一个发展目标，因此这个阶段发展方向的制定需要综合本区域自身的实际条件，基于最大程度实现本区域文化整合总体目标的考虑，来制定可实行的发展规划。2007年9月，合肥市出台了《合肥市文化发展规划纲要(2007—2015年)》，这是合肥第一个市级发展规划纲要，为进一步发展合肥文化事业和文化产业明确了思路。

一个好的规划就有一个好的开端，纵观中部城市，合肥算是一个中部文化产业发展相对落后的城市。开封、杭州、武汉等都有自己的成功模式，但是由于区域的

差异性,比如合肥老城区发展空间有限,老城区和滨湖新区之间的广大空间可以成为文化发展的重要场所,所以这种差异性注定这种嫁接他人的发展模式无法奏效。合肥是一个"以工立市"的城市,自然资源有限,走加工业和制造业的路子,后期依靠科技创新取得了令人瞩目的发展成果,目前科技创新使合肥在中国城市的激烈竞争中,迅速实现了弯道超车,在2020年正式进入新一线城市的行列。但是这并不代表合肥的文化产业发展路径就不值一提,或不需要大力发展,事实上科技创新也是文化产业资源变现的一种方式和表现。前面提到合肥由于种种原因,城市精神过于中庸,因而首先改变的应是过去陈旧的城市精神,而整合发展文化产业就是一个明智的选择。合肥文化资源丰富,有庐剧文化、包公文化、淮军文化等,都极具区域特色,但由于目前发掘不够,整合程度不够,没有发挥它的最大优势。合肥经常举办啤酒节、龙虾节等庆祝活动,但是这些拉动消费的活动与打造本区域的文化产业品牌还存在着一定的距离,因此发展思路的制订需要整合上述各种资源,发挥其各自优势。通过将这些资源与本区域的思维方式、精神方式整合在一起,衍生出合乎本区域精神消费的"产品",协调好资本、政府、市场、受众等因素的关系,最后通过媒体传播、广告营销等形成最终的文化产品和文化产业,进而实现合肥文化产业的强势发展。

(二) 依据目标受众确定和提供消费市场

受众消费市场与城市长期的文化底蕴积淀、文化资源长期形成的文化消费心理有关。合肥目前有文物保护点88处,文物普查登记点1000多处,出土馆藏文物3370处,因此仅仅旅游资源一项上就有着足够的资源优势。通过表6.1的分析,合肥文化资源产业化的方向应该围绕着三国文化、包公文化、淮军文化以及科技文化来进行。依据这四大重心可以打造以三国新城遗址公园为龙头的"三国历史文化游"、以包公文化园为龙头的"包公清廉文化游"、以李鸿章故居和刘老圩淮军体验为龙头的"淮军历史体验游"三条历史文化精品旅游线路。

同时充分发挥本区域的科教优势,打造以科学岛、科学城和高新技术开发区科学园、省市科技馆、大学城为代表的科教旅游精品线路。2008年8月29日,合肥首个非物质文化遗产园产生,这意味着可以打造以非物质文化遗产保护基地为龙头的"中国非物质文化体验游"。

随着县级巢湖市、庐江县划入合肥市,五大淡水湖之一的巢湖成为合肥内湖,还可以打造以皖中民俗村和"农家乐"星级示范点为基础的"淮河歌舞文化游""巢湖民俗文化游"两条民间民俗文化游线路,以及巢湖温泉文化游、巢湖山水文化游等旅游精品线路。

上述所做的消费市场的打造依据的是整合营销传播中受众市场细分的理论。

既然要打造区域文化品牌,实现文化产业资源的整合传播与开发,就要依据本区域特色和不同目标对象的诉求实行差别化战略,上述所给出的旅游线路的打造只是整合营销传播的一个方面,我们更需要注意的是要在一个系统化的整合基础上给出一组系统性的品牌设计。

(三)制定出具体的整合传播与开发战略

将区域内的文化产业资源品牌化、产业化,需要沟通、协调利益相关方的复杂关系,允许民间资本注入文化市场,允许由众多利益相关者参与的整合营销传播活动。区域文化产业资源的开发,也需要协调好本地居民、投资者、游客、消费者之间的关系,强化各方对本区域文化形象的自觉、自信和认同感,另外还要整合本区域与周围其他区域的合作关系,从而发展成一个特色文化带。比如合肥处于安徽旅游资源的中心地带,东有滁州醉翁亭,西有六安天堂寨,又整合了划入本区域的巢湖优秀的旅游资源,可以发展成一个裙带关系的文化旅游带。同时,可以扎实建设皖南国际文化旅游示范区,打造合肥的中转地、集散地、枢纽地位。

1. 优化文化产业结构,整合发挥合肥特色

在整合发展历史文化、民俗文化特色资源的同时,还要大力发展与之相匹配的相关文化产业。在弘扬庐剧经典、开展庐剧演艺活动、群众演出活动的同时,鼓励发展相配套的出版发行、文化产品制造、文化产品销售、广播影视和文化旅游五大支柱行业,培育广告会展、数字动漫、文化演艺、娱乐休闲四大战略行业,打造本区域创新文化特色。在发展淮河歌舞文化游、巢湖民俗文化游的同时,鼓励发展相配套的特色旅游产品行业,将饮食与旅游、休闲娱乐相结合。

2. 积极抢占新媒体提供的发展机遇,开发数字媒体产品

2007年底,合肥高新区成为国家级动漫产业发展基地,当今新媒体又显示出其王者地位,更要鼓励发展数字声音、数字图像(CG)、电子出版、互动电视、网络媒体、手机媒体六个新兴行业文化中介,发挥新媒体在资源整合过程中的优势,特别是还要充分利用创新文化特色,采用数字、网络等高新技术和现代生产方式,改造传统的文化创作、生产和传播模式。在这方面,目前已有以合肥历史名人包拯为题材的动画片《黑脸大包公》、关于巢湖民俗传说与风光的动画片《巢湖传说》,但是合肥地区各种文化资源还可以创意生产更多的动画片、影视剧、纪录片,可以做成网络游戏、手机游戏、教育软件、手机彩铃等。

3. 定期举办具有本区域特色的活动营销,激活本地文化市场

推出一批展现时代风貌、体现合肥特色、具有较高水平的文化艺术精品。例如打造"中国苗木花卉交易会""中国(安徽)中东部旅游交易会"和"全国文化纪念品交易会"等文化会展品牌。借鉴国际文化艺术会展运作经验,办好"全国文化纪念品交易会"。立足本地民众,举办"中国(合肥)国际民间戏曲歌舞文化节"。

4. 大力推动文化与旅游、体育、会展的融合发展,催生出文化的新业态,提升文化产业的附加值

一是与民俗旅游休闲相结合,广泛开展"新春文化庙会""庐州放歌""休闲娱乐文化节"等各类群众性文化活动。二是与举行大型品牌或特色赛事相结合,先后举办了徽商大会、第20届金鸡百花电影节、第4届全国体育大会、第4届中部博览会等大型高端活动,以及具有地方特色的长丰"草莓节"、大圩"葡萄节"、合肥"龙虾节"等,拉动城市文化消费,提升对外文化影响力。三是依托包公、淮军、三国、巢湖等丰富的文化、自然元素,新建了徽文化民俗博物馆群、中国(合肥)非物质文化遗产园等一批重大文化旅游设施。

四、结　语

总之,合肥区域文化产业资源整合的根本目的,是将本区域文化资源进行优化重组形成新的优势结构,发挥整体的最大规模效应,实现文化产业及相关产业的可持续发展。但是随着社会的不断发展,整合策略要更多地体现社会发展的规律需求,体现市场需求,体现受众需求,使区域文化整合传播与开发战略始终与社会发展良性互动,实现共赢。

第七章 芜湖市文化产业资源的整合传播与开发

作为安徽省南部地区的文化中心、经济重镇,芜湖市的文化产业资源非常丰富,芜湖市文化产业资源的整合传播与开发也正全面展开。

一、从芜湖市城市形象说起

芜湖在塑造与传播城市形象的过程中采取了一系列措施,如确立城市精神,打造城市名片,确定市树、市花、市歌,开展城市形象大使选拔活动等。芜湖城市形象定位有不明确性、不统一性。人们对芜湖未来的发展定位更多的是朝着南京、杭州看齐。究其原因,比较复杂,但以下这几点,肯定在公众的考虑范围之内。其一,芜湖与南京毗邻,双方政治、经济、文化等交流比较频繁,市民在两地之间的流动性大;且两地具有诸多相似性,如均是历史文化古城,具有深厚的历史文化底蕴。芜湖迄今已有2500余年的历史;南京是六朝古都,虎踞龙蟠。其二,芜湖与杭州同样具有诸多相似之处,一个是徽商往北的出口,一个是徽商南下的必经之地,都有自然环境的山水明丽、城市风味的秀雅可爱、徽派建筑的白墙黑瓦马头墙,两地在历史文化、经济、交通、旅游发展等方面渊源颇深。

但是,改革开放以来,芜湖虽古有"长江巨埠,皖之中坚"之称,且拥有丰厚的城市形象客观优势条件,但与实力雄厚、政策资源倾斜、区位优势更加明显、历史美名更甚的南京、杭州相比,还是大大地落后了,城市形象的塑造与传播更是相对滞后。但就交通来说,2015年底宁安客专(安庆到南京的宁安客运专线,通称为"宁安高铁")全线通车,将安庆、池州、铜陵、芜湖、马鞍山这5个安徽沿江(长江)城市接入了全国高铁系统。2020年6月28日,被誉为"华东第二通道"的商合杭高铁全线贯通,北接中原,纵贯江淮,直通长三角,让河南、安徽、浙江三省实现了高铁无缝对接,芜湖是重要站点。这对芜湖的文化旅游乃至整个文化事业、文化产业的发展产生了重要影响。

针对上述现状,笔者将近年来芜湖市委、市政府以及有关领导、在芜专家、学者、芜湖市内外的社会公众等对芜湖城市形象定位的具体提法,做了广泛的资料搜集与整理(表7.1)。

表7.1 芜湖城市形象定位现状一览表

定位类型		具体定位、目标或名片
整体城市形象定位		皖江明珠,创新之城;徽风皖韵,千湖之城;奇瑞芜湖,魅力芜湖;芜湖月·中华情;长江巨埠,皖之中坚;宜业宜居宜游的优美城市;适宜人居的生态之城;皖南门户;宁汉之间区域性经济文化中心;水样城市;时尚休闲之都;全国十大明珠城市;全国中等"明星"城市;皖南经济、文化、交通、政治中心;国家级沿江开放城市;中国最佳投资服务城市;中国十大地级活力城市;皖江区域中心城市;南京都市圈成员城市;安徽经济、文化、交通、政治次中心
次级城市形象定位	经济发展	奇瑞之都,祥瑞之城;中国"光谷";米市;百年明远;龙脉之枢纽;长江经济一条龙之颈者;中国品牌城市;全国重要的先进制造业基地;现代物流中心;全国商埠重镇;国内一流的铜基材料加工基地、玻璃产业基地;国内一流的家电产业基地;与长三角紧密联系的区域性现代服务业基地;长三角城市群中资源环境优越的大型综合性二级城市;服务效率最高、运行成本最低、发展环境最好的城市;国家级经济技术开发区;国家级高新技术产业开发区;皖江城市带承接产业转移示范区核心城市;皖江开发开放龙头城市;都市型现代农业;以方特欢乐世界为代表的文化旅游产业
	历史文化	铁画之都;徽风皖韵;中国历史文化名城;以繁昌县"人字洞"考古文化为代表的历史文化名城;以长江文化、徽商文化为代表的历史文化名城
	教育、科技	智慧芜湖;科普之都;中部教育高地;长江下游教育中心
	城市功能	畅通芜湖;平安芜湖;健康芜湖;和谐芜湖;国家级卫生城市;鸠兹之城,慈善之都
	自然环境	江城;半城山半城水;云开看树色,江静听潮声;千湖之城;滨江山水园林城市;全国园林城市
	交通规划	中国第一桥都;枢纽芜湖;全国重要的铁路枢纽城市;长江中下游地区重要的综合交通枢纽;长江下游航运中心;安徽交通枢纽;华东沿海城市通往内地的要道;国家级对外籍轮开放的外贸码头

续表

定位类型		具体定位、目标或名片
次级城市形象定位	旅游、休闲、消费	东方梦幻乐园；东方奥兰多；动漫之都；阳光半岛之城；全国有代表性的主题公园集中区和文化创意产业示范区；国家级优秀旅游城市；长江沿线旅游中心城市；安徽省内旅游核心城市；沪渝间之"魅力"中心城市；时尚休闲之都
	饮食	瓜子城；"三鲜"之都；凤凰美食文化城；耿福兴之都；四季春之都；皖江民间特色小吃之城；中国美食之都

从表7.1可见，对于塑造什么样的芜湖城市形象，可谓仁者见仁，智者见智，通过具体分析，可以看出如下问题：

1. 整体城市形象定位都不同程度地存在着城市诉求对象与发展目标不明确的缺陷。以上整体城市形象定位是从各自不同的角度显示出芜湖城市形象的客观优势，但显然存在这5点问题：① 有些定位是一个城市的终极目标，缺乏专属性，如创新之城、魅力芜湖、宜业宜居宜游的优美城市、适宜人居的生态之城等；② 有些定位过于冗长，不便于记忆，如宁汉之间区域性经济文化中心等；③ 有些定位缺乏相应的载体支撑，概念过于宽泛，如水样城市等；④ 有些定位已经成为历史，如长江巨埠、皖之中坚、芜湖月·中华情、米市、百年明远等，且不能综合代表芜湖城市形象的全貌；⑤ 有些定位有雷同之嫌，如时尚休闲之都等。

2. 次级城市形象定位是根据经济发展、历史文化、教育、科技、城市功能、自然环境、交通规划、旅游、休闲、消费、饮食等诸多方面各自拥有的优势来加以定位的。从上述定位中可以看出，一方面，在整体城市形象定位中所反映出来的问题，在这里同样出现了。另一方面，又显示出以下3个方面的问题：① 有的属于城市的发展目标或规划，如中国"光谷"、现代物流中心、枢纽芜湖等；② 有的属于城市名片，如奇瑞之都、祥瑞之城、鸠兹之城、慈善之都、中国第一桥都、龙脉之枢纽、长江经济一条龙之颈者等，这些均还上升不到次级城市形象的高度；③ 各个方面的次级城市形象定位明显太多，如针对经济发展的定位，就有22种不同的提法，旅游、休闲、消费的有10种，交通规划的有8种，饮食的有7种等。

综上所述，目前芜湖城市形象尚未形成一个统一的定位语（或称城市宣传语），使得城市形象塑造缺乏整合性、系统性、持续性，难以在利益相关者内心产生一个稳定、鲜明、深刻、正面、积极的认知与感悟。而且这些定位也还没有将芜湖城区之外的各种自然资源、文化资源考虑在内。为此，本章运用扎根理论的研究方法，搜集大量的文字、资料、信息，并结合调研与实地访谈，对芜湖市文化产业资源的整合传播与开发进行研究。

二、芜湖市文化产业资源分析

(一) 资料搜集与整理

笔者通过问卷调查、实地访谈、书籍、报刊、广播、电视、网络等方式搜集了有关芜湖的传统历史特色、现实优势亮点、未来发展趋势以及芜湖城市形象定位与塑造的历程与现状、利益相关者对芜湖城市形象的感知状况等资料,具体包括:① 通过问卷调查、实地访谈,获取了有关芜湖城市形象的第一手资料,包括资源、历史文化、品牌、会展、旅游景点等优势呈现出来的状况;② 通过问卷调查、实地访谈,获取了利益相关者对芜湖城市形象的第一手资料,包括感知与满意度、价值需求与期望等;③ 关于芜湖的历史沿革、城市资源、自然环境的相关资料;④ 关于芜湖城市形象的演变历程和塑造实践的资料,包括城市精神、城市名片、市树、市花、市歌、城市旅游宣传、城市形象大使选拔、城市雕塑设计、会展活动、大型主题活动等;⑤ 芜湖地方志、关于芜湖城市发展规划与战略、政府工作报告、相关咨询报告、相关政策和文件以及芜湖市领导的相关讲话稿等;⑥ 从中国知识资源总库——CNKI系列数据库搜集的相关论文;⑦ 通过百度、谷歌等搜索引擎搜集的与芜湖城市形象有关的文字、言论等;⑧ 在资料搜集的基础上,进一步整理形成的芜湖城市形象定位现状的资料(表7.1)。

对上述8个方面的资料进行整理、分析、整合、归类、质证,以确保所得资料是对芜湖传统历史特色、现实优势亮点和未来发展趋势的真实、准确、全面的反映,并将这些待分析的所得资料命名为"芜湖市文化产业资源的资料清单"(表7.2)。

表7.2 芜湖市文化产业资源的资料清单

序号	详细的资料记录	概念
资料 a_1	有芜湖铁画、芜湖梨簧戏、南陵目连戏、繁昌民歌、九连麒麟灯会、张孝祥与镜湖的故事、方村吃新、王少华梨膏糖、芜湖麦秸画、芜湖县木榨榨油制作技艺、花桥渡采茶灯、丫山藕糖传统制作技艺、白马山三圣古寺的传说、白马山庙会、无为板鸭制作技艺、无为陡岗板龙灯、芜湖县木榨榨油制作技艺等	A1 非物质文化遗产

续表

序号	详细的资料记录	概念
资料 a_2	从吴文化、楚文化、越文化到皖江文化、徽文化，再到西方文化，各种区域性文化在芜湖交融汇合，绵延不断，尽显风采，从而使芜湖现在集长江文化、徽商文化、芜湖特色文化于一体；新安理学、徽派朴学、新安医学、新安画派、徽派版画、徽派篆刻、徽剧、徽商、徽派建筑、徽菜、徽州茶道等均为芜湖所学习、吸纳。有以陈独秀、王稼祥、谭震林及新四军为代表的在芜湖市各地活动所留下的红色文化，以梨簧戏、滩簧戏为代表的戏剧文化，以萧云从为代表的书画文化，以中江书院、安徽师范大学为代表的教育文化，以广济寺为代表的宗教文化等。繁昌县"人字洞"把人类在亚洲活动的历史上溯至四五十万年。繁昌柯家村古窑址、繁昌平铺乡"万牛墩"和南陵吴越土墩墓、南陵大工山铜矿遗址均为全国重点文物保护单位。有国家级非物质文化遗产芜湖铁画锻造技艺。芜湖是一座向里收着的城，少见笔直通畅的大道，满城都是拐来拐去的深巷子，儒林街、状元坊、花街、长街，徽派建筑充满文化氛围，不供人快马看尽一日花，倒是可以走街串巷寻好酒。此外，西河古镇、神山干将莫邪铸剑遗迹、赭山与广济寺等也流溢着历史的芬芳	A2 历史文化
资料 a_3	芜湖的老年俗：团圆饭、放爆竹、拜年、舞龙灯、庙会、踩高跷、唱门歌、穿马灯、打年糕、送灶等	A3 民俗文化
资料 a_4	"福彩圆梦""慈善圆梦"已发展为江城的一个著名的慈善品牌。芜湖故名鸠兹，象征吉祥。由鸠兹精神引申出的赈灾救助"鸠兹行动"慈善项目荣获2008年度中华慈善奖。2010年底，芜湖市在全国率先提出"慈善回报"理念。2011年8月26日，首届中国城市公益慈善指数发布活动亮相芜湖。芜湖市委、市政府把慈善事业纳入全市"十二五"发展规划，积极推进慈善城市创建工作。截至目前，芜湖市民政局、芜湖市慈善总会等机构开展的公益项目连续三年荣获"中华慈善奖"，各项慈善捐赠数据在中部城市位居前列	A4 慈善文化
资料 a_5	有虾籽面、酥烧饼、鱼丝饼、小笼汤包、牛肉锅贴、江鲜、四鱼、大闸蟹、腐乳、五香螺蛳、弋江羊肉、广善酥、无为板鸭、麻辣鲜香的街头麻辣烫、刚揭锅的一包豆沙的梅花糕、脆得没办法吃完整的炸春卷、热腾腾的藕稀饭、炒板栗、油炸臭干子，有排长队的凉粉摊、老字号茶楼等	A5 特色小吃

续表

序号	详细的资料记录	概念
资料 a_6	芜湖的小吃闻名已久,凤凰美食街的建成更是让芜湖小吃的美名远播到大洋彼岸,在这里不仅可以品尝到正宗的芜湖当地菜,还能吃到全国知名的其他菜系,如全国知名连锁店辣子村、巴将军的火锅、毛家菜馆和洞庭人家的湘菜、绿柳居的素菜、巴道鱼、杭帮菜等。兼收并蓄的芜湖美食文化,可以让游客品尝到各地美食,如广东肠粉、绍兴醉鱼、港式蛋挞等。芜湖凤凰美食文化节已在周边地区享有盛名。 芜湖品牌餐饮店:铁山宾馆、海螺国际大酒店、耿福兴、喜洋洋农家鱼庄、陆和村茶馆、中原土菜馆、凤凰美食城、奥顿酒店、紫葡萄大酒店、剑桥大酒店。 芜湖特色餐饮美食店:四季春大酒店、特色王大排档、江南渔翁、金樽轩大酒店、芜湖县红竹林酒店、获港金龙大酒店、顺兴百味园、马义兴、同庆楼、金隆兴、蓝义兴、"中国第一商贩"傻子瓜子等	A6饮食品牌
资料 a_7	芜湖的街巷都离不开水,不在江边,就在湖畔,或者从桥畔斜出,四通八达,是串联城市的经纬。凤凰美食街的风采要领略,但隐藏在各条弄巷里的小吃也不能错过,比较集中的是绿影的小吃一条街、北门的三姐妹牛肉面、新华书店歪子炒饭、劳动路上的老鸭汤、国货路的凉粉、解放路旱桥的大肉面、双桐巷口的炒鱿鱼、新芜路的炒面皮、安徽师范大学西门的九龙大包、东门街的斩鸭子	A7饮食街
……	……	……

(二)资料分析

1. 开放性译码分析

开放性译码分析的目的是定义现象、界定概念、挖掘范畴。具体而言,它是指依据一定的原则,对大量的资料记录进行逐级缩编,用概念和范畴准确表达资料的内容,并把大量的资料记录以及界定出来的概念和范畴打破、揉碎并重新组合。①在此,就是将《芜湖市文化产业资源的资料清单》(表7.2)逐步进行概念化和范畴化,其具体操作过程如下:界定现象→发现范畴→命名范畴→挖掘范畴的性质和性

---

① Strauss A, Corbin J. Grounded Theory Methodology: an Overview[M]. Thousand Oaks: Sage Publications,1994:22-23.

质的维度,最后再对范畴的性质和性质的维度进行概念化界定。这一全套过程确保了从概念到范畴的提炼、操作、转化的科学性与准确性。[①]"芜湖市文化产业资源的资料清单"的开放性译码分析如表7.3所示。

表7.3 芜湖市文化产业资源的开放性译码分析

芜湖文化产业资源资料记录	开放性译码				
	概念化	范畴化	范畴的性质	性质的维度	结论
资料a_1	a_1非物质文化遗产	1. 由概念$a_1,\cdots,a_4$范畴化为:文化(A1)	1. 文化性质: 文化特色 文化根基 文化影响	1.1 鲜明/模糊 1.2 深厚/浅薄 1.3 大/小	鲜明 深厚 很大
资料a_2	a_2历史文化				
资料a_3	a_3民俗文化				
资料a_4	a_4慈善文化				
资料a_5	a_5特色小吃	2. 由概念a_5,a_6,a_7范畴化为:美食(A2)	2. 美食性质: 美食知名度 美食美誉度 美食企业	2.1 高/低 2.2 好/差 2.3 多/少	较高 很好 较多
资料a_6	a_6饮食品牌				
资料a_7	a_7饮食街				
资料a_8	a_8半城山半城水	3. 由概念a_8,a_9,a_{10}范畴化为:美景(A3)	3. 美景性质: 知名度 美誉度	3.1 高/低 3.2 好/差	较高 较好
资料a_9	a_9芜湖"十景"				
资料a_{10}	a_{10}滨江山水园林城市				
资料a_{11}	a_{11}东方奥兰多	4. 由概念a_{11},a_{12},a_{13}范畴化为:旅游资源(A4)	4. 旅游性质: 丰富性 美誉度 条件	4.1 丰富/贫乏 4.2 好/差 4.3 好/差	丰富 很好 很好
资料a_{12}	a_{12}文化遗产				
资料a_{13}	a_{13}全国优秀旅游城市				
资料a_{14}	a_{14}动漫	5. 由概念a_{14},a_{15},a_{16}范畴化为:休闲(A5)	5. 休闲性质: 资源 条件 方式	5.1 丰富/贫乏 5.2 好/差 5.3 丰富/贫乏	丰富 较好 丰富
资料a_{15}	a_{15}阳光半岛				
资料a_{16}	a_{16}温泉				
资料a_{17}	a_{17}特色购物街与市场	6. 由概念a_{17},a_{18},a_{19}范畴化为:时尚(A6)	6. 时尚性质: 时尚文化 时尚产业 时尚消费市场	6.1 丰富/贫乏 6.2 发达/落后 6.3 大/小	丰富 发达 较大
资料a_{18}	a_{18}时尚理念				
资料a_{19}	a_{19}消费市场				

[①] 张燚,刘进平,张锐. 基于扎根理论的城市形象定位与塑造研究:以重庆市为例[J]. 旅游学刊,2009(9):56.

续表

芜湖文化产业资源资料记录	开放性译码				
	概念化	范畴化	范畴的性质	性质的维度	结论
资料 a_{20}	a_{20} 驰名商标	7. 由概念 a_{20},…,a_{23} 范畴化为:品牌(A7)	7. 品牌性质:产业竞争力 经济规模 知名品牌数量	7.1 强/弱 7.2 大/小 7.3 多/少	较强 较大 较多
资料 a_{21}	a_{21} 名牌产品				
资料 a_{22}	a_{22} 行业标志性品牌				
资料 a_{23}	a_{23} 区域品牌				
资料 a_{24}	a_{24} 现代物流中心	8. 由概念 a_{24},…,a_{27} 范畴化为:经济中心(A8)	8. 经济中心性质:经济发展潜力 区域产业竞争力 产业支撑面	8.1 大/小 8.2 强/弱 8.3 广/窄	较大 较强 较广
资料 a_{25}	a_{25} 中国"光谷"				
资料 a_{26}	a_{26} 制造基地				
资料 a_{27}	a_{27} 城乡统筹				

从表7.3可以看出,通过对芜湖城市资料记录进行开放性译码分析,最终从资料中挖掘出27个概念和8个范畴(以上概念和范畴的命名有多种依据,具体包括文献资料、问卷调查统计、实地访谈记录以及笔者研讨的结果等)。由于概念存在重合、交叠且数量庞大,范畴是对概念进行重新分类、归纳与整合的,在此,将重点对范畴进行后续分析。

表7.3显示,抽象出来的8个范畴从A1至A8分别是文化、美食、美景、旅游资源、休闲、时尚、品牌、经济中心。具体而言,文化(A1)扎根于芜湖特有的饮食文化、历史文化、民俗文化、慈善文化中。美食(A2)则是由芜湖的特色小吃、饮食品牌、饮食街等诸多客观优势资源所形成的。芜湖凤凰美食街可谓各路美食的集结地;芜湖本地的传统老字号"耿福兴""四季春""马义兴""同庆楼"等,可谓名满全国,家喻户晓,傻子瓜子也不逊色;芜湖散布在街头巷尾的地方特色小吃小笼汤包、虾籽面等,还有种类繁多的水产,特别是著名的"三鲜"(鲥鱼、刀鱼、螃蟹)等,也为人们所津津乐道。美景(A3)是指芜湖南倚皖南山系,山体面积占全市总面积的20.5%,北望江淮平原,长江从市西缘流过,青弋江、水阳江、漳河贯穿境内,境内有各类湖泊3000多个,黑沙湖、龙窝湖、奎湖散布其间,还有芜湖"十景"等,这些形成了美誉度极高的全国园林城市。旅游资源(A4)是指芜湖依托"东方梦幻乐园"方特欢乐世界、以繁昌县"人字洞"为代表的全国重点文物保护单位、国家级非物质文化遗产芜湖铁画锻造技艺、徽派建筑等成为国家级优秀旅游城市。休闲(A5)是指芜湖环境优美,作为国家级动漫产业基地,拥有芜湖乃至长三角地区顶级度假胜地

阳光半岛、丰富的温泉资源以及集数量众多的温泉、农家乐、茶楼等休闲娱乐场所于一体。时尚(A6)体现在芜湖长江市场园、芜湖旅游商品经济园区、芜湖商品交易博览城等特色市场和中山路步行街、凤凰美食街、新时代商业街、银湖波尔卡大街等特色街道以及充满活力的时尚购物理念、时尚消费市场等。品牌(A7)是指芜湖工商业基础好,拥有全国数量较多的驰名商标、名牌产品、行业标志性品牌、区域品牌等。截至目前,芜湖拥有中国驰名商标6件,安徽省著名商标105件,且已初步形成了多个产业群,竞争力持续提升。经济中心(A8)反映出芜湖要加快建设成为现代物流中心、中国"光谷"、全国重要先进制造基地,打造都市型现代农业以及城乡统筹城市的发展目标。

2. 主轴译码分析

主轴译码分析是指将开放性译码分析中所抽象出来的各项范畴联结在一起,其具体运用了这样的一个典范模型:因果条件→现象→脉络→中介条件→行动/互动策略→结果。[①]典范模型作为扎根理论研究方法的一个重要分析工具,其作用在于将范畴联结起来,并进一步挖掘范畴的含义。需要明确的是,主轴译码分析并不是要把范畴联结起来构建一个全面的理论架构,其要做的仍然是发展范畴,即发展主范畴和副范畴。[②]那么,何为主范畴和副范畴?以事件为主范畴,影响事件的因素有产生事件的因果条件、事件所依赖的脉络(即表7.3中该主范畴性质的具体维度指标)、在事件中行动者所采取的策略、最终所得的结果。这些因素都有利于更全面、准确地把握事件(主范畴)。因此,条件、脉络、策略和结果虽然也都是范畴,但都是与主范畴有关而用来帮助了解和把握主范畴的,故将其称为副范畴。可见,主范畴和副范畴都比范畴的性质和纬度更进一层。[③]

表7.3中数量繁多且存在重合、交叠的概念是从所有资料中提炼出来的,它们基本代表了芜湖城市的传统历史特色、现实优势亮点和未来发展趋势,也构成了芜湖区别于其他城市的重要因素。可见,开放性译码分析所得到的概念和范畴仅存在"资料→概念→范畴"的逻辑关系,不存在"因果条件→现象→脉络→中介条件→行动/互动策略→结果"的逻辑关系。[④]为此,笔者借鉴典范模型的逻辑关系和思维方式,直接从8个范畴(文化、美食、美景、旅游资源、休闲、时尚、品牌、经济中心)中归纳、整合出5个主范畴,即中国文化名城(B1)、凤凰美食之都(B2)、国际山水园林城市(B3)、皖江休闲之都(B4)、中国品牌城市(B5)。其中,"中国文化名城"由文化1个范畴以及饮食文化、历史文化、民俗文化、慈善文化4个概念构成;"凤凰美食

[①] Patton M Q. Qualitative Evaluation and Research Methods[M]. Newbury Park, CA: Sage Publications, 1990:38.

[②][③][④] 张燚,刘进平,张锐. 基于扎根理论的城市形象定位与塑造研究:以重庆市为例[J]. 旅游学刊, 2009(9):57.

之都"由美食1个范畴以及特色小吃、饮食品牌、饮食街3个概念构成;"国际山水园林城市"由美景、旅游资源2个范畴以及半城山半城水、芜湖"十景"、滨江山水园林城市、东方奥兰多、文化遗产、全国优秀旅游城市6个概念构成;"皖江休闲之都"由休闲、时尚2个范畴以及动漫、阳光半岛、温泉、特色购物街与市场、时尚理念、消费市场6个概念构成;"中国品牌城市"由品牌、经济中心2个范畴以及驰名商标、名牌产品、行业标志性品牌、区域品牌、现代物流中心、中国"光谷"、制造基地、城乡统筹8个概念构成。

3. 选择性译码分析

选择性译码分析是指选择核心范畴,系统地将其与其他范畴联结,验证其间存在的关系,并把处于概念化阶段尚未发展完备的范畴开发出来,补充完整。[1]其主要任务有:① 识别、选择出一个能够统领、整合其他所有范畴的核心范畴;② 运用典范模型将核心范畴与其他范畴联结,并用所有资料验证这些联结关系;③ 继续抽象出更细微、更完备的范畴;④ 开发故事线,即用所有资料及由其开发出来的概念、范畴等简明扼要地说明全部过程与结果。[2]通过对搜集的所有原始资料进行比较、质疑、提问,同时互动结合对"文化、美食、美景、旅游资源、休闲、时尚、品牌、经济中心"这8个范畴的继续考察,特别是对"中国文化名城、凤凰美食之都、国际山水园林城市、皖江休闲之都、中国品牌城市"这5个主范畴的深入分析,最终发现"灵秀"是最能代表芜湖个性特征的鲜明、深刻、独特的资源。

下面将"灵秀"进行一一分解:"中国文化名城"是对芜湖特有的饮食文化、历史文化、民俗文化、慈善文化等概念的集中反映,它们诠释的是芜湖充满灵秀之气的人文精神和城市文化,可谓集江南自然之神秀、汇安徽人文之灵杰。"凤凰美食之都"是对特色小吃、饮食品牌、饮食街等概念的集中反映,它们诠释的是芜湖充满灵秀之气的美食。凤凰是我国民间吉祥的象征,且芜湖凤凰美食街声名远扬。"灵"是对各色美食的兼容并蓄,而"秀"是在深深的巷子里收着的原汁原味、品尝过为之惊呼的"好吃的"。"国际山水园林城市"是对半城山半城水、芜湖"十景"、滨江山水园林城市、东方奥兰多、文化遗产、全国优秀旅游城市等的集中反映,它们诠释了芜湖灵动、秀美、博雅、通透的山水园林都市和徽派建筑美景。"皖江休闲之都"是对动漫、阳光半岛、温泉、特色购物街与市场、时尚理念、消费市场等概念的集中反映,它们诠释的是芜湖多姿多彩、体贴舒适、悠闲自在的生活品味。当然,"中国第四城""休闲之都"是成都,芜湖与成都还存在一定的差距,所以,在此界定了"皖江"这一

---

[1] Strauss A, Corbin J. Grounded Theory Methodology: an Overview[M]. Thousand Oaks: Sage Publications, 1994:22-23.

[2] 张燚,刘进平,张锐.基于扎根理论的城市形象定位与塑造研究:以重庆市为例[J].旅游学刊,2009(9):57.

区域。"中国品牌城市"是对驰名商标、名牌产品、行业标志性品牌、区域品牌,以及打造现代物流中心、中国"光谷"、全国重要先进制造基地、都市型现代农业和城乡统筹发展等概念的集中反映,它们诠释的是秀外慧中、活力四射的经济腾飞与创新激情。

综上所述,灵秀之都正是芜湖城市形象定位的核心范畴。它是对"文化、美食、美景、旅游资源、休闲、时尚、品牌、经济中心"这8个范畴和"中国文化名城、凤凰美食之都、国际山水园林城市、皖江休闲之都、中国品牌城市"这5个主范畴的扎根。因此,可得出以下基本结论:芜湖城市形象的整体定位就是"世界灵秀之都";次级形象定位是"中国文化名城、凤凰美食之都、国际山水园林城市、皖江休闲之都、中国品牌城市"。而芜湖文化产业资源的整合传播与开发就可以沿着这样的定位进行。

三、芜湖市文化产业资源的整合传播与开发

(一)芜湖市文化产业资源的整合传播与开发的故事线

故事线即一条脉络和路径,它是由城市形象定位的传统历史特色、现实优势亮点和未来发展趋势凝练而成的,如概念→范畴→主范畴→核心范畴,或者保健因素→城市名片→次级形象→整体形象。故事线不仅是城市形象定位的支撑,也是城市形象塑造的关键要素与核心资源。[1]因此,根据"芜湖城市形象定位的依据与选择"中的开放性译码分析、主轴译码分析和选择性译码分析所得的结论,可以凝练出芜湖文化产业资源整合传播与开发的故事线,如表7.4所示。

表7.4 芜湖文化产业资源整合传播与开发的故事线

核心范畴	主范畴	范畴	概念	灵秀诠释	备注
世界灵秀之都	中国文化名城	文化	饮食文化,历史文化,民俗文化,慈善文化	灵秀文化博雅人生	历史特点人文精神
	凤凰美食之都	美食	特色小吃,饮食品牌,饮食街	灵秀美食尝过"恋"	现实优势

---

[1] 张燚,刘进平,张锐.基于扎根理论的城市形象定位与塑造研究:以重庆市为例[J].旅游学刊,2009(9):58.

续表

核心范畴	主范畴	范畴	概念	灵秀诠释	备注
世界灵秀之都	国际山水园林城市	美景	半城山半城水,芜湖"十景",滨江山水园林城市,丫山、小格里、五华山、乌霞山、大工山、珩琅山、马仁奇峰	灵秀美景住着"爽"	现实优势
		旅游资源	东方奥兰多,文化遗产,全国优秀旅游城市	灵秀之旅游得"欢"	现实优势 发展趋势
	皖江休闲之都	休闲	动漫,阳光半岛,温泉	舒适休闲乐且"安"	现实优势 发展趋势
		时尚	特色购物街与市场,时尚理念,消费市场	时尚消费购物"畅"造型"靓"	现实优势 发展趋势
	中国品牌城市	品牌	驰名商标,名牌产品,行业标志性品牌,区域品牌	品牌芜湖名声"响"	现实优势 发展趋势
		经济中心	现代物流中心,中国"光谷",制造基地,城乡统筹	创新发展经济"旺"	发展趋势

(二) 芜湖市文化产业资源整合传播与开发的基本思路

笔者认为,芜湖文化产业资源的整合传播与开发应遵循"以人为本、深植核心、打造重点、统筹整体、分层实施"的基本思路,具体表现在:

(1)"以人为本"就是要体现可持续发展观。它追求人的长远利益,以更好地满足人们的物质文化需要和精神文化需要为终极目标。文化产业资源的整合传播与开发,不仅仅要塑造和传播区域形象,更是要促进区域经济政治社会文化等各方面的可持续发展,一方面为区域创造了"人气",另一方面又为区域创造了"财气"与"文气",从而最终为一个区域的可持续发展提供了动力和源泉。

(2)"深植核心"就是把握"灵秀"这一芜湖赖以成名、举世无双的人文核心,强调"灵秀"理念,使其投入工作、碰撞思想、融入性格、注入生活、点亮城市及其周边区域。深植人文核心,有利于区域文化的传承与发展,也是追求一种美好的人类文明理想。

(3)"打造重点"就是要重点凸显芜湖的"灵秀文化、灵秀美食、灵秀美景、灵秀之旅、舒适休闲、时尚消费、品牌芜湖、创新发展"的有机结合,并将它们作为"世界灵秀之都"的支撑与传播基础予以打造。这是在塑造区域品牌,凸显区域的个性化差异形象。只有正确认识区域的各类资源库存,并运用科学可持续的手段来传播和开发,区域品牌才具有持续发展的生命力,才能够让区域发展获得长远效益。

(4)"统筹整体"就是通过塑造、发展与整合传播一系列文化产业资源要素,形成"世界灵秀之都",并使其具有内涵和载体,内在协调统一,外在特征鲜明,建设优良的软、硬环境。区域文化产业资源的整合传播与开发是一个区域全方位的事业,它需要政府及其各级部门、机关、企事业单位、社会团体、组织和全体居民等的深刻领悟和广泛参与。

(5)"分层实施"就是将芜湖文化产业资源的整合传播与开发分为两个层次予以实施:

① 顶层是"世界灵秀之都",它是区域文化产业资源整合传播与开发的定位,统领一系列次级定位要素,主要通过区域形象策划、设计、整合传播等手段来扩大影响。

② 中层是"次级定位要素"("中国文化名城、凤凰美食之都、国际山水园林城市、皖江休闲之都、中国品牌城市"),这些具有比较优势的资源是传播与开发区域文化产业资源的核心要素,遵循造势与做实相结合的原则来实现。

(三)芜湖市文化产业资源整合传播与开发的策略

1. 实施传播芜湖文化资源的VI策略

笔者建议:首先,将"世界灵秀之都、灵秀之都、灵秀芜湖、灵秀江城"一并向工商局申请商标进行注册。

其次,导入CI设计理念,统一、全面、系统、综合地策划设计并整体性推销芜湖城市形象,进而形成较为完整、科学和可行的策划设计蓝本。具体而言就是,针对芜湖整体城市形象的定位、主题宣传语、形象商标等统一进行名称、象征图案、市徽、标识、标语、吉祥物以及具体到字体、色彩和搭配等方面的设计。

最后,根据CI理念统一开展政府及其相关部门、机关、企事业单位、社会团体、组织等的大型活动、国内外会议、招商活动、主题宣传活动、展览会、广告宣传活动等,并且在开展这些活动的过程中,要统一视觉效果,营造对广大社会公众的视觉冲击力,提升其感知度与记忆度。笔者建议以绿色为主色调。

2. 打造美丽公共空间,实施景观传播

也可以称为空间传播,就是要抓好城市开放空间(open space)、绿化空间、传统空间的开发与建设。按照城市规划美、建筑艺术美、自然生态美的原则,形成点线面协调美的城市景观。[①]借此可以传递芜湖的精气神,让市民感到幸福,让游客和

---

① 朱玉明,尹清忠. 城市形象提升的理论与实践:以济南市为例[J]. 中共济南市委党校学报,2004(4):124.

来访者感受到芜湖之美,具体做法如下:

其一,要体现建筑特色。就芜湖而言,要依据山形水势,建设各具风格特色的山景、水景、广场、雕塑、道路、道路分隔、园林、绿地、商品展示窗、户外电子屏、路灯、路标、售货亭、电话亭、壁画、标志、路牌、门牌、导游牌、公共汽车站牌(停车牌、候车牌)、各类户外广告牌、公共厕所、邮筒、垃圾箱、栏杆、电线杆等,使之动静结合,建构江、河、湖、山、城交相辉映的优美景观。

其二,要体现绿色芜湖。实现城市生态化、大地园林化。在林荫道、广场公园、文化公园、历史公园、自然公园中种树、种草、种花。特别要以绿化的道路为纽带连接城市中心和郊区、乡镇,使自然环境与人工环境有机结合,使自然山水、生态农业、绿化带、绿化地有机交融。

其三,要体现芜湖历史文化底蕴。加强保护与开发风景名胜、历史街区、名人故居等历史文化遗产。一方面,遵循"整旧如故,以存其真"的原则,对极具历史文化特色的传统街区、古旧建筑(如儒林街、状元坊、花街、十里长街、徽派建筑)等,应在保持原有风貌的前提下进行开发改造。另一方面,要完善独具魅力的城市广场文化(如鸠兹广场),建设城市标志性文化建筑,提高芜湖城市的历史品位,增强时代使命感。①

其四,要体现人文关怀。别出心裁地设计与建设几条步行街、露天吧、专业街等,以缓解社会公众的学习、工作与生活的紧张度。

3. 充分发展文化旅游业、文化休闲娱乐业

"凤凰美食之都"可以通过各路美食的集结地——芜湖凤凰美食街,芜湖本地的传统老字号"耿福兴""四季春""马义兴""同庆楼"等,名满全国、家喻户晓的傻子瓜子,以及芜湖散布在街头巷尾的地方特色小吃,种类繁多的水产,特别是著名的"三鲜"(鲥鱼、刀鱼、螃蟹)等,塑造一个充满灵秀美食的城市形象。

"国际山水园林城市"可以通过半城山半城水,芜湖"十景",千湖之城,"东方梦幻乐园"方特欢乐世界,以繁昌县"人字洞"为代表的全国重点文物保护单位以及国家级非物质文化遗产芜湖铁画锻造技艺、徽派建筑等,塑造一个充满灵动、秀美、博雅、通透的旅游资源的城市形象。

"皖江休闲之都"可以通过国家级动漫产业基地,芜湖乃至长三角地区顶级度假胜地阳光半岛,丰富的温泉资源,数量众多的温泉、农家乐、茶楼等休闲娱乐场所,以及芜湖长江市场园、芜湖旅游商品经济园区、芜湖商品交易博览城等特色市场,中山路步行街、凤凰美食街、新时代商业街、银湖波尔卡大街等特色街道,充满活力的时尚购物理念、时尚消费市场等,塑造一个拥有多姿多彩、体贴舒适、悠闲自

---

① 朱玉明,尹清忠. 城市形象提升的理论与实践:以济南市为例[J]. 中共济南市委党校学报,2004(4):125.

在的生活品味的城市形象。

"中国品牌城市"可以通过打造"品牌芜湖"以及现代物流中心、中国"光谷"、全国重要的先进制造基地、都市型现代农业、城乡统筹发展等,旨在塑造一个秀外慧中、活力四射的经济腾飞与创新激情的城市形象。

4. 大力发展文化会展业,将传播与经济变现紧密结合

这具体包括政府及其相关部门、机关、企事业单位、社会团体、组织等的大型活动,体育赛事、文艺汇演、招商活动、重大盛会、重大节事活动、各类历史文化事件的纪念活动,以及国内外会议(如洽谈会、展览会、交易会、文化交流会、学术交流会、专题研讨会、专题论坛、学术沙龙等)。芜湖在这方面的资源可谓丰富,如皖江城市带承接产业转移示范区核心城市、中国(芜湖)国际茶业博览交易会、中国(芜湖)国际旅游商品博览交易会、中国(芜湖)科普产品博览交易会、中国(芜湖)汽车博览会、中国(芜湖)国际动漫创意产业交易会、中国(芜湖)国际大米产业博览会、"芜湖月·中华情"中央电视台中秋晚会、刘开渠奖国际雕塑大展等。

5. 充分利用各类大众传媒,进行深度传播

具体而言,即策划、制作高水平、高质量、高品位的电视公益广告、电视纪录片、电视专题片、电视宣传片、报刊专题报道等。这些方式拥有得天独厚的优势,在文化产业资源的整合传播与开发中发挥着不可替代的强大功效。这包括以下3个方面的内容:一是积极联系芜湖区域外的"大媒体",包括行政级别更高的中央级媒体、安徽省媒体及我国其他省级媒体、传播范围更广的华语文化圈媒体如香港媒体,邀请他们来合作制作芜湖题材的宣传片、电影、电视剧、纪录片、专题片、综艺节目等,从而使芜湖形象能在更大范围内传播,进而吸引投资实现产业变现。二是联系区域外的、一切有合作意向的各类媒体,实现内容、节目的共享、交换、联合刊播,扩大芜湖的影响和知晓度。三是芜湖本地媒体和有关部门要积极抢占新媒体高地。新媒体使得传播的空间限制极大地被消解,一个行政级别低的媒体如社区报、县级媒体、地级市级媒体也能借助互联网络成为全球媒体,只要其节目、内容具有稀缺性、独特性、优质性,是国内外其他媒体无法替代的,那么这些过去所谓的基层媒体的内容产品也能通过新媒体的快速传播,传遍世界各地。在这样的情况下,芜湖完全可以将自己独特的文化产业资源通过上述传媒作品、产品传遍世界,行销各地。

中央电视台于2005年摄制完成电视纪实专题片《百年明远》,此后,多次在上海电视台、中央电视台以及香港电视媒体播放,已纳入大型纪录片《百年商海》。由于"明远"是中国目前仅存的唯一百年民族电力品牌,加之是由徽商杰出代表吴兴周先生创办的,具有十分重要的历史宣传价值。在制作过程中,芜湖供电公司协助

撰稿和全程采访摄像。①这也在一定程度上传播了芜湖文化资源,传播了芜湖形象,并对芜湖相关产业的发展带来了积极的促进作用。

2013年,中央电视台又来芜湖制作了纪录片《一城一味》,通过这一纪录片,很多芜湖区域外、安徽区域外的人对芜湖的美食文化、自然风光、风土人情、历史文化等有了鲜明的印象。这必将进一步对芜湖文化产业资源的整合传播与开发起到推动作用。

但是,笔者仍然认为区域外的媒体对芜湖文化产业资源的传播及带来的开发作用,是有限的和零散的,要想可持续地传播和开发芜湖文化产业资源,为芜湖文化产业及其他产业发展助力,更主要地还应依靠芜湖本地大众媒体如芜湖广播电视台及其网站皖江明珠网、《大江晚报》及芜湖新闻网等持续不断地制作相关的内容、节目。目前,芜湖电视台制作了一档本土文化谈话栏目《鸠兹三人行》,先后制作播出了芜湖"非遗"系列、鸠兹符号系列、芜湖名人录系列节目,并将节目传到了优酷网,很多网民点击观看甚至下载,对全面传播芜湖文化产业资源、传播芜湖形象起到了重要作用。《大江晚报》的《鸠兹钩沉》栏目梳理传播了芜湖的历史文化资源,《公益慈善》专版对传播芜湖人的公益慈善精神、塑造芜湖的美好形象等,都起到了非常积极的作用。

四、结　语

芜湖是一个美丽富饶的热土,是《诗经》里鸠鸟聚集、关关鸣啭的地方。芜湖文化产业资源丰富,只要善加利用、善加传播,芜湖文化产业资源的整合传播与开发必然前景灿烂。

---

① 新浪财经.《百年明远》入选大型纪录片《百年商海》[EB/OL].[2019-11-05].http://finance.sina.com.cn/chanjing/b/20070319/08211273068.shtml.

第八章　宣城市文化产业资源的整合传播与开发

宣城位于安徽省东南部,与江浙两省接壤,是东南沿海沟通内地的重要通道,辖宣州区、郎溪县、广德县、泾县、绩溪县、旌德县,代管县级宁国市。宣城历史悠久,人文荟萃,自古便有"南宣北合"一说。它地处皖南山区和长江下游平原的结合部,与黄山、九华山相接,风景优美,资源丰富,拥有深厚的文化底蕴。

一、宣城市资源概述

宣城自西汉元封二年(公元前109)设郡以来,历代为郡、州、府、路所在地,范晔、谢朓、沈括、文天祥等先后任宣城太守。宣城也是诗人梅尧臣、数学家梅文鼎、红顶商人胡雪岩、新文化运动旗手胡适、徽墨名家胡开文、学者吴组缃、书法家吴玉如、书画家吴作人的故乡。

宣城境内有国家文物保护单位8处、省市重点文物保护单位100多处,众多的人文遗迹,使得这座古城不仅赢得"上江人文之盛首"的赞辞,而且因谢朓、李白、杜牧等人的大量歌咏,享有"宣城自古诗人地"的美誉。宣城所辖绩溪县为国家级历史文化名城,徽文化的核心区,徽文化的发祥地之一。①泱泱大郡,为文化发展创造了一个"一览众山小"的大气候。历史文化底蕴丰厚的宣城,自然也随之形成了丰富的文化资源。同时宣城地区风光旖旎,物产丰富,自然资源丰富,这就决定了宣城市具有种类丰富、品质优良的文化产业资源。

因此,需要对宣城市的文化产业资源进行分析,继而有效地进行资源的整合传播与开发,使宣城市的经济建设、文化建设、生态文明建设等事业迅猛发展,为宣城乃至安徽的形象传播、各项建设事业发挥重要作用。

---

① 宣城市人民政府网—宣城概况. http://www.xuancheng.gov.cn/portal/zjxc/intro/xcgk/A09020113index_1.htm.

二、宣城市文化产业资源的资料整理与分析

(一) 资料收集整理

本章的资料收集主要是基于宣城市的文化资源整合,通过多种途径得到相关资料,具体有:

(1) 由安徽省地方志编纂委员会编写的《安徽省志》,内容较权威;

(2) 清光绪年间编撰的《宣城县志》(上、下)以及由宁国县地方志编纂委员会编纂的《宁国县志》;

(3) 宣城市人民政府网对于宣城市的文化资源分类清晰,内容丰富,得到的资料相对较全;

(4) 从中国期刊网、维普资讯等期刊全文数据库搜索得出的相关论文;

(5) 关于宣城市文化研究的专著以及其他相关资料。

从上述4个方面得到宣城市文化资源的相关资料,进行整理、整合、分析,得出宣城市从历史发展到现在的具体状况,把宣城市文化资源待分析的资料命名为"宣城市文化产业资源的资料清单"(表8.1)。

表8.1 宣城市文化产业资源的资料清单[①]

序号	详细的资料记录	概念
资料a_1	宣城一带在商周时就有了古代文明,根据出土的古代石器和陶器,这里应属于长江下游的良渚文化扩张区。从市郊的国家一级文物保护单位陈山文化遗址,我们可以看到,早在80万年前,就有劳动人民在此生生不息。在悠悠历史长河的孕育中,宣城沉淀了深厚的文化底蕴,被誉为"上江人文之盛首""宣城自古诗人地"。历史上范晔、谢朓、沈括、文天祥等先后出守于此,李白、韩愈、白居易、杜牧等相继来此寓居、游览、歌咏,其中,李白7次来宣城游历,观赏江山美景,赋诗抒情,现存诗篇达43首。范晔任宣城太守期间,撰成了《后汉书》纪传九十卷(十志未及完成)。自西汉时起宣城就一直是江东大郡;晋永嘉年间,关中河洛地带的衣冠名士为避战乱,南渡长江,侨居于此,首开宣城文化昌盛之风;历经六朝、隋、唐、宋、元、明、清诸朝,文脉源远流长,是江南乃至全国的文化中心之一	A1历史文化

---

① 表格中的资料收集部分来源于:安徽省地方志编纂委员会,《安徽省志》、《宁国县志》、《宣城县志》(上、下)以及宣城市人民政府网。

续表

序号	详细的资料记录	概念
资料 a_2	说起宣城的民俗,首先要说的就是庙会了。宣城各县市区均有庙会,比较著名的有广德祠山庙会,其规模最大;郎溪县庙会资源丰富,既有千百年历史的梅渚镇传统庙会,又有与九华山地藏菩萨诞日同一天举行的石佛山庙会,其规模与形式在当地都颇具影响。绩溪原属古徽州,民间风俗具有"徽文化"的代表特征。该县仁里村"花朝庙会"规模盛大,热闹非常。此外,各地还有观音会、土地会等各种形式的庙会。 宣城的风俗区别于江北,很大程度上保留了江南的习俗,比如会在农历四月初八吃乌饭和乌饭粑粑,本地人不过"三月三";端午节包的粽子异于江北的粽子,为菱角粽子。还有农历六月六水阳江边放荷灯,绩溪地区在"芒种"节气之后举行安苗节等	A2民俗文化
资料 a_3	传统工艺的延续是中国传统文化传承的标志,而宣城的传统工艺代表就是宣纸制作工艺。被称为"造纸活化石"的宣纸起源于唐朝,历代相沿,宣纸有易于保存、经久不脆、不会褪色等特点,故有"一纸寿千年"之誉。郭沫若评价宣纸为:"宣纸是中国劳动人民所发明的艺术创造,中国的书法和绘画离了它便无法表达艺术的妙味。"由此可以看出宣纸的地位,而宣纸最重要的制作工艺,也在历代传承,与宣笔、徽墨的制作工艺一样,让宣城的历史文化染上浓重的墨香。还有皖南木雕、竹编工艺、纸塑等宣城特有的传统工艺,都具有重大的历史文化价值	A3传统工艺
资料 a_4	宣城是环太湖旅游区和安徽"两山一湖"(黄山、九华山、太平湖)旅游区的重要组成部分,是皖南国际文化旅游示范区的核心区。这里既有浑然天成的自然景观,也有历史沉淀下的人文景观,有被称为"天下四绝"之一的太极洞、"江南诗山"敬亭山、世界珍稀动物扬子鳄自然保护区,还有新四军军部旧址、旌德江村、绩溪胡氏宗祠等大量人文景观和名胜古迹,境内4A级景区有11处,已成为旅游观光的热点地区。这些旅游资源引来无数文人墨客在此挥笔泼墨,吟诗作画,留下了珍贵的文人墨宝。在2007年首届中国旅游论坛上,宣城市被评为全国"最佳旅游休闲城市"。2009年,宣城市被安徽省政府宣布为皖南国际旅游文化示范区,被国家旅游局授予"中国优秀旅游城市"称号	A4旅游资源

续表

序号	详细的资料记录	概念
资料a_5	宣城地处江南，雨水充沛，山川秀丽，生态环境优越。长江下游2条一级支流水阳江、青弋江，由南向北奔流，三大湖泊南漪湖、青龙湖、太平湖东、中、西依次分布。境内有国家级自然保护区2个、省级自然保护区1个、国家森林公园5个，森林覆盖率近55%，部分山区森林覆盖率近80%，全年二级以上的空气指数天气达360天以上，是安徽省生态环境质量优良的3个省辖市之一。浑然天成的秀丽山河，纯天然的生态环境，都能让人们对宣城的自然景观充满向往	A5自然景观
资料a_6	宣城人文胜迹遍布。临风怀古，有江南四大名楼之一谢朓楼；现存敬亭山麓的广教寺双塔，以其对唐塔风格的继承与革新，成为全国仅存，因而被列为国家级保护文物；有以明清古民居称誉海内外的绩溪龙川古镇；有为纪念皖南事变新四军将士殉难50周年而修建的皖南事变烈士陵园；还有很多名人故居、徽派建筑风格的古镇，实在是不胜枚举	A6人文景观
资料a_7	饮食作为一项特殊的文化资源，往往能得到很多的青睐，宣城的特色美食以土特产和糕点为主，最盛行的饮料要数茶，还有不得不提的宣酒。在饮食习惯方面，城乡日常普遍喜欢吃时鲜蔬菜，也兼食一些腌制的菜品，如豆腐乳、辣椒酱、萝卜干、生姜、蒜头、豇豆、大白菜、雪里红等。宣城还有很多特色小吃，如麻酥糖，味甜而酥，口感松软不黏牙；如绩溪菜糕，香气扑鼻，松软可口；还有鸭脚包、火烧冬笋、徽州炒面等，口味齐全，种类繁多。除了地道的宣城特色菜之外，还可以品尝到其他菜系的名菜。宣城还会定期举办美食文化节	A7饮食文化
资料a_8	"宣城宣酒醉江南"，宣酒是宣城的特色产品之一，李白的一首《哭宣城善酿纪叟》使宣酒名声大噪。宣酒的小窖酿造工艺并不是把宣酒变成了水，真正的宣酒之美，是在于品味之后能品出其美、其绵、其柔，能品出其在于"似醉非醉"之间，能品出一个文人的胸怀，能品出宣城的酒历史和酒文化。回味宣酒的味道，其所深藏的无疑是历史和文化的厚重与广博	A8酒文化
资料a_9	宣城市位于皖南山区与沿江平原结合地带，地貌复杂多样，为"六山、一水、二分田、一分道路和庄园"。复杂多样的地貌和四季分明的自然气候条件，孕育了丰富多样的宣城特产。比较有名的土特产有南湖银鱼、水阳河蟹、水东蜜枣、宣纸、广德毛竹、板栗、宁国山核桃，以及以敬亭绿雪、涌溪火青为首的绿茶系列	A9地方特产
……	……	……

（二）资料分析

1. 开放性译码分析

开放性译码是指将资料记录逐步进行概念化和范畴化，即根据一定原则将大量的资料记录加以逐级缩编，用概念和范畴来正确反映资料内容，把资料记录以及抽象出来的概念打破、揉碎并重新综合的过程。开放性译码的目的在于指认现象、界定概念、发现范畴。①

表8.1对宣城市的基本文化资源进行了具体的梳理，之后要对宣城市的具体文化资源进行范畴化，确保从概念到范畴的提炼、操作、转化的科学性与准确性。对宣城市文化产业资源开放性译码分析的详细过程如表8.2所示。

表8.2　宣城市文化产业资源的开放性译码分析

宣城文化产业资源资料记录	开放性译码				
	概念化	范畴化	范畴的性质	性质的维度	结论
资料a_1	a_1历史文化	1.由概念a_1,a_2,a_3范畴化为:文化(A1)	1.文化性质: 文化特色 文化根基 文化影响	1.1鲜明/模糊 1.2深厚/浅薄 1.3大/小	鲜明 深厚 很大
资料a_2	a_2民俗文化				
资料a_3	a_3传统工艺				
资料a_4	a_4旅游资源	2.由概念a_4,a_5,a_6范畴化为:旅游资源(A2)	2.旅游性质: 旅游资源丰富 旅游资源条件 旅游资源的美誉度	2.1丰富/贫乏 2.2好/差 2.3好/差	丰富 很好 很好
资料a_5	a_5自然景观				
资料a_6	a_6人文景观				
资料a_7	a_7饮食文化	3.由概念a_7,a_8,a_9范畴化为:美食(A3)	3.美食性质: 美食知名度 美食美誉度 美食企业	3.1高/低 3.2好/差 3.3多/少	较高 很好 较多
资料a_8	a_8酒文化				
资料a_9	a_9地方特产				
资料a_{10}	a_{10}"江南诗山"敬亭山	4.由概念a_{10},…,a_{13}范畴化为:美景(A4)	4.美景性质: 知名度 美誉度	4.1高/低 4.2好/差	较高 较好
资料a_{11}	a_{11}文房四宝之乡				
资料a_{12}	a_{12}文化遗产				
资料a_{13}	a_{13}中国优秀旅游城市				

① 张燚,刘进平,张锐.基于扎根理论的城市形象定位与塑造研究:以重庆市为例[J].旅游学刊,2009(9):55-56.

续表

宣城文化产业资源资料记录	开放性译码				
	概念化	范畴化	范畴的性质	性质的维度	结论
资料a_{14}	a_{14} 宣纸文化园	5. 由概念 a_{14}, a_{15}, a_{16} 范畴化为:休闲(A5)	5. 休闲性质: 休闲娱乐资源	5.1 丰富/贫乏	丰富
资料a_{15}	a_{15} 绩溪龙川古镇		休闲娱乐条件	5.2 好/差	较好
资料a_{16}	a_{16} 避暑		休闲娱乐方式	5.3 丰富/贫乏	丰富
资料a_{17}	a_{17} 名牌产品	6. 由概念 a_{17},…, a_{20} 范畴化为:品牌(A6)	6. 品牌性质: 产业竞争力	6.1 强/弱	较强
资料a_{18}	a_{18} 行业标志性品牌		经济规模	6.2 大/小	较大
资料a_{19}	a_{19} 驰名商标		知名品牌数量	6.3 多/少	较多
资料a_{20}	a_{20} 区域品牌				
资料a_{21}	a_{21} 经济技术开发区	7. 由概念 a_{21},…, a_{24} 范畴化为:经济(A7)	7. 经济中心性质: 经济发展潜力	7.1 大/小	较大
资料a_{22}	a_{22} 产业一体化		区域产业竞争力	7.2 强/弱	较强
资料a_{23}	a_{23} 皖江经济带		产业支撑面	7.3 广/窄	较广
资料a_{24}	a_{24} 交通枢纽				

通过表8.2的分析结果可以看出对宣城市文化产业资源的开放性译码分析过程,最终从资料中挖掘出24个概念和7个范畴。这些概念大多是根据宣城市的具体文化资源命名的,还有一些通过文化资源延伸的概念,参考了其他地区文化资源研究的相关资料,以及一些文献研究结果。由于24个具体概念数量太多,因此重点对7个范畴进行解析。

通过开放性译码分析得出的7个范畴分别是文化(A1)、旅游资源(A2)、美食(A3)、美景(A4)、休闲(A5)、品牌(A6)、经济(A7),下面对这7个范畴进行具体分析。文化(A1)主要是由宣城特有的历史文化、民俗文化和传统工艺组成的,这几种文化形式是宣城文化中具有代表性的,能够有效地突出宣城悠久的历史、独特的民俗、珍贵的传统工艺,这些都是宣城文化的精华所在。旅游资源(A2)是指宣城市丰富的旅游资源,包括自然景观和人文景观。从古至今,宣城的旅游景观引来无数文人墨客在此停伫,美丽的自然风景和具有深厚文化底蕴的人文景观让人们流连忘返。美食(A3)包含了宣城的饮食文化、酒文化、地方特产等,自古文人雅士都有饮酒、尝糕点、赏风景、泼墨挥毫的兴致,宣城拥有香醇的宣酒、酥脆的糕点、优美的风景,自然为人们所青睐,成为宣城独特的饮食文化。美景(A4)是由宣城市具体景点所组成的,一系列的文化遗产以及各处具体的旅游景点,为宣城市赢得了

"文房四宝之乡""中国优秀旅游城市"的殊荣。休闲(A5)是指宣城特有的宣纸文化园、绩溪龙川古镇等带给人们的休闲享受。这些地方拥有深厚的文化底蕴，给人们带来不一样的视觉和心理冲击，使人们更多地了解到宣城的文化内涵。宣城还有很多山区峡谷可以供人们避暑，在炎炎夏日不失为一个很好的去处。品牌(A6)是由宣城的名牌产品、区域品牌、行业标志性品牌组成的。"宣"本身就是宣城最大的品牌，并且发展了很多相关产业，宣纸、宣笔、宣酒、徽墨等不自觉地就为宣城打上了独有的商标。经济(A7)包含了宣城有效的经济发展手段，以及能够促进经济发展的区位因素，抓住建设皖江城市带承接产业转移示范区和皖南国际旅游文化示范区这一历史性机遇，积极发展宣城经济。

2. 主轴译码分析

主轴译码分析是指将开放性译码分析中所抽象出来的各项范畴联结在一起，其具体运用了这样一个典范模型：因果条件→现象→脉络→中介条件→行动/互动策略→结果。典范模型是扎根理论方法的一个重要分析工具，用以将范畴联系起来，并进一步挖掘范畴的含义。利用产生某个事件(主范畴)的条件、这个事件所依赖的脉络(也就是该范畴性质的具体维度指标)以及在事件中行动者采取的策略和采用的结果，有助于更多、更准确地把握该事件(主范畴)。[①]表8.2由开放性译码分析得出宣城市的文化资源范畴，运用典范模型的分析方法，可以从7个具体范畴(文化、旅游资源、美食、美景、休闲、品牌、经济)归纳得出宣城文化资源的4个主范畴，即中国文房四宝之城(B1)、中国优秀旅游城市(B2)、江南诗城(B3)、中国品牌城市(B4)。其中，"中国文房四宝之城"是由文化1个范畴和历史文化、民俗文化、传统工艺3个概念组成的；"中国优秀旅游城市"是由旅游资源、美食2个范畴和旅游资源、自然景观、人文景观、饮食文化、酒文化、地方特产6个概念组成的；"江南诗城"是由美景、休闲2个范畴和"江南诗山"敬亭山、文房四宝之乡、文化遗产、中国优秀旅游城市、宣纸文化园、绩溪龙川古镇、避暑7个概念组成的；"中国品牌城市"是由品牌、经济2个范畴和名牌产品、行业标志性品牌、驰名商标、区域品牌、经济技术开发区、产业一体化、皖江经济带、交通枢纽8个概念组成的。

3. 选择性译码分析

通过前面对原始资料的分析整合，读者对宣城市的文化资源有了一定的了解，从最初的"文化、旅游资源、美食、美景、休闲、品牌、经济"7个范畴，到后面深入分析得出中国文房四宝之城、中国优秀旅游城市、江南诗城、中国品牌城市4个主范畴，最终发现宣城市最主要的文化产业资源是文化休闲娱乐、文化旅游资源，并且很多项目已经有了一定的知名度，在整合开发的过程中会有更多的优势，达到更大

---

① 张燚，刘进平，张锐. 基于扎根理论的城市形象定位与塑造研究：以重庆市为例[J]. 旅游学刊，2009(9)：57.

的传播效果。

因此,可得出以下基本结论:宣城市的整体定位就是"中国文房四宝之都",次级形象定位是"笔墨纸砚之都、江南诗城、中国优秀旅游城市、中国品牌城市"。

三、宣城市文化产业资源的整合传播与开发策略

(一) 文化产业资源的整合传播与开发方向

从前面对宣城市文化产业资源的具体分析,可以看出宣城的各类资源非常丰富,可以进行下列渠道的整合传播与开发:

(1) 宣城市无论是自然旅游资源还是人文旅游资源都能够自成体系,可以将自然景观、人文景观、民俗文化、地方特产、文化遗产、传统工艺等整合起来,大力发展文化旅游业,而现在宣城市是皖南国际文化旅游示范区的核心区,正拥有大力发展文化旅游的天时地利人和条件。

(2) 笔墨纸砚这文房四宝的生产则既可以在文化旅游业中作为地理标志产品进行传播和销售,也可以通过专门的文化用品生产这一文化产业管道在省内外、国内外进行营销。

(3) 这文房四宝也可以和整个徽文化地区的传统工艺比如木雕、石雕、砖雕、墨雕相结合,在工艺美术品生产这一渠道进行产业开发。

(4) 大量的历史名人、文化名人、江南诗山等文化资源,则可以通过节庆传播、媒介事件传播进行传播,并通过影视剧拍摄等进行广播电影电视节目制作这一渠道的开发。

(二) 文化旅游业的具体操作策略

同时,鉴于宣城市及其周边地区拥有丰富的山水资源、文化资源,文化旅游业可以作为宣城市文化产业资源整合传播和开发的重点内容。

(1) 将旅游资源与宣城的"宣"文化结合起来。一个城市拥有丰富的历史文化资源是这个城市文化品位的重要表现,更是最独特的文化资源优势。宣纸的命名就来源于地名"宣",可谓是非常具有地方特色的文化产业,也是宣城的形象代表之一。在2008年8月8日北京奥运会开幕式上,开篇特有的中国文化符号——造纸篇,令世界震惊。很多人可能并不知道,这个开幕式的造纸场景是安徽泾县宣纸作坊的"缩影"。以泾县宣纸为代表的中国传统文化通过这样一种方式呈现在世人面前,是对宣城宣纸价值的极大肯定。2010年,以"百年世博与千年宣纸"为主题的

红星宣纸在上海世博会上亮相。4月28日,由中国宣纸集团公司出品、上海世博会事务协调局授权制造的"世博特许商品"——"世博宣纸""世博宣纸扇""五色信笺"面世;6月1日,设在上海世博演艺中心内的"红星宣纸专卖店"开业;6月23日,宣纸传统制作技艺在宝钢大舞台一展风采。①

由此可以看出宣纸的重要性以及宣纸对于宣城的重大意义,因此将以宣纸、宣笔为代表的"宣"文化,与旅游资源相结合是可行的。可以开发以宣纸、宣笔、徽墨等传统工艺的制作为主的旅游专线,在宣城市宣纸文化园开设相关体验项目,让人们近距离接触这些传统工艺以及它们所蕴含的传统文化。

(2) 将宣城特色的人文景观和自然景观紧密结合,拓展内涵发展乡村旅游、民俗文化游。这里可以将宣城的民俗文化、饮食文化、酒文化、地方特产与乡村自然风光资源紧密结合,统筹安排。如今"农家乐""民宿"已经非常流行,常常和"生态旅游""愉悦精神""返璞归真"等词汇一起出现。宣城的乡村旅游资源也很丰富,应该用好田园风光、乡风民俗、古村落群等特色旅游资源,大力发展观光型、文化型、生态型、学习型和名人故里的乡村旅游产品;建设好以宣木瓜、山核桃、生态观光为代表的农业旅游项目,树立一批旅游乡镇示范点和农家乐示范点,着力提高乡村旅游的服务质量和水平。

前面所列表8.2中,宣城的民俗文化资源非常丰富,但是民俗的时令性特征很明显,如果单独开展民俗游,可能会出现只有在民俗日当天及前后几天有游客,而民俗日之后相关地区便车马稀疏的情况,因此要将宣城各地庙会、端午节庆、芒种安苗节等民俗的集中性表演所带来的民俗游,和利用这些民俗区域的饮食文化、酒文化、地方特产、乡土风光整合的农家乐、乡土游结合起来,从而实现民俗地区集中性民俗文化游和平时的常规乡土休闲游结合的常规配置,实现这些区域文化旅游业的常态化。

(3) 大力宣传宣城的古典诗歌文化,发展拥有大量诗歌的自然旅游景观。有"江南诗山"美称的敬亭山,就是一个诗歌文化与自然景观相结合的典型地。南齐诗人谢朓的《游敬亭山》中有"兹山亘百里,合沓与云齐,隐沦既已托,灵异居然栖"的描绘;唐代李白先后7次登临,留有"相看两不厌,只有敬亭山"的盛赞。自南齐谢朓以来,先后300多位诗人墨客登临此山赋诗作画,留下诗文600多篇,为名副其实的"江南诗山",以敬亭山为代表的宣城诗歌文化光芒四射,再加上敬亭山绵延十余里的山体、浑然天成的自然景色,很好地体现了宣城诗歌文化与自然旅游景观的结合。要加强对敬亭山的宣传力度,如可以拍摄相关纪录片;加大政府支持力度,努力将敬亭山打造成国内外知名的诗歌文化自然旅游胜地。还可以对其他拥有此资源的地方进行开发,多增加几个类似敬亭山这样的景点,形成相关旅游链,增加

---

① 吴冰冰,金定海,朱音,等.宣城城市品牌塑造与传播[J].广告大观(综合版),2010(11):129.

宣城旅游文化资源的影响力。

（4）打造精品，抓线路整合。进一步打破县市区行政区域界限，以生态旅游、红色旅游和文化旅游为三条主线，整合一批市内精品旅游景区点；针对南京、上海、合肥等客源市场进行整合，将各地有特色的著名旅游景点合成相关旅游路线，组织周边游，使游客可以分多次游玩不同城市的景点，打造精品多日游路线。

四、结　语

宣城是中国文房四宝之都，国际山水园林城市，因为谢朓、李白等历代诗人文豪的吟咏又有"江南诗山"敬亭山，有独一无二的扬子鳄养殖基地，各类名优特产名扬天下。当前，要大力利用各类传播手段进行宣城文化产业资源的传播，尽快全面提升宣城的知名度，也要与周边的徽文化区、皖南文化区进行各类资源的整合传播与开发，更要与长三角地区开展紧密合作，多资源整合，多传播手段整合，跨地区整合。

第九章　黄山市文化产业资源的整合传播与开发

黄山及其周边地区的徽文化是安徽文化的主要名片，黄山茶是安徽茶的主要代表，黄山是中国5A级旅游景区、国家级风景名胜区、全国文明风景旅游区示范点，是中国最美的、令人震撼的十大名山之一，在"中华十大名山"排名中居第四位，是安徽省主要旅游目的地。作为名山的黄山，是黄山市的核心文旅资源，但黄山市不只是名山"黄山"，黄山市是古徽州地区（除已划入江西省上饶市的婺源县、划入安徽省宣城市的绩溪县）的大部分，1987年废除徽州建制，以境内山岳"黄山"之名设立地级市。

一、黄山市资源概述

黄山市位于安徽省最南端，介于东经117°02′~118°55′和北纬29°24′~30°24′之间。南北跨度1°，东西跨度1°53′。西南与江西省景德镇市、婺源县交界，东南与浙江省开化、淳安、临安县为邻，东北与本省宣城市的绩溪、旌德、泾县接壤，西北与池州市的石台、青阳、东至县毗邻。全市总面积9807平方公里。

黄山文化系中国三大地域文化之一徽文化的重要组成部分，它以黄山区域内的宗教、文学、艺术、建筑和饮食等为载体，博大精深，源远流长。据文献记载，黄山文化已有四五千年的历史，而我们所熟知的徽文化主要是指宋宣和三年（1121）设立了徽州府后才全面崛起的文化，因而黄山文化又可称作徽文化的先声。

作为古徽州的所在地，黄山市行政区域内历代名人辈出，历史文化十分发达。朱熹、朱升、程敏政、汪机、戴震、黄宾虹、陶行知、苏雪林等在历史上具有重要影响。新安理学、徽州朴学、新安医学、徽商、徽剧、徽派建筑、徽派版画、徽派篆刻、新安画派、徽派盆景等经济文化流派构成的徽州文化博大精深，源远流长。

黄山市得天独厚的文化资源和自然资源是发展文化产业的比较优势，丰富多彩的区域传统文化是优化黄山市经济增长模式的最好选择。对当地的文化产业资源整合后进行有效传播,不仅可以保护和发展区域传统文化资源,亦有利于提升黄山市区域文化资源的附加值,打造出城市形象的文化品牌。本章将通过扎根理论的研究方法,对黄山市的文化产业资源进行整理和分析,得出有效的文化产业资源整合传播与开发的策略建议,助力黄山市区域文化产业资源的传播与开发。

二、黄山市文化产业资源分析

(一) 资料收集与整理

笔者通过实地访谈、查阅古籍文献、网络媒体搜寻等方式尽可能搜集了黄山市相关的历史文化与当代城市文化、当前文化产业发展现状及未来文化产业发展可行性趋势、黄山市城市自身已经塑造的城市基地现状、多方利益相关者对黄山市区域文化资源的优劣分析等资料。具体整理如下:① 通过实地文化名胜调研、公务人事访谈获取了关于黄山市区域文化资源的第一手资料,包括古村落、古遗址、古建筑、博物馆、纪念地等历史文化遗存下的黄山市风物资源状况;② 通过查阅存留的古籍文献、文物考查追溯,收集了其历史文化的发展脉络、历史故事典型、政权建制更迭、文人名士等能体现区域社会进程的资料遗存;③ 通过选择比较可靠的电视、网络媒体搜集整理出关于黄山市的历史沿革、区域现有资源利用、自然环境形成、物产资源的存储相关资料;④ 收录关于黄山市文化产业对现在的城市塑造实践,包括城市名片、旅游资源的开发、大型主题活动的承办、城市公关的媒体宣传、政府的发展规划等;⑥ 从期刊、出版书籍等信息数据库搜集黄山市传统文化与现代发展的相关文章、评论等。最后通过对以上数据进行整理、分析、整合、归类、质证,将数据结果详细划属于黄山市区域可利用整合的资源及潜在可深挖开发的传统文化资源,并对数据在概念范畴上进行系统的逐级整编缩简,继而编码(表9.1)。

表9.1 黄山市文化产业资源的资料清单

序号	详细的资料记录	概念
资料 a_1	黄山市历史悠久,远在六七千年前,即公元前51世纪,我国母系氏族社会的后期,人类就已经在这片美丽富饶的山区劳动生息了。在距今三四千年的殷商时期,这里居住着一支叫山越的先民。山越乃百越中的一支。在春秋战国时期,这里先属吴,吴亡属越,越属楚。秦始皇统一六国之后,实行郡县制,这里为会稽郡属地。南朝时开始设置新安郡,郡府搬迁又始终未离开新安江上游,徽州古	A1历史沿革

续表

序号	详细的资料记录	概念
资料 a_1	称新安,其源盖出于此。宋代徽宗宣和三年五月二十四日(1121),歙州被诏改为徽州。关于徽州名称的起源,一说因其境内有徽岭、徽水、大徽村等,州则因地得名;另一说赵宋王朝是取"徽者、美善也"之意,炫耀他对这一地区的失而复得。此二说并存了800多年,州名亦被历代沿用至今,清康熙六年(1667)建省的时候,就是摘取安庆、徽州二府首字作为省名的	A1历史沿革
资料 a_2	黄山市历史文化源远流长,文明的源头可以追溯到距今5000多年前。从歙县、祁门等地出土的文物表明,今黄山市一带早在旧石器时期就已有先民生活。而在新石器时代,这里的先民们已创造原始土著文化。1959年至1975年,屯溪西郊弈棋村附近先后发现8座土墩墓,出土一批青铜器、陶器、原始瓷器、玉石件和漆器残件等,经文物考古工作者研究,这些墓葬的时代是西周时期。根据墓葬形式和器物分析,应属于当时生活在这里的古越族,说明在3000多年前,这一带古越文化已相当发达。春秋战国时期,这片地域先属吴,吴亡属越,越亡属楚,直至秦王嬴政二十四年(公元前223)灭楚。但这些都只是地域上的归属,并非实质性的管辖。种种迹象表明,在今天黄山市及其周边地区,当时仍属于相对独立的古越土著的势力范围	A2文化源流
资料 a_3	黄山市具有优越的自然条件,蕴孕着丰富的水资源和森林资源。新安江是全市的主要河流,属于钱塘水系,东流至街口附近,便直奔浙江省而去,干流自歙县流至街口,长约44公里,其集水面积有5944平方公里。除新安江以外,境内还有发源于黄山北坡的青弋江,北流入长江,发源于黄山南坡西段的阊江,南流入鄱阳湖,均属长江水系。位于青弋江上游的太平湖,波光潋滟,山色空蒙,恬静,明丽,妩媚而动人。全市自然分布着700多种树木,加上引种培育的树种,共有1000多种之多。其中,经济价值较高的约有1000种,属于国家重点保护的珍贵树种有香果树、红楠、花榈木、红椿;省定保护木种有金钱松、南方铁杉、三尖杉、银杏、掌楸、黄山木兰、樟树、天目木姜子、连香权、领春木、天女花、青钱杉和中华猕猴桃等15种;还有黄山松、华东黄杉、红豆杉、光皮桦和青檀等树种都很名贵,属于优良建筑用材的树种,有100余种,主要为杉、松、檫、樟、楠、楮、栲等。杉木多分布在休宁流口和溪口,松树多分布于祁门、黟县和黄山区,毛竹主要分布在休宁、黄山区和祁门,其他杂木主要分布在牯牛降和清凉峰,以及祁门、黟县、歙县和黄山区。全市森林覆盖率为73%,木材蓄积量为2400万立方米,毛竹约有5000万根,年产茶叶2.5万吨左右,是华东木材的重要产地和著名的茶叶产区	A3自然资源

序号	详细的资料记录	概念
资料 a_4	黄山市地下埋藏着多种矿物，有大量的石灰岩、花岗岩、瓷土、石英岩，有蛇纹石和石煤等建筑材料，有金、铜、钼、钨、锑、铍、铅、铌、钽、铀等有色金属矿和稀有金属矿物，还有膨润土、砷石、硫、重晶石、水晶等非金属矿产资源。此外，境内有高山密林、崇山峻岭中活跃的飞禽走兽200多种，其中属于国家保护的珍贵鸟兽有20多种，溪河塘坝中的鱼类有120多个品种，包括金丝猴、大灵猫、熊、蕲蛇、短尾猴、猕猴、香狸、獐、白颈长尾鸡、八音鸟、相思鸟等	A4物产资源
资料 a_5	朴学又称考据学，针对理学的空疏而言。朴学主张学问重史实依据，解经由文字入手，以音韵通训诂，以训诂通义理。徽州学者历来注重考证，宋代休宁程大昌著的《禹贡论》《考古编》，引证各家成说，辨析疑难讹误，给后人以很大启发。明末清初，歙人黄生由训诂入手治学，撰《字诂》，钻研文字声义之奥，又撰《义府》，详细考论经、史、子、集，辩证精核，开徽派朴学先河。比黄生稍晚的歙人姚际恒，著《古今伪书考》，被梁启超称为"疑古的急先锋"，不但为清代学者的辨伪工作开启了先河，而且对近代"疑古派史学"的产生有着重大影响。比姚际恒又晚一些的婺源学者江永，一生潜心著述与教学，学识渊博，注重实学，注疏《十三经》，精思博考，提出很多创造性见解，海内学者咸为叹服，主要著作有《古韵标准》《礼经纲目》《深衣考误》。江永的学生程瑶田、戴震、金榜都是徽派朴学的佼佼者。与江永同时同县的学者汪绂，专意以考据治经，涉猎极广，凡乐律、天文、地理、医卜、术数无不精通，著有《参读礼志疑》《易经诠义》《春秋集传》等	A5徽派朴学
资料 a_6	徽派雕刻最为著名的是竹雕、石雕、木雕。明清之际是徽州雕刻艺术发展史上的黄金时代。徽州众多的雕刻能手活跃于明清艺林，以他们的勤劳和智慧，举凡于金石、碑刻、版画、墨模、琢砚、嵌漆、竹刻乃至建筑雕饰，无不给后人留下珍贵的艺术瑰宝。尤其是石雕、木雕、砖雕这三朵奇葩显得更加粲然夺目。石、木、砖雕主要用作建筑装饰。其范围之广，几遍徽州旧辖歙、休、黟、绩、祁、婺六邑，其时间之久，由明入清直至民国，长达三四百年。 　　徽州各地的民居住宅、祠堂、庙宇、牌坊、亭、塔、桥、墓等建筑上的许多构件和局部，都饰以精美的石、木、砖雕。常见的有牌坊、石狮、石马、石鼓、报鼓石、须弥座、鸱吻、角兽、脊饰、座门、门罩、漏窗、梁枋、斗拱、轩昂、雀替、柱、门窗、隔扇、	A6徽派雕刻

续表

序号	详细的资料记录	概念
资料 a_6	檐栏、挂落、栏杆等；其他诸如神龛佛像、家具杂件、民俗用品以及工艺摆设等，也无一不靠石、木、砖三雕增其光辉。尤其是阔绰、考究的建筑，往往"一宇之上，三雕骈美"，从入口到室内、两厢回廊的左右上下，精美的石、木、砖雕饰俯仰即是，美不胜收。可见具有浓郁地方特色的"三雕"在建筑装饰艺术中已独具一格，充分发挥了其在建筑上的实用价值和独特的审美作用，给徽派民间建筑增添了诱人的艺术魅力，大大丰富了中国古代建筑艺术宝库	A6徽派雕刻
资料 a_7	徽州茶道讲究以茶立德，以茶陶情，以茶会友，以茶敬宾，注重环境、气氛，以求汤清、气清、心清，境雅、人雅、器雅。近年来黄山有关部门把古代饮茶的礼规编成一套程序，进行"茶道表演"，深得游客的青睐。这种表演由4个或8个姑娘进行，大致分以下几道程序：静气、烹汤、焚香、涤器、烫盏、赏茶、投茶、洗茶、注汤、敬茶、闻香、观色、品味	A7徽派茶道
资料 a_8	徽派盆景是产生于古徽州地域内的盆景艺术流派，是我国一个古老的盆景艺术流派，在历史上曾为全国五大盆景流派之一（也是八大家之一），在盆坛上享誉数百年之久，以歙县卖花渔村（雄村镇洪岭村）为代表，包括绩溪、休宁、黟县等广大地区。徽州地处新安江上游的黄山与白岳之间，这里山清水秀，气候温和，资源极为丰富。自南宋建都临安（今浙江省杭州市），徽州即以其优越的地理位置，经济、文化都得到了迅速的发展，盆景艺术也为了满足富商大贾、达官显宦的需要而得到与之相适应的发展	A8徽派盆景
资料 a_9	南宋迁都临安，大兴土木，筑宫殿，建园林，不仅刺激了徽商从事竹、木、漆经营，也培养了大批徽州工匠。徽州是"文化之邦"，徽商致富还乡，也争相在家乡建住宅、园林，修祠堂，立牌坊，兴道观、寺庙，从而开始和形成有徽州特色的建筑风格。本地现存的古村落雄村、江村等地的明清民宅，比较集中地体现了徽州建筑风格。古村落选址一般按照阴阳五行学说，周密地观察自然和利用自然，以臻天时、地利、人和和诸吉咸备，达到"天人合一"的境界。村落一般依山傍水，住宅多面临街巷，粉墙黛瓦，鳞次栉比，散落在山麓或丛林之间，浓绿与黑白相映，形成特色的风格。同时有大量的文化建筑，如书院、楼阁、祠堂、牌坊、古塔和园林杂陈其间，使得整个环境富有文化气息和园林情趣。站在高处望村落，只见白墙青瓦，层层叠叠，跌宕起伏，错落有致。在民居的外	A9徽派建筑

续表

序号	详细的资料记录	概念
资料 a_9	部造型上，层层跌落的马头墙高出屋脊，有的中间高两头低，微见屋脊坡顶，半掩半映，半藏半露，黑白分明；有的上端人字形斜下，两端跌落数阶，檐角青瓦起垫飞翘。在蔚蓝的天际间，勾出民居墙头与天空的轮廓线，增加了空间的层次和韵律美，体现了天人之间的和谐。民宅多为楼房，以四水归堂的开井院落为单元，少则2~3个，多则10多个，最多达24个、36个。随着时间的推移和人口的增长，单元还可以不断增添、扩展和完善，符合徽州人崇尚几代同堂、几房同堂的习俗。民居前后或侧旁，设有庭院和小花园，置石桌石凳，掘水井鱼池，植花卉果木，叠果木，甚至叠假山、造流泉、饰漏窗。在内部装饰上力求精美，梁栋檩板无不描金绘彩，尤其是充分运用木、砖、石雕艺术，在斗拱飞檐、窗棂隔扇、门罩屋翎、花门栏杆、神位龛座上，精雕细镂。内容有日月云涛、山水楼台等景物，花草虫鱼、飞禽走兽等画面，传说故事、神话历史等戏文，还有耕织渔樵、仕学孝悌等民情。题材广泛，内容丰富，雕刻精美，活生生一部明清风情长卷，赋予原本呆滞、单调的静体以生命，使之跃跃欲动，栩栩如生。还有众多的明清祠堂、牌坊，建筑风格也颇具特色，与明清民居称为"古建三绝"。许国石坊、北岸吴氏祠堂的石雕《百鹿图》和《西湖风景》，大阜潘氏祠堂的"五凤楼"砖雕和《百马图》木雕，分别体现了徽派"三雕"艺术的最高水平	A9徽派建筑
资料 a_{10}	新安理学是朱子学的重要分支之一，该学派由徽州籍理学家为主干组成，奉祖籍徽州婺源（今属江西）的朱熹为开山宗师，以维护继承、发扬光大朱子学为基本宗旨。新安理学在近700年的发展、演变过程中，大致经历了4个时期：第一是南宋形成时期。这一时期的重要代表人物有朱熹、程大昌、吴儆、汪莘、李缯、程永奇、吴昶等人。他们环护在朱熹周围，精研性理之学，著书立说，确立了学派以朱子学为宗旨的基本原则。第二是宋元之交与元代的发展时期。这一时期的主要代表人物有程若庸、胡方平、胡一桂、许月卿、陈栎、胡炳文、倪士毅、汪克宽等人。他们针对朱熹之后"异说"纷起的学术界状况，致力于维护朱子之学的纯洁性，将排斥"异论"、发明朱子学本旨作为学术研究的重心。同时，元代新安理学家崇尚"气节"，不仕元朝，将精力集中于讲学授徒，培养了一批有一定建树和影响的新安理学学者。此期的新安理学出现了人才辈出、学术研究深化和普及读物大量出现等新气象。第三是元明之际与明代的盛极复衰时期。这一时期的主要代表人物有郑玉、朱升、赵汸、朱同、范准、程敏政、汪道昆、程文德、潘士藻等人。明前期的郑玉、朱升、赵汸等人在批评元代理学家墨守门户、死抱师门	A10徽派理学

续表

序号	详细的资料记录	概念
资料 a_{10}	成说之弊的基础上，先后提出了求"本领"、求"真知"、求"实理"的新的治经主张，并据此指导思想进行学术研究，形成了或"旁注诸经"发明朱子之学，或"和会朱陆"弘扬本门宗旨的不同学术风格。从学术研究的成就和特色来看，这是新安理学发展史上最丰富灿烂的时期之一。明代中后期的新安理学学者因受"心学"影响，阐释朱子之学不力，整个学派出现萎靡不振的衰落迹象。第四是清代终结时期。这一时期的重要代表人物有江永、戴震、程瑶田等人。他们在清初学风的影响下，倡导汉学，培养了一批以考据见长的新安经学家，最终实现了徽州地方学术从新安理学到徽派朴学的转变	A10徽派理学
资料 a_{11}	新安画派，明末清初之际，在徽州区域的画家群和当时寓居外地的主要徽籍画家，善用笔墨，貌写家山，借景抒情，表达自己心灵的逸气，画论上提倡画家的人品和气节因素，绘画风格趋于枯淡幽冷，具有鲜明的士人逸品格调，在17世纪的中国画坛独放异彩。因为这群画家的地缘关系、人生信念与画风都具有同一性质，所以时人称他们为"新安画派"。 最早提出"新安画派"名称的是清朝康熙年间的艺术理论家张庚，张庚之后，人多沿用，"新安画派"遂成定称。新安画派成员众多，力量雄厚。画艺可观者近80人，其中卓然自成一家者约有20人，分为4个层面：先驱程嘉燧、李永昌、李流芳；画派领袖僧渐江；鼎盛期主要成员方式玉、王瘰素、吴山涛、程邃、汪家珍、戴本孝、吴龙、顺田生、程正揆、郑旼、汪之瑞、孙逸、查士标、汪洪度、雪庄；现代后继者黄宾虹	A11徽派画坛
资料 a_{12}	徽州人善歌舞，东晋时新安歌舞就已蜚声海内。明代徽州人对戏剧的嗜好尤甚，各地族社每借祭祀仪礼、婚丧喜庆之际，聚众演戏，甚至在诉讼之后也有罚戏的习俗。徽州在外埠的富商，常以声伎相随，列歌舞、宴宾客。由于徽州戏剧活动较为普遍，观众主要是村镇平民，艺人在演出时，对曲词中那些高深典雅的戏文，往往予以改造，力求通俗。因而，逐步形成徽州戏剧独有的特征。明嘉靖间，徽州艺人在吸收弋阳腔的基础上，形成徽州腔，为徽剧的先声。明末清初，西秦腔等乱弹声腔流入，经过衍变，形成徽调主唱腔吹腔拨子，其后又衍变成二黄腔。清代中期，徽剧风靡全国，形成一个唱、念、做、打并重的完美剧种。清代后期，京剧兴起后，徽剧艺人纷纷改学新腔（京剧），徽剧日渐衰落。但是，徽州部分农村仍然盛行徽剧，所谓"夜不唱京"，凡庙会祭祀，都请徽班演出	A12徽派戏曲

续表

序号	详细的资料记录	概念
资料a_{13}	新安医学是中国传统医学中独树一帜的著名流派。它肇自北宋，盛于明清。自北宋至清末，新安医家有540余人，其中225人撰、辑医学著作460余部，其中部分医籍东传朝鲜、日本。著名医家有北宋的张扩，南宋的张杲，元代的程汝清、王国瑞，明代的程充、汪机、吴正伦、吴昆，清代的程正通、程林、汪昂、吴谦、郑梅涧、汪文琦、程杏轩等。汪机、吴谦分别被誉为明、清四大医家之一。徐春圃的《古今医统大全》、程杏轩的《医述》等，已被列为中国十大古代医著。新安医学包括内、外、妇、儿、喉、眼、伤、疡、针灸、推拿各科，内容丰富，理论系统	A13新安医学
资料a_{14}	位于黄山市境内的黄山风景区，为三山五岳中的三山之一和中华十大名山之一，素有"天下第一奇山"之美称，以奇松、怪石、云海、温泉"四绝"闻名于世，为道教圣地，遗址遗迹众多。徐霞客曾两次游黄山，留下了"五岳归来不看山，黄山归来不看岳"的感叹。李白等大诗人在此亦留下了壮美诗篇。黄山是国家级风景名胜区和疗养避暑胜地，1985年入选全国十大风景名胜，1990年12月被联合国教科文组织列入《世界文化与自然遗产名录》，是继泰山之后中国第二个同时作为文化、自然双重遗产列入名录的。2010年8月7~9日，在云南丽江举行的第三届"世界文化旅游论坛"上，黄山风景区凭借深厚的文化底蕴、独特的旅游资源以及可持续旅游发展方面深远的影响力，经组委会专家组综合审核与评定，被授予"国际精品文化旅游景区"荣誉称号	A14山水文化
资料a_{15}	徽商又称新安商人、徽州商人或"徽帮"，它是旧徽州府籍（歙县、休宁县、婺源县、祁门县、黟县、绩溪县）商人或商人集团的总称。徽人经商，源远流长，早在东晋时就有新安商人活动的记载，以后代有发展，明成化、弘治年间形成商帮集团。明嘉靖以降至清乾隆、嘉庆时期，徽商经营达到极盛。从清道光、咸丰时期至清末民初，徽商渐趋衰落。作为中国商界中的一支劲旅，徽商曾活跃于大江南北、黄河两岸，以至日本、暹罗（今泰国）、东南亚各国和葡萄牙。其商业资本之巨，从贾人数之众，活动区域之广，经营行业之多，经营能力之强，都是其他商帮所无法匹敌的，在中国商界称雄数百年。徽州素称"东南邹鲁"，生于斯、长于斯的徽商，一个显明的特点是："贾而好儒""贾儒结合"。徽商的本质是儒商。徽商研究是徽州文化研究中的"显学"，向为海内外学者所关注。徽商作为一支重要的商帮，其商业资本之巨，活动范围之广，经商能力之强，从业人数之多，在商界首屈一指。徽商以自己的杰出实践实现了雄踞中国300余年事业的辉煌，成为中国封建社会经济发展史上的一大奇迹	A15徽商文化

第九章 黄山市文化产业资源的整合传播与开发

续表

序号	详细的资料记录	概念
资料a_{16}	徽菜菜系又称"徽帮""安徽风味",是中国著名的八大菜系之一。徽菜起源于南宋时期的古徽州(今安徽歙县一带),原是徽州山区的地方风味。由于徽商的崛起,这种地方风味逐渐进入市肆,流传于苏、浙、赣、闽、沪、鄂以至长江中、下游区域,具有广泛的影响。徽菜的形成、发展与徽商的兴起、发迹有着密切关系。徽商史称"新安大贾",起于东晋,唐宋时期日渐发达,明代晚期至清乾隆末期是徽商的黄金时代。其时,徽州营商人数之多,活动范围之广,资本之雄厚,皆居当时商团之前列。宋朝著名理学家朱熹的外祖父祝确,就是当时徽商的典型代表,他所经营的商栈、邸舍(即旅店)、酒肆,曾占居歙州城的一半,号称"祝半城"。明嘉靖至清乾隆年间,扬州著名商贾约有80人,其中徽商就占60人之多;十大盐商中,徽商竟居一半以上。徽商富甲天下,生活奢靡,而又偏爱家乡风味,其饮馔之丰盛,筵席之豪华,对徽菜的发展起了推波助澜的作用,可以说哪里有徽商哪里就有徽菜馆。明清时期,徽商在扬州、上海、武汉盛极一时,上海的徽菜馆一度曾达500余家,到抗日战争初期,上海的徽菜馆仍有130余家,武汉也有40余家。有趣的是,据《老上海》资料称,1925年前后,"泸上菜馆初唯有徽州、苏州,后乃有金陵、扬州、镇诸江馆",而所谓的"苏州"亦指原在姑苏的徽商邰之望、邰家烈迁移到沪开设的天福园、九华园、鼎半园等菜馆。可见徽菜在进入上海市场方面,是先领风骚了。在武汉,徽菜馆的发展也很迅速,据曾觉生在《新中国成立前武汉的徽商与徽帮》一文中介绍:直至中华人民共和国成立后,武汉的徽菜馆仍居饮食市场的首要地位:"可以说是武汉酒菜业中最大的一帮——为人们所欢迎、所光顾"	A16饮食文化
……	……	……

(二) 资料分析

1. 开放性译码分析

开放性译码是指将资料记录逐步进行概念化和范畴化,即根据一定原则将大量的资料记录加以逐级缩编,用概念和范畴来正确反映资料内容,把资料记录以及抽象出来的概念打破、揉碎并重新综合的过程。开放性译码的目的在于指认现象、界定概念、发现范畴。黄山市文化资源和自然资源的开放性译码过程如表9.2所示。

表9.2 黄山市文化产业资源的开放性译码分析

黄山文化产业资源资料记录	开放性译码				
	概念化	范畴化	范畴的性质	性质的维度	结论
资料 a_1	a_1 历史沿革	1. 由概念 a_1, a_2 范畴化为：历史文化（A1）	1. 文化性质：文化特色 文化根基 文化影响	1.1 鲜明/模糊 1.2 深厚/浅薄 1.3 大/小	鲜明 深厚 很大
资料 a_2	a_2 文化源流				
资料 a_3	a_3 自然资源	2. 由概念 a_3, a_4 范畴化为：物质资源（A2）	2. 资源性质：知名度 丰富度	2.1 高/低 2.2 高/低	较高 较高
资料 a_4	a_4 物产资源				
资料 a_5	a_5 徽派朴学				
资料 a_6	a_6 徽派雕刻				
资料 a_7	a_7 徽派茶道	3. 由概念 a_5,…,a_{13} 范畴化为：文化流派（A3）	3. 流派性质：流派特色 流派种类 流派影响度	3.1 鲜明/模糊 3.2 多/少 3.3 高/低	鲜明 多 高
资料 a_8	a_8 徽派盆景				
资料 a_9	a_9 徽派建筑				
资料 a_{10}	a_{10} 徽派理学				
资料 a_{11}	a_{11} 徽派画坛				
资料 a_{12}	a_{12} 徽派戏曲				
资料 a_{13}	a_{13} 新安医学				
资料 a_{14}	a_{14} 山水文化	4. 由概念 a_{14} 范畴化为：山水文化（A4）	4. 资源性质：知名度 丰富度	4.1 高/低 4.2 高/低	高 高
资料 a_{15}	a_{15} 徽商文化	5. 由概念 a_{15}, a_{16} 范畴化为：风土民俗（A5）	5. 风俗性质：特色 影响度	5.1 鲜明/模糊 5.2 高/低	鲜明 高
资料 a_{16}	a_{16} 饮食文化				
资料 a_{17}	a_{17} 中国优秀旅游城市				
资料 a_{18}	a_{18} 十大中国魅力城市	6. 由概念 a_{17},…,a_{25} 范畴化为：城市名片（A6）	6. 名片性质：城市竞争力 产业规模 产业支撑面	6.1 强/弱 6.2 大/小 6.3 广/窄	较强 大 较广
资料 a_{19}	a_{19} 浙商（中国）最佳投资城市				
资料 a_{20}	a_{20} 中部最佳投资(旅游)城市				

第九章 黄山市文化产业资源的整合传播与开发

续表

黄山文化产业资源资料记录	开放性译码				
	概念化	范畴化	范畴的性质	性质的维度	结论
资料 a_{21}	a_{21} 国家园林城市				
资料 a_{22}	a_{22} 世界特色魅力城市200强				
资料 a_{23}	a_{23} 全国双拥模范城				
资料 a_{24}	a_{24} 中国最佳休闲城市				
资料 a_{25}	a_{25} 国家级旅游服务标准化示范市				

从表9.2的分析可以看出,通过对黄山市文化产业资源的开放性译码分析,抽出了25个概念,并由这25个概念范畴化为6个具体范畴。这些概念大多是根据黄山市的具体文化产业资源命名的,还参考了其他地区文化资源研究的相关资料,以及一些文献研究结果。由于25个具体概念数量太多,因此重点对6个范畴进行解析。

通过开放性译码分析得出的6个范畴从A1至A6分别是历史文化、物质资源、文化流派、山水文化、风土民俗、城市名片。历史文化(A1)根植于黄山市的历史沿革和文化源流。东汉、西晋、唐末、北宋4次北方强宗大族的南迁,带来了先进的生产技术和中原文化,使这块土地逐渐成了华夏名区。完全可以说,徽文化是对中原文化的包容整合。南宋以降,这里更是文风昌盛,人文荟萃,被誉称为"东南邹鲁""礼义之邦"。如果说徽州文化的全面崛起始于北宋后期,明清时期达到鼎盛,那么作为一种极富特色的区域文化,它在全国引领风骚已约有800年之久。物质资源(A2)是由黄山市的自然资源和物产资源组成的,黄山市地处皖南山区,属中亚热带北缘,常绿阔叶林、红壤黄壤地带,以山地为主。黄山市属亚热带季风湿润气候区,中低山地大部分为黄壤,山地黄棕壤,土层较厚,石砾含量较高,透水透气性能良好,肥力较高,有利于木、茶、桑和药材生长。丘陵地带多为红壤和紫色土,质地黏重,酸性,肥力很差,但光热条件好,适宜枥松、油茶等生长,山麓盆地与平原谷地多砂壤土,溪河两岸多冲积土,适用于农业耕作。文化流派(A3)是指在各个层面、各个领域所形成的独特流派和风格,构成了徽文化丰富的内涵,如新安理学、徽派朴学、新安医学、新安画派、徽派版画、徽派篆刻、徽剧、徽商、徽派建筑、徽州"四雕"、徽菜、徽州茶道、徽州方言等等。在文化的其他领域，有的虽然没有形成流派，但所出的著名学者和杰出人物，则如秋空繁星，不可胜数。山水文化(A4)是对黄山市的山水资源进行简要说明，来安徽旅游的海内外游客绝大部分是来攀登黄山，游黄山风景区，它的山水奇秀之美无需多说。风土民俗(A5)是从黄山市区域文化入手，通过回溯娱乐休闲美食等资源优势对文化资源的影响及形成的民俗竞争力，从而对黄山市区域文化资源进行整合传播。城市名片(A6)是黄山市政府现在已经规划出建构的城市战略及所获得的城市荣誉，作为文化产业资源发展所需要的物质性基础，黄山市需要打造一条适应自己特色的经济发展之路，也反映出其城市规划的继续发展目标。

2. 主轴译码分析

主轴译码分析是指将开放性译码分析中所抽象出来的各项范畴联结在一起，其具体运用了这样一个典范模型：因果条件→现象→脉络→中介条件→行动/互动策略→结果。典范模型是扎根理论方法的一个重要分析工具，用以将范畴联系起来，并进一步挖掘范畴的含义。利用产生某个事件(主范畴)的条件，这个事件所依赖的脉络(也就是该范畴性质的具体维度指标)以及在事件中行动者采取的策略和采用的结果，有助于更多、更准确地把握该事件(主范畴)。[①]根据表9.2得出的分析结果，以及运用典范模型的分析方法，从6个具体范畴（历史文化、物质资源、文化流派、山水文化、风土民俗、城市名片）中归纳得出黄山市文化产业资源的4个主范畴，即中国优秀旅游城市(B1)、国家园林城市(B2)、中国最佳休闲城市(B3)、十大中国魅力城市(B4)，最终得出黄山市文化产业资源的整合传播与开发应该以历史文化资源与旅游资源为主的结论。

三、黄山市文化产业资源整合传播与开发的策略建议

黄山市以旅游立市，但长期以来旅游业靠的是自然风光，文化内涵还没有深植进旅游业的内核。虽然有西递、宏村被列入世界文化遗产，成为中国魅力乡镇，有徽州古城、屯溪老街，有大量古民居散落于黄山市各地，但是游客在观光过程中对文化的体验与欣赏层次离徽文化的深度还有万里之遥。所以，当下在黄山市必须大力发展以文化旅游业为核心的文化产业，同时要注意以下3个原则：

一是以地方文化底蕴为根本。黄山市文化产业资源的开发与发展必须植根于

[①] 张燚，刘进平，张锐. 基于扎根理论的城市形象定位与塑造研究：以重庆市为例[J]. 旅游学刊，2009(9):56-57.

徽文化的厚重底蕴,在文化与审美的内涵上,既保持对传统特色的传承,又注重在传承中突破传统,展现黄山市独特的地域特色和艺术气息。

二是以主流品牌为主干。既要坚持对主流品牌的开发、利用和宣传,发挥主干的作用,同时又要研究与开发一些辅助产品,扩大枝杈建设和分支容量,使其枝繁叶茂。

三是以现代信息载体为手段。以现代信息手段丰富传统文化,一方面扩大黄山品牌的知名度与美誉度,另一方面增强社会服务意识,推动黄山市文化资源走向新生。这里可以利用新媒体,利用数字交互技术,开发数字媒体产品、软件等,使黄山市丰富的文化资源能够进入寻常百姓,进入青少年人群。

(一) 以文化旅游业为核心,全方位整合徽文化、黄山文化资源,将文化游与生态游深度结合

随着文化对促进产业发展的作用日益增大,人们自觉地调整、利用和发展文化要素,使各行各业的产品与服务都成为一定的文化载体,使区域文化资源通过应用技术的嫁接和科学方法的渗透为产业创新服务,将产业的发展赋予文化内涵。

旅游业是黄山市的支柱产业,黄山市所属各地的自然风光在安徽乃至全国都是品质上乘、绿色环保的,可以满足游客逃离雾霾天享受健康、逃离城市喧噪享受清净的生态游、休闲娱乐游的需求。当前,可以进一步提升黄山市旅游业的文化内涵,切实使黄山旅游业成为文化旅游业。

这需要将徽文化、黄山文化的各个面向融进旅游业,既可以提升黄山市旅游业的内涵,实现黄山市旅游业的可持续发展,又能够使得文化得到传承。如将徽文化的古民居的建筑原理、建筑美学与徽州人的伦理道德、民风民俗结合起来,通过体验式的旅游,传达给游客。将徽商文化与徽州山水结合起来,使游客明白徽州人大多经商、行走江湖而又心怀故土的现实与文化机理,这可以通过大型歌舞剧、实景演出、影视剧、纪录片加以表现,目前有电视剧《新安家族》《徽州女人》《徽娘宛心》等,有大型多媒体歌舞如《徽韵》《宏村阿菊》等,有黄梅戏大型舞台剧《徽州女人》《徽州往事》,这些剧目或者适合具有一定文化程度、想要了解徽州文化的观众与游客,或者适合对黄梅戏艺术非常热爱的戏迷和游客,或者能够春风化雨地融入爱看婚姻伦理家庭题材剧的大众间。

但还应有适合少年儿童看的动画片形式的徽文化题材或黄山文化题材剧,比如可以从《功夫熊猫》的故事得到启示,以黄山得名于轩辕黄帝而编写制作传奇动画片,让少年儿童对黄山和黄山市有深刻的印象,向世界传播黄山文化、徽文化,进而将动画片制作成手机游戏、网络游戏,通过情景设计、情节设计,将黄山、徽州的

地理标志、著名景点、文化符号、名优特产设计进去,让玩家通过玩游戏自然地了解到黄山与徽州的方方面面。

旅游业是食住行游购娱六要素俱全的产业,这六要素都可以精雕细琢成文化产业,或者至少让这六要素都融进文化。

古徽州地区、今天的黄山市所辖各地、黄山周边的旅游景点、古村落等,都有精美且具黄山、徽文化特色的工艺美术品出售,如木雕、竹雕、香袋,可以将这些工艺美术品的徽文化特色、黄山特色进一步凸显,进一步与国内其他旅游地的同类工艺美术品相区别开来,批量生产与限量生产、定制生产结合,打造不同层次的徽文化特色工艺美术品,将工艺美术品生产与文化旅游结合起来。

与旅游配套的餐饮业、旅游品商店乃至黄山市所有商店里销售的名优特产都可以走"文化"路线。如可以在糕点盒、黄山茶的包装上印上黄山景点、徽文化符号,印上和黄山、徽州有关的诗文,在装帧设计、颜色搭配上讲究徽文化气质的美学风貌。而黄山市的酒店,无论是酒店建筑风格,还是亭廊楼台,每一个细节,都可采用徽派建筑、徽派雕刻、徽派绘画、徽派盆景等徽文化的符号与风格。

在徽州旅游的每时每刻,游客如果想休憩,所吃的糕点、所喝的茶、所用的文具都是有徽州符号的。他想听听剧也是和徽州文化有关的,若他想感受徽州非物质文化遗产,目之所及也是徽州目连戏、傩戏之类的在黄山地区(安徽池州傩戏也非常有名)、徽州地区民间一直传承的剧种。

在中央电视台播放的纪录片《舌尖上的中国》里面,徽州的佳肴与特色小吃纷纷出现。在现实的黄山旅游业中,应该让这些佳肴无论是出现在高档酒店,还是农家乐景点、民宿区,还是屯溪老街、藏在深山的古村落,都可以通过当地居民淳朴的烹制、介绍,使徽菜文化,徽州文化,江南文化,及黄山人、徽州人的伦理文化传递出去。

(二) 茶文化与文化茶

文化具有精神价值,以文化的凝聚力、渗透力和辐射力来增强产业的竞争力,提高产业的附加值,从而实现"产业文化化"的全过程。

黄山市所辖3区4县是闻名中外的茶叶之乡,近年恢复、开发的新老名茶有30多个品种,其中祁红、屯绿多次荣膺国际金、银奖;黄山毛峰、太平猴魁、顶谷大方均在中国十大极品名茶之列;黄山银钩、祁红工夫茶等4个品种,被选为国家外交名茶。歙县年产茶叶1万多吨,在全国各县名列前茅。

在中央电视台热播的纪录片《茶·一片树叶的故事》里面多次出现黄山茶叶,每一种茶的创制、扬名,以及今天茶人与茶的故事都是那么打动人心,这就是文化的力量,这是纪录片对茶叶这一片树叶背后的人情事理与社会发展的解释。那么在线下的黄山旅游业和黄山茶生产中,应该要深入挖掘黄山茶文化、徽州茶道,通过实体茶馆的茶道表演、茶文化歌舞、茶道学习及以茶文化为主题的大、中、小学生研学旅行等欣赏性、参与性、互动性的活动,来衍生出茶叶销售之外的附加值。另外,以徽州名茶为主题的影视剧、动画片也可以拍起来。

(三)工艺美术品生产和文化用品生产

具有传统文化特征是产品的价值之本,而具有现代审美特征则是产品价值实现的前提。文化产业的独特性质决定其发展必须依靠载体,文化产业更多的是智力投入,是虚拟的经济形式,必须以实体经济为载体才能够传播、传承和发展。以旅游资源而驰名天下的黄山市在发展文化旅游业的同时,还应加大旅游纪念品产业的投入,让游客能将黄山、徽文化一直留在身边与生活中,并辐射到其周围的人群与环境。

就其旅游纪念品而言,应剖析黄山文化遗产、徽文化遗产的艺术特征、造型方法和制作工艺,展现其多彩表层下的内在文化特征,把民间装饰艺术的元素和现代设计法则有机结合起来,通过加强"人"与"物"、"现代"与"传统"的对话,为"本土化"的现代旅游产品寻求其生存的现实空间。如手工艺品徽州漆器、具有徽派风格的三雕(木雕、石雕、砖雕)徽墨生产工艺和"中国四大名砚之一"的歙砚都可谓历史悠久、技艺精湛、世代相传,在国内外享有盛誉。当下,在其生产、传播过程中,应更多地采用整合的目光,将黄山文化人物、徽文化符号设计进漆器、竹雕、歙砚等的造型、功用中,借这些小小的纪念品、工艺品走入各类家庭和人群中,让黄山、徽州、安徽走向海内外。

(四)打造集食住行游购娱于一体的文化产业聚集区

黄山市各地随处可见明丽山水、古民居古村落、美丽茶乡茶园,古祠堂古牌坊也有很多,在农家乐景点、民宿、城镇与闹市都能够尝到美味的徽菜,但是若想将观景、购物、餐饮、住宿、休闲、娱乐、体育与传统文化欣赏、体验这几种诉求同时实现,还很少有这样的地方。因此,应该借鉴西安的"曲江模式",借鉴合肥的罍街与"中隐于市"等,借鉴国内外文化街区的经验,适时在一些地方,建立融合几种旅游要素与文化的产业聚集区,这样能尽可能地延长游客、消费者在黄山地区的停留时间,延伸产业链,得到更大程度的经济效益。

四、结　语

　　文化植根于人们的心中,与人民群众的生活方式和价值理念融为一体,不可分离。正所谓一方水土养育一方人,文化有其独特的生存土壤,在不同的地域文化交融中,仍然具有不可改变的地域性和乡土性。借着徽文化得天独厚的孕育土壤,黄山文化得以生根发芽。

　　黄山市文化产业发展走的是"文化核心"模式。"文化核心"即文化产业的核心内容,是最稳定也是最重要的,而它的边界部分则在核心的吸附下,不断变化伸缩,使文化内容通过物质或网络等载体,逐步向外扩散,不断衍生出文化产品,实现文化产业价值。这种模式是把文化产业比作不断扩大的同心圆,中心点是文化内容,边缘是价值所在,即具有高附加值。以旅游产业而闻名于世的黄山,具有典型的"同心圆"和"层层扩散"的特点。以黄山的迎客松为例,安徽人对迎客松的开发可谓至极,安徽广播电视台的台标、芜湖卷烟的品牌、人民大会堂陈列的芜湖铁画等等,无一不以文化创意而带来了附加值。事实上它的开发潜力还很大,人们在注重它的形象开发之余,还应发掘其现代设计的结构展现,以黄山松所蕴含的热情好客的民族性格、坚强奋进的民族精神为核心,通过对内容和形式的创新,赋予其新的发展内容。由点及面,黄山文化、徽文化是一座巨大的宝库,只要抓住其核心,不断向各个方面、向各个产业延伸,其巨大的附加值将源源不断地产生。

第十章 池州市文化产业资源的整合传播与开发

池州市,位于安徽省西南部,北与安庆市隔江相望,南接黄山市,西南与江西省九江市为邻,东和东北分别与芜湖市、铜陵市、宣城市接壤,是长江南岸重要的滨江港口城市、省级历史文化名城、皖江城市带承接产业转移示范区城市、全国双拥模范城、全国旅游竞争力百强城市、中国优秀旅游城市、国家园林城市、国家森林城市、中国金融生态城市,是安徽省"两山一湖"(黄山、九华山、太平湖)旅游区的重要组成部分,也是皖南国际文化旅游示范区核心区域,全市生态环境良好,经济与人口、环境协调发展,是中国第一个国家生态经济示范区。2014年1月28日,住房和城乡建设部公布2013年中国人居环境奖获奖名单,全国5市县获殊荣,池州市名列其中。在安徽省各地的文化底蕴上,池州因为有了九华山,而有着其他各地难以媲美的佛教文化资源特质。

一、池州市资源概述

池州市总面积8272平方公里,现辖贵池区、东至县、石台县、青阳县和九华山风景区。池州旅游资源丰富,生态环境优美。全市森林覆盖率60%以上,空气中的负氧离子含量是国家标准的35倍。池州风景名胜繁多,境内分布着各类旅游景区景点300多个,其中国家级旅游品牌有4个,九华山是国际性佛教道场、中国四大佛教名山之一、国家首批5A级旅游区、国家级森林公园,景区内古木参天,景色秀美;牯牛降是国家级野生动植物自然保护区,被誉为"华东动植物基因库";升金湖是亚洲重要的湿地自然保护区,有"中国鹤湖"之称。目前,池州已拥有5A级景区1个,杏花村、大王洞等4A级景区6个,大历山、蓬莱溶洞群等3A级景区多处,是一座名符其实的自然生态公园和山水名城。

池州历史文化底蕴深厚,历史悠久。自唐武德四年(621)设立州府建制以来,池州已有1400年的历史,其间人文荟萃,佳话连篇。唐代大诗人李白曾经三上九华、五游秋浦,写下了数十首赞美池州山水的不朽诗篇;晚唐诗人杜牧在任池州刺史时写下的《清明》诗,被后人称作千古绝唱,也使池州杏花村名播青史、蜚声中外;陶渊明、白居易、苏轼、王安石、包拯、文天祥、岳飞、朱熹、陆游、李清照等众多文人雅士也曾徜徉在池州山水之间,留下了数千首脍炙人口的诗作,被称作"千载诗人地"。以佛教文化为特色的九华山,千百年来,古刹林立,飞阁流丹,寺庙众多,香火鼎盛,高僧辈出,至今已有15位大德高僧和比丘尼修成不腐之身,成为海内外佛教史上的一大奇迹;99米地藏菩萨露天大铜像是目前世界上最高的露天铜像;以九华山为代表的佛教文化吸引了海内外大量佛教信众,旅游国际知名度和美誉度不断提升,享有"莲花佛国"之称。始于母系社会被誉为"戏剧活化石"的池州傩、京剧鼻祖"青阳腔"、东至花灯已被列入国家非物质文化遗产名录,名扬天下。

池州旅游区位优越,交通便捷,地处泛长三角经济圈、中原经济圈、武汉经济圈、泛珠三角经济圈、海峡西岸经济区的交汇带,是3小时旅游经济圈的最佳节点,水陆交通已初步形成"四横两纵"格局,长江黄金水道、沪渝高速、铜九铁路和沿江城际客运铁路横穿东西,京福高速、济广高速纵贯南北;九华山机场于2013年建成通航;池州港是安徽皖江唯一的豪华邮轮停靠点;集"水、陆、空"于一体的区域性、综合性立体交通枢纽正在加速形成。境内景区景点连线成环,1小时游览专线快速便捷。

池州丰富的地域文化资源,构成了文化产业发展的"比较优势",本章通过大量的资料收集和调研,借鉴扎根理论研究方法,深度梳理池州地区现有遗存文化资源和自然资源,为该地域文化产业资源的整合传播与开发提出有针对性的建议。

二、池州市文化产业资源分析

(一)资料搜集与整理

笔者通过实地访谈、查阅古籍文献、政府官网的信息查找、各种互联网络媒体信息搜集等方式尽可能地搜集了池州的历史文化、比较优势与发展趋势、未来文化资源开发模式以及多方利益相关者对池州区域文化资源的优劣分析等资料。具体整理如下:① 通过实地文化名胜调研、公务人事访谈,获取了有关池州区域文化资源的第一手资料,包括古村落、古遗址、古建筑、博物馆、纪念地等历史文化遗存下的池州风物资源状况;②通过查阅存留的古籍文献、文物考查追溯,收集了其历史文化的发展脉络、历史故事典型、政权建制更迭、文人名士等能体现区域社会进程的相关资料遗存;③通过选择比较可靠的电视、网络媒体,搜集整理出关于池州的历史沿革、区域现有资源利用、自然环境形成、物产资源的存储相关资料;④收录关于池州文化产业对现在的城市塑造实践,包括城市名片、旅游资源的开发、大型主题活动的承办、城市公关的媒体宣传、政府的发展规划等;⑤从期刊、出版书籍等信息数据库搜集池州地域文化资源与文化产业发展的相关文章、评论等。最后通过对以上数据进行整理、分析、整合、归类、质证,将数据结果详细划属于池州区域可利用整合的资源及潜在可深挖开发的传统文化资源,并对数据在概念范畴上进行系统的逐级整编缩简,继而编码(表10.1)。

表10.1 池州市文化产业资源的资料清单

序号	详细的资料记录	概念
资料 a_1	池州历史悠久。早在石器时代就有先民在这方热土上繁衍生息,并创造了灿烂的古代文化。周朝时,池州为扬州之属。秦统一中国后,区境大部属扬州之鄣郡。西汉元封二年置石城县。唐高祖武德四年(621)设州置府,迄今已有1400年的历史	A1历史文化
资料 a_2	池州地处吴头楚尾,南北要冲,是一方古老而神奇的热土。它东邻金陵,西眺匡庐,北滨长江,南接徽杭。八百里皖江回旋激荡,数千年文脉绵延承传,吴侬软语、三楚情思、中原雄风在这里融汇流转,儒家文化、道家文化、佛家文化荟萃交融。独特的地理位置,久远的文明历史,形成了池州深厚而独具风韵的地域文化	A2地域文化
资料 a_3	池州的灵山秀水,哺育了池州隽永灵秀的诗文化。"相逢桥上无非客,行尽江南都是诗"(萨都剌《重过九华山》),池州素有"千载诗人地"的美誉。唐代大诗人李白三上九华、五游秋浦,写下了数十首赞美池州山水的不朽诗篇;晚唐诗人杜牧在任池州刺史时写下的《清明》诗,被后人称作千古绝唱,也使池州杏花村名播青史、蜚声中外;陶渊明、白居易、苏轼、王安石、包拯、文天祥、岳飞、朱熹、陆游、李清照等许多文人雅士也曾徜徉在池州山水之间,留下了数千首脍炙人口的诗作。中国现存最早的一部诗文总集《昭明文选》,就是梁昭明太子萧统奉命召集翰林学士,在池州编辑并刻版印刷的	A3诗文化

续表

序号	详细的资料记录	概念
资料 a_4	以地藏精神为内核的九华山佛教文化个性突出，地域性强。作为国际性佛教道场，九华山既是中国四大佛教名山，又是国家首批5A级风景名胜。千百年来，古刹林立，飞阁流丹，香烟缭绕，修持佛法，享有"莲花佛国"之称。九华山具有1600多年的佛教历史，灵山与圣地、自然和人文相互交融，佛、儒、道高度融合，宗教习俗与民间风俗和谐共生。地藏信仰是九华山佛文化的形成之源，"众生度尽，方证菩提；地狱未空，誓不成佛"，地藏信仰从古印度传到中国，从佛经中菩萨到真人金地藏，在九华山这块净土上弘扬和辐射，最终形成了理念高尚、个性突出和系统完整的九华山佛教文化	A4佛教文化
资料 a_5	池州戏曲文化古朴、完整，地位突出。池州是中国傩戏之乡，被誉为"戏曲活化石"的池州傩戏、"徽池雅调"青阳腔名列国家级非物质文化遗产，称为"中国戏曲的百科全书"。石台目连戏和黄梅戏姐妹腔的文南词名列省级文化遗产。纯朴的民风、山区相对封闭和安逸的自然环境，使得池州古戏曲至今仍呈现原生态、古朴、粗犷的风格，内涵十分丰富，有着极高的文化人类学、戏剧学、宗教学、美术学、考古学和民俗学价值。池州还是安徽地方戏曲黄梅戏的重要流行区，有着广泛的群众基础。20世纪六七十年代巅峰时池州有业余剧团400多个，演职员6000余人，各市、县都有专业黄梅戏剧团，成为人民群众精神文化生活的重要载体，为黄梅戏的发展做出了积极贡献	A5戏曲文化
资料 a_6	池州民俗文化丰富多彩。"五里不同风，十里不同俗"，独特的地理位置、多元文化的交融汇聚，形成了池州风格迥异的民俗文化。东至花灯、九华山庙会被列入国家级非物质文化遗产，贵池罗城民歌、石台唱曲、平安草龙灯、鸡公调、福主庙会、酉华唱经锣鼓被列入省级非物质文化遗产。池州的民俗文化，几乎涵盖了民间百姓生产、生活、节庆娱乐的方方面面。正如国学大师钱穆所言："风俗为文化奠深基，苟非能形成为风俗，则文化理想仅如空中楼阁，终将烟消云散。"池州风情各异而又丰富多彩的民俗文化，彰显了池州文化底蕴深厚、源远流长的文化特色	A6民俗文化
资料 a_7	走遍池州，处处是景。九华山既是一座佛教名山，又是一座风景名山、生态名山。九华山方圆120平方公里，为黄山支脉，共有99座山峰。名峰、怪石、奇松、幽潭、瀑布雄奇灵秀，日出、云海、佛光、雾凇、雪霰蔚为奇观，名胜古迹、庙宇古寺错落其间，素有"东南第一山"的美誉。牯牛降气势雄伟，山高林密，藏有野生动植物2000多种，生物多样性保存完整，是华东地区动植物基因库。升金湖素有"日产升金"之称，水生动植物资源极为丰富，有禽鸟70多种，	A7旅游文化

续表

序号	详细的资料记录	概念
资料 a_7	是亚洲最大的湿地之一，被誉为鸟的世界、鹤的王国。还有齐山-秋浦仙境、石台溶洞群、东至大历山等一批省级风景名胜。真正是集山、水、洞于一体，熔自然、人文景观于一炉。在这一方生态净土上，池州人民创下了90多处国家、省、县风景名胜。其中国家级旅游品牌有4块：国家级风景名胜区九华山、国家级水禽鸟类湿地自然保护区升金湖、国家级原始森林自然保护区牯牛降和九华山国家森林公园。原始的自然风光、优美的生态环境和众多的人文景观、悠久的佛教文化，构成了池州旅游资源的独特韵味，吸引了越来越多的国内外游客，池州也因此成为中国优秀旅游城市	A7旅游文化
资料 a_8	民国时期，各县主要集镇饮食业一度兴旺。贵池县的望华楼、状元楼，东至县的东天轩、一品轩、悦来宾等酒楼均生意兴隆，远近闻名。池州饮食业烹饪技术精湛，色味形考究，面点名目繁多，风味独特，有汤圆、米饭、米粉肉、大小炉饼、油饼、蟹黄包子、糍粑、五香豆、花卷、焊饺、水饺等。中华人民共和国成立后，饮食业有所发展。1956年，私营饮食业经社会主义改造，转为合作店(组)经营。1958年，饮食业划归国营商业管理。1963年，商业调整，城乡饮食业分别由国营商业和供销社代管。1978年后，个体饮食业发展迅速。1993年，商业饮食业净产值20219万元	A8饮食文化
资料 a_9	池州素称"江南鱼米之乡"，水域开阔，沃野千里，农业资源丰富，是国家重要的商品粮、优质棉、出口茶叶、茧丝绸和速生丰产林基地。矿产资源得天独厚，拥有金、银、铜、铅、锌、白云石、石灰石等40余种，其中铅、锌、锑、锰等有色金属矿藏储量居安徽首位，特别是石灰石、方解石和白云石等非金属矿储量大、品位高、开采加工潜力巨大。依托优势资源和产业基础，池州不断发展壮大特色经济。以浙商为主体的长三角投资商和境外企业纷纷前来投资兴业。由中国华电等几家大型集团公司联合投资的九华发电一期工程（2×300MW）已并网发展。落户池州的还有比利时LHOIST集团独资的禄思伟公司以及海螺、国风、宝钢、埃力生等一大批企业集团，投资领域涉及新材料、建材、冶炼、能源、纺织和城市建设、旅游开发等。全市已基本形成非金属新材料、有色金属冶炼及加工、能源、轻纺、机械制造、农副产品加工和绿色化工为主导产业的工业体系。池州正在依托资源优势，努力打造成华东地区重要的绿色农产品生产供应基地、安徽省重要的有色金属冶炼及深加工基地、全国最大的非金属新材料产业基地	A9物产资源
……	……	……

（二）资料分析

1. 开放性译码分析

开放性译码是指将资料记录逐步进行概念化和范畴化，即根据一定原则将大量的资料记录加以逐级缩编，用概念和范畴来正确反映资料内容，把资料记录以及抽象出来的概念打破、揉碎并重新综合的过程。开放性译码的目的在于指认现象、界定概念、发现范畴。池州市文化资源和自然资源的开放性译码过程如表10.2所示。

表10.2 池州市文化产业资源的开放性译码分析

池州文化产业资源记录	开放性译码				
	概念化	范畴化	范畴的性质	性质的维度	结论
资料a_1	a_1历史文化	1. 由概念$a_1,\cdots,a_8$范畴化为：文化(A1)	1. 文化性质： 文化特色 文化根基 文化影响	1.1 鲜明/模糊 1.2 深厚/浅薄 1.3 大/小	鲜明 深厚 很大
资料a_2	a_2地域文化				
资料a_3	a_3诗文化				
资料a_4	a_4佛教文化				
资料a_5	a_5戏曲文化				
资料a_6	a_6民俗文化				
资料a_7	a_7旅游文化				
资料a_8	a_8饮食文化				
资料a_9	a_9物产资源	2. 由概念a_9,a_{10},a_{11}范畴化为：物质资源(A2)	2. 物质性质： 知名度 丰富度	2.1 高/低 2.2 高/低	一般 高
资料a_{10}	a_{10}水产资源				
资料a_{11}	a_{11}自然资源				
资料a_{12}	a_{12}全国双拥模范城	3. 由概念$a_{12},\cdots,a_{17}$范畴化为：城市名片(A3)	3. 名片性质： 经济发展潜力 区域产业竞争力 产业支撑面	3.1 大/小 3.2 强/弱 3.3 广/窄	较大 较强 较广
资料a_{13}	a_{13}中国第一个生态经济示范区				
资料a_{14}	a_{14}中国优秀旅游城市				
资料a_{15}	a_{15}国家级园林城市				
资料a_{16}	a_{16}安徽省历史文化名城				

续表

池州文化产业资源记录	开放性译码				
	概念化	范畴化	范畴的性质	性质的维度	结论
资料 a_{17}	a_{17} 中国旅游竞争力百强城市	4. 由概念 a_{18},…,a_{21} 范畴化为：品牌(A4)	4. 品牌性质：产业竞争力 经济规模 知名品牌数量	4.1 强/弱 4.2 大/小 4.3 多/少	较强 较大 较少
资料 a_{18}	a_{18} 行业标志性品牌				
资料 a_{19}	a_{19} 区域品牌				
资料 a_{20}	a_{20} 驰名商标				
资料 a_{21}	a_{21} 名牌产品				

从表10.2的分析可以看出，通过对池州市文化产业资源的开放性译码分析，抽出了21个概念，并由这21个概念范畴化为4个具体范畴。这些概念大多是根据池州市的具体文化产业资源命名的，还参考了其他地区文化资源研究的相关资料，以及一些文献研究结果。由于21个具体概念数量太多，因此重点对4个范畴进行解析。

通过开放性译码分析得出的4个范畴从A1至A4分别是文化、物质资源、城市名片、品牌。文化(A1)根植于池州市的历史文化、地域文化、诗文化、佛教文化、戏曲文化、民俗文化、旅游文化和饮食文化等。池州的文化有着深厚的历史基础，从唐武德四年(621)设州置府迄今已有1400年，经历了1000多年的文化熏陶，形成了既包含古代文化精髓又融入现代文明的文化氛围。物质资源(A2)是由池州的物产资源、水产资源和自然资源组成的，素称"江南鱼米之乡"的池州，是国家重要的商品粮、优质棉、出口茶叶、茧丝绸和速生丰产林基地；气候温和，水域条件优越，水生动植物种类繁多，水产资源非常丰富；矿产资源富集，其中铅、锌、锑、锰等有色金属矿藏的储量居安徽首位，特别是石灰石、方解石、白云石等非金属矿品位高、储量多、开发加工潜力大，为华东地区之首，已初步形成了非金属矿新材料、有色金属新材料、化工、机械装备、电子信息等具有池州特色的产业。城市名片(A3)是池州政府现在已经规划出建构的城市战略及所获得的城市荣誉，作为文化资源发展所需要的物质性基础，池州需要打造一条适应自己特色的经济发展之路，也反映出其城市规划的继续发展目标。品牌(A4)是指池州市产业发达，工商业基础好，拥有全国数量较多的驰名商标、名牌产品、行业标志性品牌、区域品牌等，竞争力持续提升。

2. 主轴译码分析

主轴译码分析是指将开放性译码分析中所抽象出来的各项范畴联结在一起，

其具体运用了这样一个典范模型:因果条件→现象→脉络→中介条件→行动/互动策略→结果。典范模型是扎根理论方法的一个重要分析工具,用以将范畴联系起来,并进一步挖掘范畴的含义。利用产生某个事件(主范畴)的条件、这个事件所依赖的脉络(也就是该范畴性质的具体维度指标)以及在事件中行动者采取的策略和采用的结果,有助于更多、更准确地把握该事件(主范畴)。[①]由表10.2得出的分析结果,以及运用典范模型的分析方法,从4个具体范畴(文化、物质资源、城市名片、品牌)中归纳得出池州市文化资源的4个主范畴,即安徽历史文化名城(B1)、国家级园林城市(B2)、中国优秀旅游城市(B3)、中国旅游竞争力百强城市(B4)。

3. 选择性译码分析

通过前面对池州市文化资源的具体资料整理以及分析,对其文化资源的现状有了一定的了解,从最初的"文化、物质资源、城市名片、品牌"4个范畴,到后面深入分析得出"安徽历史文化名城、国家级园林城市、中国优秀旅游城市、中国旅游竞争力百强城市"4个主范畴,最终得出池州市文化资源整合应该以历史文化资源与旅游资源为主。

三、池州市文化产业资源整合传播与开发的对策建议

池州文化产业近几年取得了可喜的成绩,得益于市委、市政府的"文化名市"战略,也是发挥文化资源比较优势的成果。具体任务包括:围绕一个核心,加强两个保护,管好三个市场,健全四级网络,打造五条产业链。[②]

围绕一个核心,就是围绕打造"九华文化"品牌这一核心,提升城市文化软实力。按照"整合文化资源,扩大文化景区,提升文化品位,打造文化特色,做大文化产业"的思路,逐步建成杏花村民俗文化、齐山平天湖休闲文化、南湖节庆会展文化、池州傩文化、九华山大愿文化、青阳农耕美食文化、东至陶公文化、石台绿色养生文化八大文化圈,提升城市文化软实力。

加强两个保护,就是要切实加强文物和非物质文化遗产两个保护,增强文化厚重感。加快推进孝肃街、池州府儒学、杏花村深度开发和西庙复建工程,加强文物和非物质文化遗产的保护和开发利用。

管好三个市场,就是要认真管好文化、广播影视、新闻出版三个市场,促进文化市场健康繁荣。形成文化市场各门类之间均衡发展、结构合理、供求均衡、竞争规

[①] 张燚,刘进平,张锐. 基于扎根理论的城市形象定位与塑造研究:以重庆市为例[J]. 旅游学刊,2009(9):56-57.

[②] 池州政府网,http://www.chizhou.gov.cn/content/siteExplain/? channel=524941f2bd37c62cf73d200c.

范的文化市场体系,促进池州市文化市场的健康繁荣发展。

健全四级网络,就是要努力健全市、县、乡、村四级公共文化服务网络,满足人民群众日益增长的精神文化需求。建设池州市博物馆、文化馆、图书馆、池州大剧院,建成覆盖城乡、结构合理的公共文化服务网络,全面提升公共文化产品质量和服务供给能力;扶持艺术精品创作,创建具有池州特色的群众文化品牌。

打造五条产业链,就是要着力打造民俗文化、演艺文化、动漫创意、节庆会展、现代传媒五条产业链,推动文化产业又好又快发展。加大政策扶持力度,加快开放进程,以项目为支撑,以园区建设为龙头,立足优势,优化环境,拓展产业发展空间。以产业演绎文化、以文化提升产业。

要想更大程度上对池州的文化产业进行整合传播与开发,还可以做以下几个方面的工作。

(一) 抓住核心,与周边地区开展合作,实现协同效应

深度挖掘与整合文化产业资源是产业化开发的首要步骤,也是实现文化产业资源比较优势的前提。池州最有竞争力的优势资源,一是与国家森林城市称号相应的高品质稀缺的生态旅游资源;二是独步世界的九华山地藏文化。

在利用其国家森林城市所拥有的生态资源方面,池州可以大力发展本地的"洗肺游"资源,让游客享受到高品质的生态旅游产品。在生态旅游的开发上,将唐代以来"千载诗人地"的文化底蕴融进其中,开展生态游与文化吟诵于一体的文化旅游产品,并将池州所出产的绿色无公害的特产从包装设计到营销理念上艺术化,作为文化旅游纪念品和餐饮消费实现产业变现。

同时,在生态旅游上,池州可以与宣城、黄山、六安等地开展合作,形成"旅游一卡通",实现协同。

在九华山地藏文化的开发利用上,除了每年度开展的九华山庙会、重阳登山活动、祈福活动等文化旅游产品的开发,还可以与芜湖市开展合作,将芜湖市的地藏文化资源整合,形成从一华山到三华山、五华山、七华山、九华山的一条路线,开展这长线的祈福活动、素斋体验活动等文化旅游产品。

地藏文化属于佛教文化,而九华山周边地区,除了芜湖之外,还有著名的司空山二祖寺,司空山是安庆市岳西县的名山,二祖寺被中国宗教界认定为禅宗祖庭,安庆市潜山县的天柱山也是国内名山,有禅宗三祖寺,这些佛教文化资源可以整合起来,开展面向纵向一体化的文化旅游品营销。甚至可以与湖北黄梅县双峰山、江西庐山等地合作,进行佛教文化的传播与旅游产品的营销。

（二）可以依托傩戏、杏花村民俗等打造文化产业聚集区

池州是中国傩戏之乡，被誉为"戏曲活化石"的池州傩戏、"徽池雅调"青阳腔名列国家级非物质文化遗产，称为"中国戏曲的百科全书"。石台目连戏和黄梅戏姐妹腔的文南词名列省级非物质文化遗产。

基于此，可以开设上述非物质文化遗产的传习所，同时作为九华山旅游的一个文化休闲娱乐场所，游客和本地居民可以在此欣赏这些戏曲艺术，并可以进行体验、互动。在传习所周边，可以设立文化茶室，供游客品评池州、宣城、黄山等地出产的名茶；可以有九华山及整个池州地区、古徽州地区特色美食、特产的餐饮业、生产地、销售地；可以有杏花村的民俗体验、休闲农家乐……如此种种，最大程度地实现文化旅游、休闲娱乐、购物等环节的一体化，实现游客旅游时间的尽可能延长。

（三）做强会务游、度假游，进行文化地产开发

当今世界，全球化愈演愈烈，"各个国家的文化产业在技术和管理上已没有太大的差异，其能否发展很大程度上取决于这个国家可以提供的文化资源是否具有国际竞争力"。[①]同理，在池州市文化产业资源的整合传播与开发中，池州市与本省其他地方有竞争也有合作，同样的文化产品、文化产业开发路径，是否能获得成功，关键要看是否具有比较优势和核心竞争力。池州市是安徽省首个国家森林城市，这证明其在森林覆盖率、生态文化建设、乡村绿化、森林健康等方面都在全省具有比较优势，可以充分利用这"人无我有"的森林资源，吸引周边地区、省份的各类组织、企事业单位来此开展会务活动，开展单位内部提升员工素质和培养组织文化的各种户外拓展训练活动。

也可开展度假游，并且进行文化地产活动，借鉴大理、丽江的发展模式，吸引周边地区、省内外、国内外的艺术家、成功人士、希望改变生活方式的人士在此进行置业，长期或候鸟式、两栖式地居住。当然，这需要池州大力发展与周边地区的交通链接，实现海陆空交通的无障碍化衔接。而当前皖南国际文化旅游示范区建设的利好政策，正是给予了池州市这种发展路径的各种条件。池州九华山机场在2013年通航，2015年底宁安客专（安庆到南京的宁安客运专线，通称为"宁安高铁"）全线通车，将安庆、池州、铜陵、芜湖、马鞍山这5个安徽沿江（长江）城市接入了全国高铁系统。这将对池州的文化旅游乃至整个文化事业、文化产业的发展产生重要影响。

---

① 郑群.加强文化产业的基础理论研究[J].东岳论丛,2006,27(3):87-89.

（四）充分运用各种大众传媒，打造池州文化产业资源题材的有影响力的文化艺术产品

中央电视台、安徽电视台先后拍过九华山风光及其佛教文化的纪录片，也曾拍过关于地藏王菩萨的影视剧，还有动画片《九华小和尚》，都对九华山佛教文化进行了很好的传播。不过，以历史人物金乔觉为题材的影视剧《地藏王传奇》拍摄年代离现在时间较久远，需要运用新的拍摄理念和手法进行表现，使其符合新一代年轻观众的审美情趣。而且在池州地区活动的历史人物还有很多，池州地区的历史遗迹也有不少，池州杏花村的故事从《清明》诗以及唐代诗人杜牧的活动情况来看也都非常生动，都需要尽可能地以影视剧、动画片等形式进行表现，进行传播，进而带来相应的文化产品开发与文化产业投资。

还要精心打造《印象·九华》这一实景演出或半实景演出的演艺产品，使之成为吸引周边地区短途游、周末休闲娱乐的文艺产品，使得远途游客能更长时间留在池州，并且这一演艺产品参与性、互动性强，感染力大，容易产生强大的吸引力。

四、结　语

池州文化资源丰富，且文化呈现多元和包容的特质，到目前为止，佛教文化已经形成了"灵山九华，佛佑天下"的"九华文化"品牌，享誉国内外，成为池州的一张"文化名片"。然而池州其他叫得响的文化品牌并不多见，因此，要想形成有竞争力的文化品牌和文化产品，进行文化产业资源的整合传播与开发仍任重道远。

第十一章 铜陵市文化产业资源的整合传播与开发

在安徽各地级市中,铜陵市因为铜矿开采和铜冶而立市。但是,从夏商以来,在今天铜陵市所辖地区,也有着丰富的文化产业资源。

一、铜陵市资源概述

铜陵坐落于长江之滨、安徽省中南部,总面积1200平方公里。作为新兴的现代工贸港口城市,它是皖江城市带的重要成员,是安徽对外开放的重要门户。其区位交通优越,皖江第一桥贯通长江南北,沪渝沿江高速与京台高速公路在铜陵交汇,宁安客运专线(宁安高铁)和京福高速铁路也在铜陵会集;长江"黄金水道"流经铜陵60公里,铜陵港是国家一类开放口岸,被国家定为万吨级海轮进江终点港。铜陵将成为皖江城市带参与长三角经济协作与产业分工的重点地区。

被誉为"中国古铜都"的铜陵,也是中国青铜文明的发祥地之一。铜的采冶始于商周,盛于汉唐,冶铜史绵延3000余年而未曾中断。历代文人如李白、王安石等名家来此游历并留下许多千古名篇。铜雕塑享誉全国,每两年举办一次的中国(铜陵)青铜文化博览会在国内外有一定的影响。青铜文化已成为城市的文化特征。

铜陵市是国家资源性城市转型试点市,自然资源丰富,境内探明的铜、金、银、硫、铁、石灰石及与之伴生的各类稀有金属矿种有30多种。其中,铜的储量占全省70%以上,硫铁矿储量位居华东第一、全国第二,石灰石、黄金和白银的储量均居全省之首。铜陵丹皮、生姜久负盛名,是国家地理标志保护产品。

发展文化产业,调整铜陵市发展的经济结构,能够加速城市转型。整合传播铜陵文化产业资源,能够大大提升铜陵市的区域形象。目前,铜陵市委、市政府正在致力于将铜陵打造成为世界铜都和国家电子材料产业基地,建设创新、绿色、幸福的现代化滨江工业城市和皖中南中心城市。本章将通过扎根理论的研究方法,对铜陵市的文化产业资源进行整理和分析,力求对铜陵文化产业资源的整合传播与开发做出有针对性的建议。

二、铜陵市文化产业资源分析

(一) 资料搜集与整理

本章的资料收集主要是基于铜陵市的文化资源整合,通过多种途径得到相关资料,具体有:① 由安徽省地方志编纂委员会编写的《安徽省志》,内容较权威;② 铜陵市人民政府网,对于铜陵市的文化资源分类清晰,内容丰富,得到的资料相对较全;③ 从中国期刊网、维普资讯等期刊全文数据库搜索得到的相关论文;④ 关于铜陵市文化研究的专著以及其他相关资料等。然后,对这些数据进行整理、分析、整合、归类、质证,将数据结果详细划入铜陵区域可利用整合的资源及潜在可深挖开发的传统文化资源,并对数据在概念范畴上进行系统的逐级整编缩简,继而编码(表11.1)。

表11.1 铜陵市文化产业资源的资料清单

序号	详细的资料记录	概念
资料 a_1	夏朝、商朝时期,铜陵地区属扬州。周朝时期,铜陵地区先后属吴国、越国、楚国。秦统一中国后,铜陵属鄣郡。西汉时期,鄣郡改为丹阳郡。铜陵地区先后属丹阳郡春谷县、陵阳县。东汉时期,设置铜官镇(在今铜陵县城)。三国时期,铜陵地区先后属吴国丹阳郡春谷县、临城县。西晋时期,铜陵地区属宣城郡春谷、临城二县。东晋义熙年间(405~418),由于北方战乱,大批山西流民进入此地,在此侨置定陵县,县治设在今顺安镇。定陵县的设置使今铜陵地区的区域大体确定下来。南朝宋、齐时期,定陵县属淮南郡;梁、陈时期,属南陵郡。隋统一后,将定陵县并入南陵县,属宣城郡。唐朝前期,铜陵属宣城郡南陵县;唐朝后期,从南陵划出工山、安定、凤台、归化、丰资五乡,设置义安县,县治在今顺安镇,属宣州。五代时期,仍为宣州义安县。南唐保大九年(951),改义安县为铜陵县,属昇州。铜陵县设置后,即将县治由顺安镇移至铜官镇(今铜陵县城关镇),当时称江浒。北宋开宝七年(974),曹彬伐南	A1历史沿革

续表

序号	详细的资料记录	概念
资料 a_1	唐，闰十月克铜陵县，初属江南道（路），后改属江东路池州。元朝，铜陵县属江浙行省池州路（后改为池州府）。明朝，铜陵县属池州府，直隶于南京。清初，铜陵县属江南左布政使司池州府；后江南左布政使司改为江南省。康熙六年（1667），江南省分为江苏、安徽两省，铜陵县属安徽省池州府，后设徽宁池太广道，池州府为其所属。中华民国元年（1912）1月废府，铜陵县直属安徽省；1914年6月至1928年8月属安徽省芜湖道；1932年10月后属第二专区；1938年8月6日改属第八专署至铜陵解放。1949年4月21日，铜陵解放。同年5月13日划归皖南行署池州专区管辖。1952年2月4日，铜陵县改属安庆专区。1956年10月12日，经国务院批准，成立铜官山市，属省直辖。1958年9月5日，经国务院批准，撤销铜陵县建制，市、县合并，改名铜陵市，属省直辖。1959年4月3日，经国务院批准保留铜陵市建制，仍属省直辖；恢复铜陵县建制，属安庆专区。1964年7月29日，经国务院批准，铜陵市改为铜陵特区，实行政企合一，为省直辖。1971年12月11日，经国务院批准，改铜陵特区为铜陵市，属省直辖。1974年3月1日，铜陵县由原属池州地区划归铜陵市辖	A1 历史沿革
资料 a_2	因铜得名、以铜而兴，素有"中国古铜都，当代铜基地"之称。采冶铜的历史始于商周，盛于汉唐，绵延3000余年。新中国第一炉铜水、第一块铜锭出自铜陵，第一个铜工业基地建于铜陵，第一支铜业股票发自铜陵。铜文化已成为城市文化的核心元素，铜经济已是城市最具特色的强市之基，铜雕塑享誉全国，每两年举办一次的中国（铜陵）青铜文化博览会在国内外有一定的影响	A2 铜都文化
资料 a_3	铜陵自商周开始采冶铜，历时唐宋元明清，3000余年不曾有大的中断，时间跨度如此之长，是各地古铜遗址中最具代表性的。铜陵目前发现的青铜器大多数来源于墓葬和窖藏，部分采自矿冶遗址，数量有100多件。这些铜器大体可分为生活用具、乐器、兵器和生产工具等几大类，不但品种繁多，工艺精美，而且特色鲜明，文化内涵丰富，其年代可追溯到商代前期，多数为春秋至战国阶段的铜器。从文化面貌上看，既有与中原青铜文化相同的元素，又有吴越铜器所特有的南方风格，还有一些呈现出浓烈的皖南土著文化色彩。先秦时期，铜陵为吴头楚尾，先后归属于吴、越、楚，又与淮夷文化仅一江之隔，地理位置上处于南、北文化的交汇点，故青铜文化面貌较为复杂，有多方面的特点	A3 青铜历史

续表

序号	详细的资料记录	概念
资料 a_4	铜陵作为中国古铜都，历经历史漫长的青铜文化活动，青铜文化已深深地熔铸在整个社会生活中。自然而然地，青铜精神成为人们常谈论的一个话题，也更多地见之于各类文学作品之中，可谓之曰"铜魂"。 　　青铜精神的内核是什么呢？青铜精神首先是一种不懈的拼搏精神。人类社会的历史，亦是一部征服自然、改造自然的历史，是对自然（包括人类自身）不断了解、认识的历史。青铜的发展和使用，使人类发展上升到一个新的阶段，这是人类社会发展由量变到质变的飞跃，青铜文化的意义远远超过了青铜本身。其次，青铜精神是一种革命的乐观主义精神。人类发现了青铜，青铜的使用更促进了人类社会的进步，艰辛的劳作取得丰硕的成果，成果慰藉着艰辛，由此，人类充满了对未来的希望、憧憬和追求。最后，青铜精神更是一种人的品质。青铜的光洁，不能藏污纳垢；青铜的光泽，永远光明磊落；青铜的宁折不弯，给人以刚正不阿的启迪。铜的品质、人的品格，这便是青铜精神的灵魂	A4青铜文化
资料 a_5	唐代诗人李白一生遍历名山大川，在其晚年曾两次巡游到铜陵，留下了不少脍炙人口的诗作。铜陵的采铜业在唐代发展到鼎盛时期，李白理所当然地要把它记录在诗文中。唐天宝十三年（754），李白巡游秋浦，往来于铜陵、贵池之间，写下了组诗《秋浦歌》，其中第十四首写道："炉火照天地，红星乱紫烟。赧郎明月夜，歌曲动寒川。"同年，在另一首《答杜秀才五松山见赠》中，李白以他惯有的浪漫主义手法写道："铜井炎炉歊九天，赫如铸鼎荆山前。陶公矍铄呵赤电，回禄睢盱扬紫烟。"自李白之后，历代名人学士纷沓而来，多有诗文传世。李白的作品开了以采冶铜入诗的先河，古往今来，更有大量的以青铜入诗文的佳篇，或以物抒情，或喻物寓志，形成了丰富多彩的铜文学作品。以铜为文，是文学宝库中瑰丽的奇葩。 　　此外，梅尧臣、苏轼、黄庭坚、杨万里、王安石、汤显祖、王守仁（阳明）都先后与铜陵地区有过交集，写下相关诗文	A5青铜文学
资料 a_6	铜陵市位于安徽省南部、长江下游南岸，在东经117°42′00″～118°10′6″、北纬30°45′12″～31°07′56″之间。东距芜湖市80公里左右，东南与繁昌县接壤，西距安庆市90公里左右，南与青阳县、南陵县交界，西南与池州市毗邻，西北一江之隔为无为县、枞阳县，距省会合肥市130公里，徐（州）黄（山）公路线在铜陵长江大桥过江。面积1113平方公里（其中市区面积280平方公里）。南北最长约42.5公里，东西最宽约40.6公里，市区地势由东南向西北倾斜，形成宽约5公里、长约20公里的带状地形	A6地理资源

续表

序号	详细的资料记录	概念
资料 a_7	铜陵以矿产资源储量丰、矿种全而闻名，被誉为"八宝之地"。现已探明的铜、金、银、硫、铁、石灰石及与之伴生的各类稀有金属30余种，其中铜、金、银、硫铁矿和石灰石储量均在全省名列前茅。大理石、膨润土、铅锌矿、石英石等有一定储量	A7矿产资源
资料 a_8	铜陵农业生产以粮食和经济作物为主。粮食作物有水稻、小麦等；经济作物主要有棉花、大豆、油菜、花生、芝麻、茶叶、苎麻、油桐、大蒜、生姜等	A8农业资源
资料 a_9	全市水资源总量约为5亿立方米，人均1660立方米，高于全省平均水平。现有水资源主要有地表水、地下水两部分。境内地表水主要是长江铜陵段有60公里，年平均流量29500立方米/秒，最小流量4620立方米/秒，是城市工业及居民生活用水的主要水源。地下水资源达1.8亿立方米，主要是碳酸盐岩类熔岩裂隙水，多分布在丘陵山区	A9水资源
资料 a_{10}	铜陵水域的鱼类有8目15科45种。其中经济鱼类有鲢、鳙、鲫、草、鳊、团头鲂、鲤、青、黄鳝、泥鳅、鲌、鳡、鲶、鮰、黄颡、铜鱼等。名贵鱼类有鲚刀鱼、银鱼、河鲀、鲟鱼、鳜鱼、鲥鱼、鳗鱼等。鳖、龟、蚌、螺、虾、螃蟹等品种资源也很丰富。珍稀水生动物有白鳍豚、江豚、胭脂鱼等	A10水产资源
资料 a_{11}	铜工艺品是铜陵最有特色的旅游工艺品。由于其特定的质料和加工手段，既具有强烈而细腻的表现力以及丰富的文化内涵，又具有很高的艺术欣赏价值和收藏价值，因此也是高档礼品、纪念品的最佳选择。目前，铜陵生产铜工艺品的工厂有几十家。产品种类有仿古铜工艺品以及现代各类饰件、摆件等工艺品、具有装饰效果的生活日用品等，尤以"马踏飞燕""龟鹤延年""四喜铜娃""三羊开泰"等做礼品往来，深受人们的欢迎。这些铜工艺品的特点是博、全、精	A11铜工艺品
资料 a_{12}	铜陵生姜是铜陵地区的一种土特产品，系铜陵八宝之一，有资料记载是中华白姜的代表。明朝嘉靖年间就已驰名中外。特点是块大肉厚，汁渣少，清香脆嫩，品质俱佳，宜于鲜食或以多种方法腌渍食用。以铜陵县天门镇佘家大院产的佛手姜为姜中珍品。铜陵生姜成品品种多，香甜辣俱全，食之能生津开胃，祛寒解毒，清痰正气。其主要制品有糖冰姜、桂花姜、糖醋姜、盐水姜等	A12铜陵生姜

续表

序号	详细的资料记录	概念
资料a_{13}	大通镇有一种风味独特的传统风味食品——大通茶干。它形方如牌，体薄如纸，色艳味浓，鲜美耐嚼，饮茶待客馈亲赠友皆宜。大通茶干明朝就开始生产，已有400多年的历史。由于大通镇系通往佛教圣地九华山的必经之路，全国各地以及韩国、印度等国朝圣拜佛的香客，因解吃素食之需，都要购买一些大通茶干。传说乾隆皇帝下江南时，品尝过大通茶干，从此，大通茶干的身价更是扶摇直上。大通茶干是根据徽菜特色研制出来的，系采用铜陵县汀洲盛产的大豆为主要原料，经过淘洗、磨浆、煮浆、点卤、裹压等30多道工序精制而成，每块茶干的白坯都要用白布包好，上压板压紧，经8~10小时后出板，然后再放进由冬菇、八角、甘草、冰糖以及虾子酱油等原料配制的卤汁里浸泡，再煮上8~10小时后捞出，沥干水分再拌上麻油而成。大通茶干有火腿、蒲包、十香、双味等十多个品种	A13大通茶干
……	……	……

（二）资料分析

1. 开放性译码分析

开放性译码是指将资料记录逐步进行概念化和范畴化，即根据一定原则将大量的资料记录加以逐级缩编，用概念和范畴来正确反映资料内容，把资料记录以及抽象出来的概念打破、揉碎并重新综合的过程。开放性译码的目的在于指认现象、界定概念、发现范畴。铜陵市文化资源和自然资源的开放性译码过程如表11.2所示。

表11.2　铜陵市文化产业资源的开放性译码分析

铜陵文化产业资源记录	开放性译码				
	概念化	范畴化	范畴的性质	性质的维度	结论
资料a_1	a_1历史沿革	1. 由概念a_1,…,a_5范畴化为：历史文化(A1)	1. 文化性质：文化特色 文化根基 文化影响	1.1 鲜明/模糊 1.2 深厚/浅薄 1.3 大/小	鲜明 深厚 很大
资料a_2	a_2铜都文化				
资料a_3	a_3青铜历史				
资料a_4	a_4青铜文化				
资料a_5	a_5青铜文学				

续表

铜陵文化产业资源记录	开放性译码				
	概念化	范畴化	范畴的性质	性质的维度	结论
资料 a_6	a_6 地理资源	2. 由概念 $a_6,\cdots,a_{10}$ 范畴化为：区位资源(A2)	2. 资源性质：知名度 丰富度	2.1 高/低 2.2 高/低	较高 较高
资料 a_7	a_7 矿产资源				
资料 a_8	a_8 农业资源				
资料 a_9	a_9 水资源				
资料 a_{10}	a_{10} 水产资源				
资料 a_{11}	a_{11} 铜工艺品	3. 由概念 $a_{11},\cdots,a_{16}$ 范畴化为：名优特产(A3)	3. 特产性质：知名度 美誉度	3.1 高/低 3.2 高/低	较高 较高
资料 a_{12}	a_{12} 铜陵生姜				
资料 a_{13}	a_{13} 大通茶干				
资料 a_{14}	a_{14} 铜陵凤丹				
资料 a_{15}	a_{15} 野雀舌茶				
资料 a_{16}	a_{16} 顺安酥糖				
资料 a_{17}	a_{17} 天井湖	4. 由概念 a_{17},a_{18},a_{19} 范畴化为：旅游资源(A4)	4. 旅游性质：旅游资源 资源条件 资源的美誉度	4.1 丰富/贫乏 4.2 好/差 4.3 好/差	丰富 很好 一般
资料 a_{18}	a_{18} 凤凰山				
资料 a_{19}	a_{19} 螺丝山				
资料 a_{20}	a_{20} 牡丹之乡	5. 由概念 $a_{20},\cdots,a_{26}$ 范畴化为：城市名片(A5)	5. 名片性质：城市竞争力 产业规模 产业支撑面	5.1 强/弱 5.2 大/小 5.3 广/窄	较强 大 较广
资料 a_{21}	a_{21} 中国古铜都				
资料 a_{22}	a_{22} 当代铜基地				
资料 a_{23}	a_{23} 八宝之地				
资料 a_{24}	a_{24} 全国最大电解铜生产基地				
资料 a_{25}	a_{25} 全国重要的硫磷化工基地				
资料 a_{26}	a_{26} 国家级电子材料产业基地				

从表11.2可以看出，通过对铜陵市文化产业资源的开放性译码分析，抽出了26个概念，并由这26个概念范畴化为5个范畴。这些概念大多是根据铜陵市的具体文化产业资源命名的，还参考了其他地区文化资源研究的相关资料，以及一些文献

研究结果。由于26个具体概念数量太多,因此重点抽象为5个范畴进行解析。

通过开放性译码分析得出的5个范畴从A1至A5分别是历史文化、区位资源、名优特产、旅游资源、城市名片。历史文化(A1)根植于铜陵市的历史沿革、铜都文化、青铜历史、青铜文化、青铜文学等。因铜得名、以铜而兴的铜陵,素有"中国古铜都,当代铜基地"之称,其文化有着深厚的历史基础。采冶铜的历史始于商周,盛于汉唐,绵延3000余年。历代文人如李白、王安石等名家来此游历并留下许多千古名篇,青铜文化也已成为城市的文化特征和核心元素。区位资源(A2)是由铜陵的地理资源、矿产资源、农业资源、水资源和水产资源组成的。铜陵位居长三角经济圈和武汉经济圈的交汇中心,沪蓉、京台交通大动脉在此形成"十"字交汇,地理位置优越,境内资源富集,品种多样,被誉为"八宝之地"。名优特产(A3)是挖掘铜陵饮食风俗、特色小吃、铜工艺品等资源所形成的竞争力,也愈渐成为商业文化和地域文化的典型代表。旅游资源(A4)也是铜陵文化产业资源之一。铜陵旅游资源的种类较多,无论是自然旅游资源还是文化旅游资源都值得游览。现已推出的城市中心旅游线、大通沿江旅游线、凤凰山风旅游线、宗教文化旅游线、农业旅游线和工业旅游线等全市旅游线路及周边景区游览方案享誉省内外。城市名片(A5)是铜陵市委、市政府通过长期有效建设和改革创新所初步取得的城市殊荣,亦是其特色文化产业优势的体现。铜陵市依托悠久的青铜文化,发展壮大了以铜艺术品设计生产为核心、具有独特品牌优势的铜文化产业。

2. 主轴译码分析

主轴译码分析是指将开放性译码分析中所抽象出来的各项范畴联结在一起,具体运用了这样一个典范模型:因果条件→现象→脉络→中介条件→行动/互动策略→结果。典范模型是扎根理论方法的一个重要分析工具,用以将范畴联系起来,并进一步挖掘范畴的含义。利用产生某个事件(主范畴)的条件、这个事件所依赖的脉络(也就是该范畴性质的具体维度指标)以及在事件中行动者采取的策略和采用的结果,有助于更多、更准确地把握该事件(主范畴)。[①]由表11.2得出的分析结果,以及运用典范模型的分析方法,从5个范畴(历史文化、区位资源、名优特产、旅游资源、城市名片)中归纳得出铜陵市文化资源的5个主范畴,即中国古铜都(B1)、八宝之地(B2)、全国最大电解铜生产基地(B3)、全国重要的硫磷化工基地(B4)、国家级电子材料产业基地(B5)。

3. 选择性译码分析

通过前面对铜陵市文化资源的具体资料整理以及分析,我们对于其文化资源的现状有了一定的了解,从最初的"历史文化、区位资源、名优特产、旅游资源、城市

---

① 张燚,刘进平,张锐.基于扎根理论的城市形象定位与塑造研究:以重庆市为例[J].旅游学刊,2009(9):56-57.

名片"5个范畴,到后面深入分析得出:中国古铜都、八宝之地、全国最大电解铜生产基地、全国重要的硫磷化工基地、国家级电子材料产业基地,共5个主范畴,最终得出铜陵市文化资源整合应该以历史文化资源与区位资源为主。

三、铜陵市文化产业资源整合传播与开发的对策建议

在铜陵市文化产业资源的整合传播与开发方面,曾经有过1999年在安徽省省会合肥公映的大型歌舞剧《青铜魂》,它拉开了铜陵铜文化艺术的大幕;随后,又有以颂扬青铜文化和颂扬具有青铜般古朴坚强性格的铜都人的音乐舞蹈剧《青铜古歌》、黄梅戏《青铜恋》、诗剧《青铜诵》等。但是这些作品都已是2005年以前的作品。

在铜陵文化产业的发展方面,近些年来,与其自身纵向比较,它有了较快的发展,也取得了一系列骄人的成绩,但与先进地区横向相比,差距仍然很大,还处于起步、探索、培育、发展的初级阶段。可以看到,铜陵市文化产业体系建设上亦呈现出明显的缺陷与不足,具体表现为:总量规模偏小,产业层次不高,产业品牌较少,产业特色不突出,科技含量不高等。而其政策支撑体系构建上也尚有欠缺,表现为:文化产业发展环境和文化产业扶持体系尚需完善,载体建设滞后,缺乏重点文化产业培育所必需的具有集聚发展功能的产业园区和孵化器,没有形成文化产业的投融资体系,技术力量和专业人才结构畸偏,第二产业经验和优势集中明显,文化产业领域严重缺乏领军人物和高技术人才等。[①]

(一)抓住青铜文化核心,建构立体化高密度的持续传播与产业开发

具体来说,铜陵市要以铜文化资源为支撑,策划、建设高端牵引型龙头项目,发展和扩大已有品牌优势,做大做强铜雕塑和艺术品产业,延伸青铜产业链,促进铜文化和铜经济的深度融合,把创意转化成产业成果,丰富品类,提升产品附加值。

比起古建筑、古民居、古村落、古寺庙、古墓、山水景点在全国的星罗棋布,古铜矿遗址在全国寥寥无几,屈指可数,铜陵古矿冶遗址因此而成为铜陵在安徽各地级市乃至全国都最有竞争力的文化旅游资源。铜陵市可以通过青铜文化博物馆的设立,展示青铜开采冶炼工艺,让本地居民和游客通过体验、互动游戏,感知青铜文

---

① 章兰新.铜陵市文化产业发展研究[D].合肥:安徽大学,2011.

化,购买青铜工艺品。可以借鉴"印象"系列的演出作品,打造互动、实景演出的《印象·铜陵》,让游客欣赏表现古铜都和今日铜陵的大型歌舞,吟诵唐宋以来文人墨客为铜陵铜文化所写的诗文。

同时,将铜文化融入铜陵市各山水资源中,实现文化旅游业变现和文化休闲娱乐业变现。可以将青铜雕塑艺术品、与铜陵有交集的历史文化名人的青铜雕像,与天目湖、凤凰山、天井湖等山水旅游资源景观融为一体。可以将各类体现铜陵文化符号的青铜雕塑艺术品科学安置于城市公园、城市广场、商场等公共场所,利用景观传播来涵化本地居民、吸引游客、展现区域文化形象。

抓住皖南国际文化旅游示范区建设的机遇,充分利用天目湖水面和湿地资源及其他生态环境、景观资源的天然优势,打造铜陵市生态文化旅游基地;利用凤凰山的自然风光与凤丹特产,打造凤凰山旅游节、牡丹花会,开展节庆传播,实现文化旅游业和特产营销业的互融。

(二) 开发乡土历史文化资源,进行文化演艺与影视生产的产业变现

铜陵历史上也有一定历史知名度的文化人士。如铜陵凤凰山的牡丹花蔚为大观,铜陵凤丹又是地理标志产品,然而长期以来铜陵却没有大加利用和铜陵牡丹有关的盛度(970~1040)这一历史人物资源。盛度是铜陵县石洞耆(今董店镇)人,"幼小读书,敏而好学",北宋祥符七年(1014)中进士,曾任翰林学士、兵部郎中、参知政事、知枢密院事等,为北宋著名的政治家、军事家、外交家。天圣年间,宋仁宗赐给其牡丹一棵,盛度将此牡丹带回铜陵,世世栽培,直至如今。这牡丹现仍每年一开百余朵。[1]那么完全可就这一传奇性的牡丹及盛度事迹、凤凰山的传说,编撰出一部影视剧,为铜陵形象传播发挥作用,为引进投资营造良好的城市文化氛围。

再如在世界林学史上做出卓越贡献的科学家陈翥(982~1061),是铜陵县贵上耆土桥(今钟鸣镇)人。他平生著有天文、地理、儒、释、农、医、卜算之书,共26部182卷,又有10图,其代表作《桐谱》系世界上最早记述桐树栽培的科学技术著作。在安徽省芜湖市南部与铜陵市临近的乌霞山上,还有陈翥留下的踪迹。在今天崇尚科学的时代,铜陵市完全可以将陈翥事迹搬上荧幕,或在本地电视媒体节目中传播,或联系省级电视台、中央级电视台制作相应的节目,从而为铜陵的文化转型助力。而且就陈翥这一人物,还可以和芜湖市有关方面合作,或者和安徽几个申报国家森林城市的地级市合作,打造相应的专题片和纪录片。

铜陵还有明代戏曲作家、诗人佘翘(1567~1612),字聿云,铜陵县合二耆(今铜

---

[1]《铜陵年鉴》2001年刊附录有专门记载。见铜陵政府网,http://www.tl.gov.cn/col/col35/index.html.

陵市郊区大通镇)人。其祖父佘杰,曾任湖广宝庆府新化县知县7年;叔父佘毅中,明万历二年进士,授工部主事,后官居正四品,诰赠太仆卿;其父佘敬中,明嘉靖三十八年进士,官至广东按察使,为正三品,与明代戏曲家汤显祖常有交往。佘翘天性聪颖,四岁即能授书成诵。幼时,其诗文曾受到汤显祖的赏识,惊称其为"小友",并赠诗褒扬。佘翘一生著述颇丰,有诗集《浮斋百韵》《秋浦吟》,文集《翠微集》《幼服集》《偶论》《白下游草》《齐山奇观》《三忠传》,传奇剧本《量江记》《赐环记》,杂剧《锁骨菩萨》等,皆刊行于世。其中以戏剧作品《量江记》成就突出。戏曲作家冯梦龙称《量江记》为罕见珍本,能与汤显祖的《临川四梦》并立。长期以来我们为汤显祖的《牡丹亭》等剧倾倒,却不知安徽历史上也有如此享有盛名的剧作家。铜陵市可以将佘翘事迹及其创作历程演绎为影视剧,借助汤显祖的盛名,想必能对铜陵市的文化形象起到提升作用。

(三) 充分利用新媒体技术,通过"文化+科技"的方式,实现产业文化化

2010年8月,铜陵市正式出台了《关于大力发展文化产业的实施意见》,确定了重点扶持包括影视动漫产业在内的各类文化产业加快发展的意见。10月,铜陵第一家动画企业七彩石影视动画公司成立。2011年2月28日,铜陵市第一部原创的48集动漫电视剧《大嘴兔说故事》全面制作完成,并于当天起在安徽动漫频道正式播出,该剧由铜陵市七彩石影视动画公司出品,总投资近500万元,联合星动动画公司共同制作,这也是安徽动漫频道第一次播出本省原创的动漫电视剧。未来,该公司将继续以铜陵本地的凤凰山、相思树、古镇大通、四喜铜娃等为题材,进行动漫脚本创作,弘扬铜陵的青铜文化、民俗文化。①

应该说,这是铜陵市在文化产业上迈开的一大步。而其做出的将本土历史文化资源、民俗资源、自然风光与青铜文化紧密结合的文化产业资源整合传播与开发策略,无疑是非常有远见的。下一步,铜陵应进一步将本地各类文化产业资源进行整合,制作网络游戏、手机游戏等各种产品,也可开发教育软件,开发本地文化资源的工艺美术品,并且应利用文化资源来提升铜陵特色美食、土特产品的文化气质,使铜陵的建筑、装饰、食品包装等都有青铜文化气质,流溢出青铜文学的美。

---

① 铜陵首家动漫企业七彩石影视动画公司成立[EB/OL].(2010-10-19)[2019-09-30]. http://comic.people.com.cn/GB/122402/12993894.html.

四、结　语

作为一座因铜业生产而建市的城市,铜陵的发展与铜息息相关,但作为一种矿产资源,铜是不可再生的,铜陵的发展正在经历转型,文化产业及产业的文化化无疑是很好的路径。铜陵可以利用其区位优势,与周边各地协作,资源整合,实现双赢乃至多赢。

第十二章 滁州市文化产业资源的整合传播与开发

滁州素称"金陵锁钥,江淮保障",古往今来都是一处充满传说故事的地方。其所处区位优越,位于皖东江淮之间。作为"皖江城市带"的北翼城市,滁州是皖东地区最大的城市,它毗邻长三角经济辐射区,东与南京市、扬州市山水相连,隔江与南京相望,是六朝古都的江北门户;西与合肥市、淮南市毗邻,它是南京都市圈的主要成员和皖江城市带承接转移示范区的重要一翼,且同时受到上海经济区、合肥城市圈的影响;南与马鞍山市相连;北与淮安、蚌埠、宿迁交界。作为安徽省的东大门,它是安徽东向发展的桥头堡。北宋大文豪欧阳修的《醉翁亭记》中的"环滁皆山也……",让中国人都记住了滁州。

一、滁州市资源概述

滁州这片区域经过历史衍变,现辖天长、明光2市,来安、全椒、定远、凤阳4县,琅琊、南谯2区。地理坐标为北纬31°51′~33°13′,东经117°09′~119°13′,属于北亚热带湿润季风气候,为江淮丘陵地带,滁州市地表覆盖着大片的天然次生林和后期的人工造林园。此外,滁州因滁河而得名,依滁河而生,自古便是长江下游临江近海的"鱼米之乡",境内水系发达,航运四通,拥有1000多所大中小型水库。这种先天山清水秀的物理生态环境,也造就了滁州宜居宜业宜商的区域特性,一批重点风景旅游胜区的建成也为滁州的文化资源增添了浓墨一笔。

当地的方言为江淮官话-洪巢片-南京小片,语言是文化资源的另一种直面展示,这也是滁州现在被划为南京都市圈核心层之一的原因之一,语言所延伸的相通的风俗与传统文化,会让区域资源在历史上有种共通的融合发展性。滁州市的市花是桂花,市树是广玉兰,这对于经过数千载岁月流转后越发显得气定神闲的滁州几乎是最好的代表,千年文化的遗迹展成一幅厚重的历史人文画卷,连缀成一幅波澜壮阔的历史画卷。但不可忽视的便是滁州虽然历史源远流长,却又是一座年轻的城市,面对的是"新城市"无一例外的公共文化薄弱的现实。要打造区域经济发展的美好前景,单纯依靠第一产业的发展几乎是没有延续性的,一个城市的存在若要不断地变化发展,代代绵延,就只能依靠最本质的要素——文化,作为核心发展灵魂。文化是一个国家、一个民族的灵魂,当然也是一个城市、一个区域的灵魂。

文化产业是滁州得天独厚的资源产业,丰富多彩的区域传统文化是优化滁州经济增长模式的最好选择。对当地的文化产业资源整合后进行营销传播与开发,不仅可以保护和发展区域传统文化资源,亦有利于提升滁州区域文化资源内涵,打造出区域城市形象的文化品牌,更是促进区域经济可持续发展的高附加值产品。本章将跳出南京都市圈的区域角度,专门针对当代滁州市的行政划分,对其现有文化产业资源进行分析,并提出对策建议。

二、滁州市文化产业资源分析

(一) 资料搜集与整理

笔者通过实地访谈、古籍文献、政府公示、网络搜集等方式尽可能地搜集了与滁州相关的历史遗迹文化与当代城市文化发展、未来文化产业发展可行性趋势以及滁州城市自身已经塑造的城市基地现状、多方利益相关者对滁州区域文化资源的优劣分析等资料。具体整理如下:① 通过实地文化名胜调研、公务人事访谈,获取了关于滁州区域文化资源的第一手资料,包括古村落、古遗址、古建筑、博物馆、纪念地等历史文化遗存下的滁州风物资源状况;② 通过查阅存留的古籍文献、文物考查追溯,收集了其历史文化的发展脉络、典型历史故事、政权建制更迭、文人名士等能体现区域社会进程的资料遗存;③ 通过选择比较可靠的电视媒体、网络媒体,搜集整理出关于滁州的历史沿革、区域现有资源利用、自然环境形成、物产资源的存储资料;④ 收录了关于滁州文化产业对现在城市的塑造实践,包括城市名片、旅游资源的开发、大型主题活动的承办、城市公关的媒体宣传、政府的发展规划等;⑤ 从期刊、出版书籍等信息数据库中搜集了滁州传统文化与现代发展的相关文章、评论等。最后通过对以上尽可能完善的数据进行整理、分析、整合、归类、质证,将数据结果详细划入滁州区域可利用整合的资源及潜在可深挖开发的传统文化资源,并对数据在概念范畴上进行系统的逐级整编缩简,继而编码(表12.1)。

表12.1 滁州市文化产业资源的资料清单

序号	详细的资料记录	概念
资料 a_1	滁州在历史上曾名涂中、清流、新昌、南谯、永阳、顿丘，历史悠久，源远流长，如濮家墩、侯家寨等遗址出土的先民生活使用的原始器具印证着新石器时代的历史年轮。远古时代，境内经历了氏族社会，是青莲岗文化和仰韶文化的边缘地带。战国时期，境内为吴、楚分据，故有"楚尾吴头"之说。这片土地发现的多处秦汉时期的古遗址、古墓葬、古文物，印证着当年车辚辚马萧萧的铁血场面，民间至今流传着楚汉相争霸王别姬的一路悲歌，定远有虞姬墓遗址，而定远博物馆内存放的汉画像石在淮河以南绝无仅有。先秦时期为棠邑（今南京市六合区），郡起刘宋元徽元年，置新昌郡，自此确立涂中为郡治所在。南北朝梁大同二年（536）在今滁州市设置南谯州。隋开皇九年（589）正式改南谯州为滁州，是滁州之名见于名籍中的开始。因滁河（涂水）贯通境内，又"涂"通"滁"，故名为"滁州"，这个地名既描述了滁州"有水有山有城"的面貌，同时也表明这里是涂姓的发源地之一	A1 先古遗址
资料 a_2	公元前559年，楚国令尹子囊率舟师沿滁河打到吴国的棠（今江苏六合），当回撤到滁河叫"皋舟之隘"的地方（今南谯区汪郢与全椒县陈浅之间），被埋伏的吴人打得大败。 三国史载东吴与魏交兵。250年吴王孙权遣兵10万，做棠邑（今南京市六合区）涂塘，水淹北道，以阻魏兵南侵。所谓"涂塘"就是堰滁河水为塘。 三国两晋时期，滁河称为"涂（chú）水"，今滁州一带称为"涂中"，279年晋武帝攻吴，派镇东大将军琅琊王司马伷出击"涂中"，翌年2月，吴主孙皓遣使献玺于此地，"一片降幡出石头"宣告投降。石头城即东吴都城建业，那时的"涂中"之城镇就是南京的桥头堡了。西晋"八王之乱"时，东晋元帝司马睿为琅琊王、南下建康镇东将军督都扬江明交广五州诸军事时，曾在滁州西南山中避难，在南京建立了东晋王朝。今琅琊山就是因晋元帝司马睿曾"驻跸于此"而得名…… 东晋南朝270多年间，南方的政治形势很不稳定，战争较多，政权更迭。北方民族不断南侵，南北割据对峙，大体沿淮河为界，江淮之间首当其冲成为战乱的前沿。 东晋咸安元年（371）大司马桓温破前秦王鉴、张蚝军于全椒城内积玉桥。太元四年（379），兖州刺史谢玄率三万精兵进驻白马塘（天长东北）打败前秦军队，安定江北。南北朝宋元徽元年（473），	A2 历史事件

续表

序号	详细的资料记录	概念
资料 a_2	置新昌郡，治于涂中镇（滁州市区）。524年梁武帝派大将曹世宗攻魏，收复淮南失地，合并西曲阳、阴陵、东城三县，设定远县，并置定远郡。 唐天宝七年（748）因改唐玄宗诞日"千秋节"为"天长地久节"，千秋县亦更名为"天长县"。 南宋时，滁州城先后9次被金兵所陷，滁州大地成为抗金的前沿战场。主战派将领岳飞、韩世忠、张俊、李纲、杨沂中等，曾在江淮间给金兵以重创，天长、滁州、定远、全椒等地都发生过激战。建炎三年（1129），南宋叛将李成领金兵攻打滁州，知州向子伋率滁军民在琅琊山摩陀岭一带垒石筑寨，抵抗强敌，最终壮烈阵亡	A2历史事件
资料 a_3	滁州自古为湖熟文化的发源地之一，吴文化和淮扬文化在这里交汇融合、熠熠生辉。夏商周时期，这里分布着一些部落方国，有钟离国、椒国等。大禹治水"导淮"，娶涂山氏为妻，"淮夷"文化在漫长的历史进化中逐渐融入华夏文明。 两千多年前的春秋战国时期，滁地曾是诸侯争霸所在地。吴楚相争，攻战频繁，这里先属吴，后属楚，故有"吴头楚尾"之称。这里人文荟萃，名贤辈出，"儒风之盛、夙冠淮东"	A3文化源流
资料 a_4	滁州吴风楚韵，底蕴深厚，历史上无数文人骚客、王侯将领流连于此，徘徊于山水之间。建于唐大历六年（771）的开化律寺和始建于北宋庆历六年（1046）的醉翁亭，引众多历史骚客在此留作，醉翁亭更因欧阳修著名的《醉翁亭记》名列全国"四大名亭"之首。欧阳修又在丰山之侧建立了丰乐亭、醒心亭，并撰《丰乐亭记》《菱溪石记》，其逝后，苏轼应滁州知州王诏之请，将"两记"写成碑帖，镌刻于石碑上，"欧文苏字"珠联璧合，成为世代瑰宝。凤阳是明朝开国皇帝朱元璋的故里，留存的历史遗迹有明皇陵、钟鼓楼、龙兴古刹以及建于明洪武年间的全国重点文物保护遗址——明中都遗址。全椒县自明清以来文风昌盛，在全省有"一桐城，二全椒"之说，尤其以清代著名讽刺小说家吴敬梓的《儒林外史》为中外称奇，清澈的襄河之滨，依然能觅得其踪。位于城北的吴敬梓纪念馆集江南园林与北方建筑特色为一体，是集中研究和展示吴敬梓生平的重要基地。可以精粹为"四名"：名人（欧阳修、吴敬梓等）、名亭（醉翁亭、丰乐亭）、名祠（阳明祠、陈铎祠、沃公祠）、名著（《儒林外史》《醉翁亭记》）；"四古"：古关（清流关）、古寺（琅琊寺、龙兴寺、护国寺、禅窟寺、普济寺等）、古城（明中都城）、古陵（明皇陵、虞姬墓）。天长市近年来发掘的西汉三角圩古墓群，属国内罕见，出土文物价值连城，建成天长博物馆	A4文化名胜

续表

序号	详细的资料记录	概念
资料 a_4	有国家级风景名胜区、国家级森林公园、国家级重点文物保护单位7处，省级自然保护区和重点文物保护单位11处，有名山、名亭、古关、古寺、历史文化遗址等自然人文景观100多处，历史文化名城1个，国家级重点对外开放寺院2处。另有金山滴水寺、高邮湖、明光女山湖古火山口、全椒碧云湖等大量的旅游资源正在规划开发中。 　　滁州市区：琅琊山风景区、皇甫山国家森林公园、舜耕旅游度假区、清流关、九天峰生态旅游度假区、二郎湖、花山彩云洞、西涧湖、丰乐亭、龙蟠河公园、清流河公园； 　　来安：白鹭岛生态旅游区、皖东烈士陵园、孔雀寺； 　　全椒：吴敬梓纪念馆、神山国家森林公园、碧云湖、龙山寺、三塔寺； 　　天长：釜山卧龙公园、天长博物馆、龙岗、护国寺、沃公祠、高邮湖、红草湖湿地公园； 　　明光：女山古火山地质公园； 　　定远：虞姬墓、藕塘烈士纪念馆、金山滴水寺； 　　凤阳：明皇陵、明中都皇城旧址	A4文化名胜
资料 a_5	唐代大诗人韦应物知滁，感喟滁州自然风物之秀丽而作"春潮带雨晚来急，野渡无人舟自横"（《滁州西涧》）；唐代先后任滁州刺史、知州的李幼卿在滁城西南琅琊山"凿石引泉"，与高僧法琛谋划设计，营建了一座寺庙，被唐太宗赐名为"宝应寺"，北宋改名为"开化律寺"，后人们习惯称琅琊寺；唐宋时期李德裕、李绅、欧阳修（其在滁期间，吸引大批著名文人士大夫关注滁州，或来游访，或诗文唱和，如梅尧臣、苏舜钦、韩琦、富弼、范仲淹以及政见不同的王安石，还有后学门生如曾巩、苏轼等人）等文人雅士都在这片土地上留下了许多诗文佳篇；一代清官包拯任天长县令时留下智断牛舌之名案；著名大文豪苏轼也曾数临滁州泼墨挥毫；南宋大词人辛弃疾抗金报国，发出"烽火扬州路"之感喟…… 　　有三国东吴智囊、大都督鲁肃，宋代画家崔白、二十四孝子之朱寿昌，明代开国皇帝朱元璋、滁阳王郭子兴、明代天宁翼元帅何文辉，清代著名女学者王贞仪、天长状元戴兰芬、"工诗文书画"的小说家宣鼎、全椒"一门三鼎甲，四代六尚书"的吴氏宗族，近代监造南京中山陵和广州中山纪念堂的杰出建筑师吕彦直、江苏巡抚吴棠（泗州盱眙县人），还有诸如明元帅府都事范常，著有《滁州志》的明南直隶滁州人胡松，校刊群籍、重修平山堂的方俊颐，赐号"强勇巴图鲁"的吕本元等名人贤士	A5历史名人

续表

序号	详细的资料记录	概念
资料 a_6	在革命战争年代，来安县半塔镇和定远县藕塘镇曾是淮南抗日根据地所辖津浦路东和津浦路西的政治军事中心，留下了3次中原局会议遗址和"中共苏皖省委"旧址。尤其值得一提的是，在中共十一届三中全会前后，在"真理标准"大讨论的启迪下，滁县地区广大干部群众解放思想、冲破"禁区"，在全国首创了农业家庭联产承包责任制（俗称"大包干"），这种家庭联产承包责任制的建立和不断完善，标志着农村开辟了一条具有中国特色的社会主义农业发展道路。当年凤阳县梨园公社小岗生产队那份由农民秘密订立、按着18个手印的实行包干到户的协议，现已作为中国农村改革源头的珍贵文物被中国革命博物馆收藏	A6红色文化
资料 a_7	民间艺术及戏曲主要有黄梅戏、泗州戏、扬剧、庐剧、花鼓戏、越剧等。蜚声海内外的著名民歌《茉莉花》就发源于滁州、南京一带，并由天长人整理创作遂成皖苏民歌。 由中华人民共和国文化部、中华人民共和国农业部、安徽省人民政府主办，安徽省文化厅、安徽省农业委员会、滁州市人民政府、安徽省文联联合承办的中国农民歌会（滁州），"唱农民、唱农村，农民唱、大家唱"；因东岳大帝的女儿碧霞仙姑传说而流传至今的正月初九的民俗盛会——琅琊山庙会（滁州），参加庙会表演活动的有花鼓、花船、龙灯、杂技、魔术等地方传统文化娱乐节目；"南谯、琅琊花灯表演"，每年春节期间，两个区都会举办民间花灯大赛和踩街表演，而滁州当地的花灯表演起源于汉代，至今已有两千多年的历史，表演集中展示全市十项民间舞蹈；自汉代沿袭至今的正月十六走太平民俗盛会（全椒），即"全椒走太平"，从当地的太平桥上走过时，放烟花、燃爆竹、点香烛，以祈望吉祥如意、富足太平；流传于来安、天长和江苏部分地区的起源于明末清初的"傩"，并从"傩"发展到香火会请神祈祷时演的洪山戏（来安），为保护和传承手狮灯、秧歌灯、洪山戏等非物质文化遗产，来安县创办了永阳花灯节，节会期间，来自全县的几十个花灯队分别表演龙灯、手狮灯、秧歌灯、舞旱船锣鼓亭、花挑灯、生肖灯、和莲枚腰鼓等精彩节目，展示民间文化成果；流传于滁州、全椒和江苏六合、江浦、浦口一带的乡间秧歌灯（来安）和凤阳花鼓灯，被并称为"并蒂花"，在明朝末年发源于来安县广大乡，由农民对"神灵"的祈祷活动发展而来，"凤阳花鼓"被列入第一批国家非物质文化遗产名录…… 富有地方特色的民间美术以凤画最优，其作画程序复杂、手法讲究，其他还有布画、刺绣、木刻等	A7民俗文化

续表

序号	详细的资料记录	概念
资料 a_8	滁州主要的工艺美术产品有玉器（人物、花卉、炉瓶、鸟兽）、金银首饰、锡制品（酒壶、酒杯）、玻璃、丝绒制品、羽纱、草工艺品、地毯、各种软体玩具（长毛绒、布质）等	A8手工艺品
资料 a_9	有滁州的画席、竹篮、滁菊、烤鸭、琅琊酥糖、滁州鲫鱼、党参等；来安的雷官板鸭、花红果、来安麻鸭等；全椒县的滁菊（有两千多年的历史，在北宋年间已有文字记载）、桔梗、百年辣酱、管坝牛肉、马厂酥笏牌等；定远的瘦肉型猪、定远卤鹅、藕塘花生；凤阳的武店甜酱瓜、地锅鱼、凤阳梅鱼、凤阳酿豆腐；天长市的秦栏卤鹅、甘露饼、酥烧饼、天长芡实、高邮湖大闸蟹；明光的明光绿豆、老明光酒、淮王鱼、银鱼、女山湖大闸蟹。其他著名土特产还有南谯茶叶、花园湖大闸蟹、炉桥桥尾、恒裕酱品等。滁州饮食受到皖江风味的影响，以原味鲜美略带咸为主，多使用"炸"等烹调技法；滁州又连接南京、扬州，饮食也体现出淮扬菜的特点，兼用"炖"等烹调方法。滁州菜注重刀工，口感酥脆，咸则咸香可口，甜则鲜醇不腻，菜肴讲究根据菜品原味而烹调	A9特色产品
资料 a_{10}	滁州市跨江淮波状平原和沿江丘陵平原两个大的地貌单元，按地貌形态可将全区划分为平原、丘陵两种类型。平原主要由第四纪全新世和更新世冲积物组成，在区内广泛分布。据其相对高差及冲积物特征，可将其分为河谷平原、波状平原、浅丘状平原三个亚类。境内河流有清流河、沙河、来安河、滁河、向阳河、施河、襄河、马厂河、管坝河、池河、窑河、天河、马桥河、淮河、板桥河、小溪河、濠河、白塔河、铜龙河、秦栏河、川桥河、杨村河、护岗河、南沙河、涧溪河、石坝河；境内湖泊水库有西涧湖、凤凰湖、姑山湖、金歪桥、得胜、郎峰、刘陈、樟木山、红石沟、独山、红花桥、二郎水库、屯仓、釜山、小山、车冲、时湾、大河桥、东寺港、陈郢、平洋、练子山、红丰、邢港水库、上石坝、土桥、马厂、岱山、锥集、三湾、丰产、赵店、官渡、东风、瓦山水库、城北、解放、大石塘、齐顾郑、双河、大俞、芝麻、孙集、蔡桥、湾孙、小李、仓东、南店、桑涧、新集、墩子王、黄桥、青春水库、燃灯、鹿塘、凤阳山水库、官沟水库、伯牙湖、卧牛湖、月明湖、高邮湖、沂湖、烂泥湖、洋湖、沙湖、安乐、大通、刘跳、跃进、尚武、魏桥、三墩、中坝、川桥、高峰、墩子、岗陈、大涧口、官塘涧、小洼子、谕兴、官桥、大洼子水库、花园湖、女山湖、七里湖、荷花池、抹山湖、石坝、林东、燕子湾水库。境内山脉丘陵有琅琊山、皇甫山、张八岭、乌龙山、神山、玉屏山、凤阳山、韭山、凤凰山、独山	A10自然资源

第十二章 滁州市文化产业资源的整合传播与开发

续表

序号	详细的资料记录	概念
资料 a_{10}	其中最为著名的就是四山：琅琊山、皇甫山、韭山、神山；四湖：女山湖、碧云湖、卧牛湖、高邮湖；四洞：韭山洞、庵基洞、吸水洞、禅窟洞	A10自然资源
资料 a_{11}	滁州是国家重要的商品粮基地，有"安徽第一粮仓"之称，盛产水稻、小麦、鱼虾、油菜等农产品。天长市被誉为"中国百合之乡"，动物资源、次生林木、竹、中药材资源丰富。已发现的矿种近40种，其中非金属矿是滁州市的优势矿产。石英岩（硅石矿）、岩盐、芒硝、石膏、铸石玄武岩、石油储量居华东之冠；岩盐矿、石膏矿是安徽省唯一的大型岩盐、石膏矿床；膨润土、花岗岩、大理石、绢云母、钾长石等具有较高的开发价值，在全省乃至全国占有重要地位。其他还有硅石、凹凸棒石黏土等，开发前景十分广阔	A11物产资源
资料 a_{12}	滁州南据长江，东控京杭大运河，为江东之门户、江淮之重镇，临江近海，物富文昌。琅琊山素有"蓬莱之后无别山"的美誉，山中大片天然次生林保存完好，林壑幽美，溪流淙淙，密林之中掩映着建于唐代的琅琊寺、建于宋代的醉翁亭（全国四大名亭之首）及其姊妹亭"丰乐亭"。国家级琅琊山森林公园，与市区相依，山在城中，城在山中，蔚然深秀，林壑幽美，亭榭古朴典雅，集自然景观和人文景观于一体。自然景观还有位于滁城西北被誉为"鸟的王国"的皇甫山自然保护区，层峦叠翠，鸥鹭成群；位于定远县和凤阳县交界处被称为"江北第一洞"的韭山洞，以及凤阳最新开发的狼巷迷谷；天长高邮湖碧波万顷，浩渺如烟。重点乡镇有乌衣镇（全国乡镇企业合作示范镇、省级重点镇）、腰铺镇、沙河镇、珠龙镇、汊河镇、新安镇、半塔镇、水口镇、襄河镇、十字镇、古河镇、秦栏镇（全国重点镇、被誉为"安徽的温州模式"）、铜城镇、汊涧镇、涧溪镇、女山湖镇、定城镇、藕塘镇、池河镇、府城镇、临淮关镇。还有集"古驿道、古关隘、古战场"于一体的"金陵锁钥"清流关，山间摩崖石刻遍布，其中"欧文苏字"碑、吴道子观自在菩萨石刻像被称为"镇山"之宝，标志着名山深厚的文化底蕴。浙江湖州贡生尹梦璧于明代天启元年（1621）在滁州任通判时，将滁州秀丽风光的最佳景致归为滁州十二景。十二景分别为：琅琊古刹、让泉秋月、丰岭祥云、清流瑞雪、花山簇锦、重熙洞天、西涧春潮、龙蟠叠翠、菱溪夜雨、石濑飞琼、柏子灵湫、谯楼大观	A12旅游景点

续表

序号	详细的资料记录	概念
资料 a_{13}	城区商业区有水石购物广场、金光大道广场、中环国际广场、中普城市广场、世界贸易广场、财富国际广场、城市星座、现代城、中都百货、白云商厦、大金新百百货、北大荒女人世界、北大荒商都、商之都、宋城美食街、1912酒吧街、琅琊古道的同乐坊等。公园有南湖公园、北湖公园、龙蟠河公园、清流河公园、菱溪湖公园、莲心湖公园、双洪公园等。其他公共场所还有人民广场、市府广场、吴楚史书广场、滁州大剧院、琅琊剧院、大地影院、水石影城、保利剧院、滁州图书馆、滁州博物馆、滁州规划馆、滁州科技馆、滁州美术馆、滁州体育中心等。重点的住宿餐饮有金地大酒店、滁州国际酒店、琅琊山度假村、红三环大酒店、欧洲城凤凰酒店、凯迪豪生大酒店、喜来登大酒店等	A13城市资源
……	……	……

（二）资料分析

本章将经过一级编码后的数据内容打散后，赋予概念化的定义，以新的方式组合（表12.1），找出概念类属，确定其属性和维度。在资料分析中实质性地进入二级关联式编码，发现和建立类属间的各种联系，进行范畴命名，找出每个范畴的性质及维度的同质性（因果关系、情境联系、相似属性、功能过程等），重新进行深度提炼整合，完成开放性编码的过程（表12.2），对滁州区域拥有的各种自然资源、文化资源以及其他社会资源划分类别后重组。经过对资料具体关联性研究后，还要探寻表达或建设这些类属范畴的最本质意图和动机，把它们放入社会的生态系统背景中加以考虑。表12.2即是在对整理后的数据经过尽可能细致描述性的概念类属比较后，将其进行范畴整合，建立一个具有实践资源开发意义的、合理联系的初步归档系统，或者说是一种区域性的特色"文脉"，为本章后面的整合传播与开发建议的提出奠定基础。

表12.2 滁州市文化产业资源的开放性译码分析

滁州文化产业资源记录	开放性译码				
	概念化	范畴化	范畴的性质	性质的维度	结论
资料 a_1	a_1 先古遗址				
资料 a_2	a_2 历史事件				

续表

滁州文化产业资源记录	开放性译码				
	概念化	范畴化	范畴的性质	性质的维度	结论
资料a_3	a_3文化源流	1. 由概念a_1,…,a_6范畴化为：历史文化(A1)	1. 文化性质： 文化特色 文化根基 文化影响	1.1 鲜明/模糊 1.2 深厚/浅薄 1.3 大/小	鲜明 深厚 很大
资料a_4	a_4文化名胜				
资料a_5	a_5历史名人				
资料a_6	a_6红色文化				
资料a_7	a_7民俗文化	2. 由概念a_7,a_8,a_9范畴化为：风俗(A2)	2. 风俗性质： 民俗特色 民俗影响度	2.1 鲜明/模糊 2.2 高/低	鲜明 较高
资料a_8	a_8手工艺品				
资料a_9	a_9特色产品				
资料a_{10}	a_{10}自然资源	3. 由概念a_{10},a_{11}范畴化为：物质资源(A3)	3. 物质资源性质： 知名度 丰富度	3.1 高/低 3.2 高/低	一般 高
资料a_{11}	a_{11}物产资源				
资料a_{12}	a_{12}旅游景点	4. 由概念a_{12},…,a_{15}范畴化为：旅游资源(A4)	4. 旅游性质： 旅游资源 资源条件 资源的美誉度	4.1 丰富/贫乏 4.2 好/差 4.3 好/差	丰富 很好 一般
资料a_{13}	a_{13}城市资源				
资料a_{14}	a_{14}中国十大特色休闲城市				
资料a_{15}	a_{15}综合交通枢纽				
资料a_{16}	a_{16}国家家电设计与制造特色产业基地	5. 由概念a_{16},…,a_{25}范畴化为：城市名片(A5)	5. 名片性质： 城市竞争力 产业规模 产业支撑面	5.1 强/弱 5.2 大/小 5.3 广/窄	较强 大 较广
资料a_{17}	a_{17}中国家电及装备制造业基地				
资料a_{18}	a_{18}中国科技进步先进市				
资料a_{19}	a_{19}浙商(中国)最佳投资城市				
资料a_{20}	a_{20}深港企业投资潜力城市				
资料a_{21}	a_{21}浙商(安徽)最佳服务城市				
资料a_{22}	a_{22}苏商(中国)最佳投资环境城市				

续表

滁州文化产业资源记录	开放性译码				
	概念化	范畴化	范畴的性质	性质的维度	结论
资料 a_{23}	a_{23} 全国双拥模范城				
资料 a_{24}	a_{24} 安徽省"第一方阵"城市				
资料 a_{25}	a_{25} 安徽省首家电子信息产业基地				

从表12.2可以看出,通过对滁州区域文化产业资源的开放性译码分析或称为关联式的二级编码,总共抽象出25个概念和5个范畴,其中因分类属性不同导致的概念数量繁杂并相互有重叠交叉部分,即使作为本章后续分析所需要分出的范畴基点在一定区域内也会有重合部分,但这不是本章所要阐明的重点,毕竟对于文化资源的分类因其划分性质不同各有偏重。下面对范畴进行分析,历史文化(A1)是从区域文化资源的历史空间着手,对先古遗址、历史事件、历史名人、文化源流、文化名胜等进行考察,挖掘出其先古至今的历史风物积淀。风俗(A2)则从民俗文化、节令风俗入手,回溯滁州区域的生活民俗、精神生活礼仪民俗等,还有特有的饮食风俗、特色小吃、特色手工艺品及形成的特色产品等优势资源对文化资源的影响及形成的民俗竞争力,是对滁州区域文化资源进行整合营销传播中非常重要的一环。物质资源(A3)是指滁州地区的自然地理资源形成的山水湖泊以及当地的矿产资源、粮食资源等形成的一种物质文化知名度。旅游资源(A4)在这里是指区域文化向外传播所需要的承载体,包括已经利用开发形成的旅游景点、城市打造的公共场所、配套的餐饮住宿设备等,还有作为重要交通的河流、公路等运输环境,这些为旅游资源打造的一个整体的便利载体,成为滁州区域对外传播的硬件资源。城市名片(A5)是滁州政府现在已经规划建构的城市战略及所获得的城市荣誉,是作为文化资源发展所需要的物质性基础,滁州需要打造一条适应自己特色的发展之路,也反映出其城市规划的继续发展目标。

(三)主轴译码分析

通过对滁州区域文化产业资源进行统计(表12.1),考虑到滁州文化资源的历史传统与当代传承资源进行整合传播与开发的可行性,本章将从表12.2的5个范畴归纳出3个主范畴,分别是人文传统文化资源类、休闲文化资源类、社会资源文化园区类。其中,"人文传统文化资源类"由A1、A2 2个范畴构成,"休闲文化资源类"由 A3、A4 2 个范畴构成,"社会资源文化园区类"由 A5 1 个范畴构成。其中对核心范畴的译码分析,有着一定的叠合。

三、滁州市文化产业资源的整合传播与开发设计

(一) 确定整合传播与开发的目标

整合营销传播计划是建立品牌的流程。区域要根据自身整体条件及可达到的条件,对现在的形势找一个测量量度,确定一个可实现的、可测量的目标。只有一个区域的本质内涵不断提升,并同时进行内外传播(建立沟通关系),区域文化产业资源的品牌价值才能得到真正的提高。区域里的居民因此而感到自豪并增强自信心,从而改善整体人文风貌,游客自然随之增加,区域成为吸引优秀企业投资的地方,优秀的人才也将聚集于此。通过提高文化品牌价值来促进文化旅游业,促进文化向其他产业的融入,促进自然资源与文化资源的深度融合,扩大招商引资效果。这些便是区域文化产业资源进行整合传播与开发的明确目标意识,是确保区域永久发展所需要的稳固基础。

滁州是新型的中级城市,尖端的第一产业需要巨额设备投资,即使滁州打造出电子信息产业、家电及装备制造业基地等城市名片,但从区域经济的角度看,滁州的竞争优势并不明显,难以拉动最大的城市发展经济效益,只有合理利用自己独具的、蕴藏丰富的文化产业资源,制订发展文化产业的战略,提升文化品牌价值,进而提升整体区域品牌价值,吸引国内甚至国外资金流入,滁州才有可能获得长期持续发展。

滁州市政府给出了建成"大滁州"的发展愿景,在纵深推进工业强市、城镇化、东向发展的战略中,最重要的是要明确发展的核心点。滁州首先应该发展的是文化旅游品牌,"园在城中、园城一体"与之后"城山相依、城水交融"的魅力花园城市建设愿景要优先置于"承接产业转移的新型工业园以及与南京同城发展的城市新家园"的目标。因为文化产业的发展并非只造福一个城市,其同时辐射到周边相似边缘的区域竞争力,可以使文化资源的品牌建构很好地形成一种良性循环,并在区域外创造财富。

在这片区域进行整合时首先要做的事便是规划资源范畴,把现实实践同精神价值以及大众生活消费模式和文化思维模式整合在一起,再以可承载传播的形式外化,建构出区域化资源顺畅的精神消费"表达"。之后所要做的营销传播便是统一资源品牌符号,通过公共关系、媒体传播、广告营销等组合方式对区域文化资源

进行立体化、系统化的传播推广过程。在区域文化品牌投入所需要的预算,相对于打造工业城市园而言,是一种面向未来做出的可持续的明智抉择,世界环境下的产业结构转变也对这种模式提供了现实认可。立足现状、放眼未来的对区域文化资源中长期的整合营销传播投资,将一点点结出硕果。

(二) 经过SWOT分析后明确城市区域定位

越是历史久远、规模庞大的区域,其文化内容的范围就越宽泛,利益相关方也越多,周边的区域也越具有同质性。滁州被纳入南京都市圈的城市设计,看似一荣共荣,但对于一个城市的发展而言,如果缺少了自身的"本体性",搞不清"我是谁",就会在等待发展机遇中慢慢失去自身的竞争优势,而各种硬件、软件配置的缺失也将使定位于边缘区域发展的滁州成为周边高速发展城市之外的盲点。

经过扎根理论分析研究,可大致确定滁州区域文化的三种分类:人文传统文化资源类、休闲文化资源类、社会资源文化园区类,这便是滁州将要打造的品牌。作为拥有丰富多样文化的城市,其城市定位必须选取一些显眼的、类型价值独特的文化品牌作为主打,如北京有故宫和长城,南京有六朝遗风和中山陵,这些虽然不能被视为是对城市的深刻思索的结果,但在打造文化品牌上可以成为自身与其他城市不同的竞争点。滁州可以走整合路线,将自己的文化产业资源优势进行多重定义,以对沟通对象的营销传播为手段,实现与众不同的文化品牌建构核心点。只有"醉翁文化""琅琊皇风""凤阳花鼓""儒林文史""霸王虞姬""农民歌会"等各种独特的文化得到最大程度的发挥,去重建各种历史遗迹、传播各种奇闻轶事,而市民也主动传承自身文化,才能让滁州成为一个活力四射、又散发古老韵味的城市。

城市文化中一切相连的都是要素,将这些要素进行分析,将文化内部的优势与劣势(着重点在大众对文化品牌的看法:文化内容、风物价值、品牌内涵、文化核心价值等),以及不可控的外部机会与威胁(其他文化市场竞争威胁、市场的完全开放性、整体经济环境和市场经济的自由机会等),按文化战略中的优先原则进行排序,明确找出关键要素作为整合的核心精髓。其中"公众意向"是一个具有战略高度的关键步骤,文化内部的公众认知及其发展的方向,必须由专门的文化品牌顾问团在当地进行价值评估。"一山一亭,一文一书,一个皇帝一个村"可以用来简要概括滁州的历史文化积淀,从琅琊山、醉翁亭、《醉翁亭记》《儒林外史》、朱元璋、凤阳小岗村这些简短的符号形象的抽取就可以看出滁州的文化资源组合。可以说,我们要抓住以上核心的予人以深刻印象的城市特质,辅以区域城市的广告传播形象标识,建造造型独特的标志性雕塑和建筑物,凸显出滁州的历史背景和文化传统,组合成统一的传播形象,继而使之成为进行营销传播的一项新资产。

（三）确定目标受众定位，提供相应价值

区域文化的整体品牌价值的提升与滁州城市品牌价值的提升一脉相连。三种不同文化种类的范畴让文化产业的目标客户主要集中在注重精神消费的受众和侧重投资环境的企业领域里。面向不同的消费层级，打造"有鲜明历史文化的城市""有独特传统风俗的地方""有名山名苑的花园""独特水路相连的风水之地"等城市形象的战略可以细分受众群体。要将文化市场细分，与周围那些城市区别开来，需要找出文化精髓所在，比如"文人名士的醉翁内涵"，因为在滁州，传统的文化虽然浓厚，但保留下来的并不是很完整，只有找到历史痕迹最浓烈的那一笔，也即最容易在当地人的意识和社会文化中引起共鸣的代表性元素，才能开发出与众不同的形象。综合各方意见，城市利益攸关方可分为本地居民、各层级游客、内外部投资者、文化活动参加者、政府、其他社会机构，而其中的每个相关方又可以分为多个可考量集群，种类繁多的利益攸关方对城市所要表达的文化价值导向也截然不同。因此，高效的文化品牌建构应该针对不同目标对象的诉求和不同品牌形象进行差别化开发的战略，"因人而异、因地制宜"。但需要注意的是，这些用多个词汇来说明的定位和概念都立足于一个整合基础上，不同的文化开发方案建立在一组系统性的品牌设计上。

在区别目标受众之后，战略的重点就在于如何有别于周边有竞争力的城市。有着丰富文化传统的城市在进行文化资源建设时，都有一个倾向，那就是对于传统文化和自然景观的罗列式展示，这涉及文化建构的强大解释力、受众的理解欣赏力、资金的大幅度投入和回收的缓慢等客观因素。那么在滁州这片自身拥有着丰厚历史传统的大地上，能提炼出怎样的文化价值？

从战略方面看，将绚丽的山水自然景观融进不同的文化形象传播中，根据不同目标展示不同的概念，个人旅游的多种文化体验的诉求已经超过单纯的视觉享受。在滁州"宜居宜业宜商"的概念展示中，把握一个目标只展示一个文化概念的原则，根据目标性质制作整合营销所需的文化资源价值是最有效的传播。而这些，需要根据信息数据库设计出可量化的方案，将不同要素进行罗列，与无数利益攸关方进行对话，在选出其中最充满魅力的要素后，决定战略设计。受众需要看到的是拥有文化创意性的城市品牌设计，单纯的视觉性美丽传达不足以打动挑战越来越高的文化消费诉求。

从战术方面看，整合性的营销传播与开发提供了沟通式的视角，不再独立炫耀单一元素的自身魅力。通过"文化经验和体验"的方式，比如举办"文化旅游节""民俗参与活动"，以及"故事性"表达，比如通过相关文化巨匠的视野和评价或者普通人自身的体验故事讲述，来实现滁州独特的创意指导战略。

（四）制定整合传播与开发相关发展模式

根据对滁州文化产业资源的分类与评价,初步得出以下发展模式:

（1）人文传统文化资源的多节点沿轴线模式。以文化旅游主体路线为轴线,根据各景观实际文化功能和自然地理需要沿轴线进行节点建设,各节点之间留有足够的历史文化景观空间,以利于大众的出行、旅游、休闲和娱乐。历史文化遗存要素分散为多个节点,每个节点可以是一个人文要素,也可以是几个文化资源组合的整体,它们沿轴线分布,依附于区域整体文化价值品牌的扩展方向。

（2）休闲文化资源的绿色生态模式。城市自出现以来,同生物有机体一样,经历出生、发展、衰落等过程,内涵的文化要素体现了不同城市间特有的价值取向,若干基本的文化价值要素总会稳定地一代一代地传下去,形成这个城市的性格。将滁州的休闲文化依附于自然绿色的生态系统,将山水风光的特性融入城市硬件设计中,顺应自然生态规律,对景观及公共场所的自然风光再创造,将已经建成的风景区和历史文脉结合,使城市风貌与自然基质融为一体。

（3）社会文化资源的合作创资模式。滁州经济开发区先后与南京、无锡开发区和上海莘庄、漕河泾工业园区签订合作协议,南谯、琅琊又分别与上海浦东新区川沙功能区、宝山区大场镇签订园区合作协议等,这是商业上融资发展的举措。作为合作创资最好的方式,便是扩大自身社会文化资源的影响力,利用周边合作城市的可用公共资源,传递创资的最大边际效用,并承接周边区域经济发展的辐射,实现产业扩散和梯度型转移,但这些都建立在优先发展文化产业的基础之上,是在不损害文化区域中景观的前提下做的第二选择。

（五）滁州文化产业资源整合传播与开发的具体策略

在本章已经提及过的区域硬件设施与软件脉络确定后,选择有利的营销传播方式与传播媒介的组合,让专门的创意组织人才制定整合传播构思（包括文化细分市场的传播选题、文化价值概念、公共传播促进等）,继而分清区域文化营销的成本与投资概念,将资本运营理念引进文化整合营销中,设定基准后,建立一个适用各种细分市场的权重体系。对整合营销效果进行及时评价（比如评价是否文化资源的广告、美誉、促销等已经吸引了大众的眼球却没有对实际产业营销起作用,"只赚了吆喝"）,强调利益攸关方的信息反馈与实践产业增长量,及时改进实践战略。

参考现有的举措和其他城市成功的事例,对滁州在具体策略中可适用的方案举例如下:

1. 精心策划具有鲜明主题的活动营销与空间传播,有效实现区域文化资源品牌的营销目标

打造"特色"活动是许多品牌城市的着力点,富有特色的文化经济活动是文化品牌形象塑造的重要组成部分,特别是将会展、节庆这样带有参与式体验的活动作为区域文化符号概念直接有力地促进了城市文化品牌的形成和推广。滁州举办的活动有"中国·滁州醉翁亭文化旅游节""凤阳花鼓文化旅游节""白鹭岛生态文化旅游节""中国农民歌会""中国·滁州菊花旅游节""醉翁文化节""儒林文化节""大明文化论坛""全椒采桃文化旅游节""来安果蔬采摘旅游节"等。此起彼伏的营销活动可以将滁州的海陆空交通工具整合成为这个城市的展示载体,比如将滁州的水运干线航道资源很好地设计进文化旅游中,让美丽的河流及其交通资源、植被资源、建筑设施、相应文化的视觉传达和文化活动成为"人文、休闲"城市的宣传媒介,在由此而组织的一系列活动中,让最初设计出的区域文化价值与精神迅速传遍各地。

2. 各种文化品牌的组合承载,让城市文化、生活、经济等活跃在受众视线中

将历史人文积淀相结合的文化旅游与自然风光组合在一起,比如将帝王文化、大明文化用故事性的表述与山川、森林、溶洞等自然风光组合在一起,实现文化品牌的概念传播而非仅仅只有景区的罗列推广。通过文化功能分区,配合活动事件,开发特色农产品、饮食文化、特色民俗,将日常生活概念融进旅游资源的品牌标识中,精心打造旅游购物活动,凝练主题,产生附加的品牌带动效应,同时拉动经济发展。将完善的公共交通系统、餐饮住宿服务设施、富有区域特色的购物区这些硬因素与生活消费成本、"宜居宜业"等其他软因素相结合,更好地实现在营销传播的资源整合中,用有形的平台推广打造出无形的独特民俗文化品牌的产业目标。

3. 重视协同合作效应

在用健全专业运作的城市文化营销体系,去营造全域的美好文化氛围,并对自身品牌形象进行维护管理的同时,滁州不能仅仅将自己看作其他城市都市圈的携带成员,更应该效仿香港与广东两地的合作模式,优化与可合作区域的市场协同,在人文相通的基础上,推进协同机制,增加对投资者的吸引力,提高区域的整体影响力、竞争力。通过联合举办推广与交流活动、破除文化贸易市场壁垒以及区域内的点面合作,将文化整合营销从有形的产品、传播形象到文化品牌实现急速扩展,增强滁州作为"园城"的吸引力,利用可共享的公共资源为区域文化营销传播注入新的生命力。

4. 充分利用各类大众传播媒介,进行持续性的媒体传播

滁州的文化产业资源非常丰富,但是在国内有影响的主流媒体中,在有影响的影视剧中,还很少见到对滁州的推介。滁州应将自我发力和借船出海强势结合,利用央视平台,利用主流新闻网站,利用强力的平台媒体,与大的影视公司合作,为琅琊山、醉翁亭、明皇陵等独一无二的历史文化景点,为凤阳花鼓等非物质文化遗产,打造电影、纪录片、动画片、实景演出,高调传播稀缺优质的本地文化产业资源。

四、结　语

滁州文化产业资源多姿多彩,强化本地文化遗产和文化艺术、传统风俗、自然风物,率先在地域性的城市竞争中,成为充满文化气息、独具魅力、怡情悦目的适合居住、适合工作、适合休闲的"绿色三市",是今后滁州发展的重要方向。同时,要打造强大的区域文化品牌,软件因素比硬件因素更加重要,它需将区域内文化产业资源进行整合传播的品牌再创造,将文化本身具有的多维性进行整合,通过相关领导层对文化品牌的导向组织,与利益攸关方进行持续不断的沟通、协调、流程校订,联合强大且彼此兼容的区域合作伙伴,调配传统历史文化积淀与其他现存功能特征,启动由众多利益相关者参与的整合传播与开发活动。

第十三章 六安市文化产业资源的整合传播与开发

六安市,位于安徽省西部,处于长江与淮河之间,大别山北麓,地理意义上的"皖西"特指六安。江淮分水岭,由西南向东偏北横贯本区,属于淮河流域面积14912平方公里,属于长江流域面积3064平方公里。六安之名始于公元前121年,汉武帝取"六地平安、永不反叛"之意,置六安国,故历史悠久。因舜封陶于皋,故后世称六安为皋城。六安为大别山区域中心城市,是国家级皖江城市带承接产业转移示范区的成员城市,安徽省会经济圈合肥经济圈的副中心城市,国家级交通枢纽城市。六安荣膺"国家级园林城市""国家级生态示范区""中国水环境治理优秀城市""中国人居环境范例奖""中国特色魅力城市200强"等称号。

一、六安市资源概述

六安从尧舜禹时期便有人类活动,这也决定了六安深厚的历史文化背景,造就了独特的文化资源,如悠久的皋陶文化、楚文化,丰富的民俗文化,独具特色的饮食文化。除此之外,六安依山傍水,景色优美,充分得到了大自然的眷顾,拥有得天独厚的自然资源,打造出了融红色、绿色、古色为一体的特色鲜明的旅游产业。这些不同种类的文化资源使得六安市独一无二。

古往今来,这块土地英才辈出。上古有辅佐舜禹而劳卒的皋陶,汉有"开巴蜀教化之风"的文翁,宋有名冠"宋画第一"的国画巨擘李公麟,明有我国兽医学鼻祖喻本元、喻本亨,清有一代帝师孙家鼐。近代有辛亥名杰柏文蔚、张汇滔,抗日名将方振武、孙立人,著名左翼作家蒋光慈。新民主主义革命时期,涌现了以许继慎为代表的一大批无产阶级革命先驱。在20世纪五六十年代授衔的中国人民解放军将军中,皖西籍就有108名,占全省130位的85%。全国9个将军县,六安就占了2个——金寨县、裕安区(原六安县),被誉为"将军之乡"。六安东与省会合肥市相连,南与安庆市接壤,西与河南省信阳市毗邻,北接淮南市、阜阳市,是大别山沿淮经济区的中心城市,拥有多条交通要道,被国家交通部确立为陆路交通运输枢纽城市。六安还有丰富的金属矿、非金属矿产资源和水资源,这些都促使了六安的产业发展,基本形成了铁矿冶金、食品加工、机械制造、服装轻纺、能源电力、建筑建材等重点产业。

目前六安市正在积极发展城市文化,本章将通过扎根理论的研究方法,对六安市的文化产业资源进行整理和分析,得出有效的文化产业资源整合传播与开发的策略。

二、六安市文化产业资源分析

(一)资料收集整理

本章的资料收集主要是基于六安市的文化产业资源整合,通过多种途径得到相关资料,具体有:

(1) 由安徽省地方志编纂委员会编写的《安徽省志》,内容较权威。

(2) 六安市人民政府网,对于六安市的文化资源分类清晰,内容丰富,得到的资料相对较全。

(3) 从中国期刊网、维普资讯等期刊全文数据库搜索得出的相关论文。

(4) 关于六安市文化研究的专著以及其他相关资料。

"六安市文化产业资源的资料清单"如表13.1所示。

表13.1 六安市文化产业资源的资料清单[①]

序号	详细的资料记录	概念
资料a_1	皖西文化源远流长,特色鲜明。皋陶文化的文明之光从这里播向华夏,传向世界。战国时期,楚民族逐渐统治了今安徽大部,并建都于寿春(今寿县),其他民族大部分同化于楚。"成长于江汉,扎根于江淮"的楚文化在这里高度成熟。从春秋战国到西汉中期,六安一直是道家、农家和儒家学派研究和教育活跃的地区。伴随着如火如荼的革命岁月而产生的红军文化热情高亢,形式活泼,独树一帜。皖西文化艺术门类丰富,民歌、民舞、曲艺、灯会和民间剧目种类繁多,折射出江淮地区和大别山区劳动人民的勤劳与智慧	A1历史文化

① 表格中的资料收集部分来源于:安徽省地方志编纂委员会.安徽省志[M].北京:方志出版社,1997.

第十三章 六安市文化产业资源的整合传播与开发

续表

序号	详细的资料记录	概念
资料 a_2	一个地区拥有出土文物的多少，可以作为其是否为历史文化名城的标准。六安战国大墓出土大量珍贵文物，六安双墩汉墓堪比湖南长沙马王堆汉墓。六安拥有多个国家级文物县，其中寿县最为著名，也出土过很多文物，如战国青铜鄂君启金节（国宝，寿县出土）、春秋青铜莲瓣方壶（寿县出土）、元代银蝴蝶香囊（六安出土）、宋代捶揲金棺（寿县出土）等[①]	A2 文物
资料 a_3	民俗活动是民俗文化的集中和具体表现的社会形态，六安古老而神奇，民风淳朴，风情独特。美丽的山川，丰富的饮食，寻常的起居，日常的劳作，都演绎成美好的传说和地方掌故，寄托着皖西人民对真善美的憧憬和追求。六安的居住、婚嫁、节庆礼仪等多有其特点，具有丰厚的历史沉积和古朴之风。例如六安民俗文化中有很多独特的吉祥数字，如桌不离九、门不能五、凳不离三等	A3 民俗文化
资料 a_4	方言也是一种特殊的文化遗产，语言的流传和变化见证了一个地区的发展历史。六安的方言是江淮官话洪巢片、皖北中原官话，语言比较特殊，词汇用法和含义比普通话要多，在六安方言中，大多数词汇的词义被扩大化，或者和其在普通话中表示不同的意思，用法也有所不同	A4 方言
资料 a_5	六安的新闻事业在民国时期就已萌芽，民国三十二年（1943）10月1日，国民党安徽省政府在立煌（今金寨县）创办了《安徽日报》。自"十一五"计划以来，六安市文化系统攻坚克难，文化事业得到快速发展。六安现有市级广播电台、电视台各1座，县级广播电视台5座，中波发射台和转播台1座，乡镇有线广播电视站188个	A5 新闻事业
资料 a_6	六安有著名的大别山灵芝、天麻、正阳"三子"（蚬子、舟鸟子、蒿子）、皖西白鹅、金寨山楂、叶集风干羊肉等。除了食物以外，不得不提六安的茶叶了，六安瓜片、霍山黄芽、金寨翠眉、舒城兰花、华山银毫被称为绿茶的五朵金花。六安丰富的饮食原材料以及独特的烹饪方法，让品尝过的人都流连忘返。六安名酒颇多，其中迎驾贡酒、华玉泉酒、龙津啤酒为安徽三大名酒。其独特的气候和水土条件让这些酒保持香醇，形成了独特的酒文化	A6 饮食文化

[①] 2015年12月30日，《中共安徽省委、安徽省人民政府关于调整安庆市铜陵市六安市淮南市部分行政区划的实施意见》下发，将六安市寿县划归淮南市管辖。此处文物资源还留有寿县发掘的文物，其他属于寿县的资源如八公山豆腐文化、寿县的安丰塘（曾被誉为"世界塘中之冠"，与都江堰、漳河渠、郑国渠并称为"中国古代四大水利工程"，比都江堰还早300年，素有"天下第一塘"之誉）及伴随着寿县古名——楚国末期都城寿春及相关帝王将相故事遗迹等，就不再放在本章叙述了。

续表

序号	详细的资料记录	概念
资料a_7	六安有很多的小吃,小吃街中著名的有市中心的步行街、五牌里一条街、齐云路的美食一条街。六安人爱吃,也会吃,既能发扬光大本土的传统美食,又能兼容并蓄外来饮食文化,有大井拐包子、郁兴发牛肉汤、老周家臭干子、老字号馄饨、皖西剧院门口的牛板肚,还有卤面筋、猪头汤、牛肉炸酱面、煎饺等。这些特色小吃,无论是多年经营的老字号,还是颇具风情的路边摊,都能够让人大快朵颐,享受美食带来的愉悦。	A7特色小吃
资料a_8	六安有"华东最后一片原始森林"之称的天堂寨风景名胜区,是5A级景区,位于大别山腹地,金寨县西南角,距六安市区136公里。天堂寨景区属2.4万公顷的天(堂寨)-马(鬃岭)国家级自然保护区的一部分,素有"植物的王国、动物的乐园、圣水的故乡"之誉。 六安有省城后花园——舒城县万佛湖风景区,是4A级景区,位于舒城县城西南,距省会合肥不足80公里,以龙河口水库为主体,南有万佛名山,东有万佛温泉(西汤池温泉)。 舒城县万佛山风景区是4A级景区,位于舒城西南,距合肥140公里,距舒城万佛湖景区60公里,总面积50平方公里。该风景区森林覆盖率达到95%,负氧离子含量高,是国家级旅游区、国家森林公园、国家地质公园及国家级自然保护区。主峰老佛顶海拔1539米,为舒(城)、桐(城)、潜(山)众山之祖,南与天柱山(1485米)遥相对峙。 皖西大裂谷风景区是4A级景区,位于六安市南25公里处,是一处国内罕见的山裂奇观。明末农民起义军领袖张献忠攻克六安后曾在此屯兵隐藏,凭险而拒。整个景区状如三节莲藕,窄处仅容一人置脚,宽处可藏千万精兵。两侧峭壁直立,高数十丈(1丈=3.33米),有的山体呈负面倾斜,非常壮观。景区生态原始,有远古的自然韵味。 大别山主峰景区是4A级景区,以大别山最高峰白马尖(海拔1777米)为中心,整个景区涵盖四大景点:白马尖、龙井峡、四望山、别山湖,以及坐落于白马尖山腰、海拔950米的大别山庄度假村。 霍山县佛子岭风景区是4A级景区,距霍山县城15公里。其主要景点有佛子岭大坝、佛子岭人工湖、卧大佛、睡美人、度假村、跑马场、东淠河漂流等	A8旅游资源
……	……	……

(二) 资料分析

1. 开放性译码分析

开放性译码是指将资料记录逐步进行概念化和范畴化,即根据一定原则将大量的资料记录加以逐级缩编,用概念和范畴来正确反映资料内容,并把资料记录以及抽象出来的概念打破、揉碎并重新综合的过程。开放性译码的目的在于指认现象、界定概念、发现范畴。[①] 六安市文化产业资源的开放性译码分析如表13.2所示。

表13.2 六安市文化产业资源的开放性译码分析

六安文化产业资源记录	开放性译码				
	概念化	范畴化	范畴的性质	性质的维度	结论
资料 a_1	a_1 历史文化	1. 由概念 a_1,…,a_5 范畴化为:文化(A1)	1. 文化性质: 文化特色 文化根基 文化影响	1.1 鲜明/模糊 1.2 深厚/浅薄 1.3 大/小	鲜明 深厚 很大
资料 a_2	a_2 文物				
资料 a_3	a_3 民俗文化				
资料 a_4	a_4 方言				
资料 a_5	a_5 新闻事业				
资料 a_6	a_6 饮食文化	2. 由概念 a_6,a_7 范畴化为:美食(A2)	2. 美食性质: 知名度 美誉度 美食企业	2.1 高/低 2.2 好/差 2.3 多/少	较高 很好 较多
资料 a_7	a_7 特色小吃				
资料 a_8	a_8 旅游资源	3. 由概念 a_8,…,a_{14} 范畴化为:旅游资源(A3)	3. 旅游性质: 资源丰富性 资源条件 资源的美誉度	3.1 高/低 3.2 好/差 3.3 高/低	较高 较好 较高
资料 a_9	a_9 "五色"六安				
资料 a_{10}	a_{10} 国家级园林城市				
资料 a_{11}	a_{11} 大别山明珠				
资料 a_{12}	a_{12} 国家历史文化名城				
资料 a_{13}	a_{13} 省城后花园				
资料 a_{14}	a_{14} 红色遗迹				

---

① 张燚,刘进平,张锐. 基于扎根理论的城市形象定位与塑造研究:以重庆市为例[J]. 旅游学刊,2009(9):55-56.

续表

六安文化产业资源记录	开放性译码				
	概念化	范畴化	范畴的性质	性质的维度	结论
资料a_{15}	a_{15}舒城汤池温泉	4. 由概念a_{15},…,a_{18}范畴化为:休闲(A4)	4. 休闲性质:休闲娱乐资源购物消费	4.1 丰富/贫乏 4.2 好/差 4.3 丰富/贫乏	较贫乏 较好 较丰富
资料a_{16}	a_{16}特色购物街				
资料a_{17}	a_{17}时尚理念				
资料a_{18}	a_{18}消费市场				
资料a_{19}	a_{19}驰名商标	5. 由概念a_{19},…,a_{22}范畴化为:品牌(A5)	5. 品牌性质:产业竞争力经济规模知名品牌数量	5.1 强/弱 5.2 大/小 5.3 多/少	较强 较大 较多
资料a_{20}	a_{20}名牌产品				
资料a_{21}	a_{21}行业标志性品牌				
资料a_{22}	a_{22}区域品牌				

从表13.2的分析可以看出,通过对六安市文化产业资源进行开放性译码分析,抽出了22个概念,并由这22个概念范畴化为5个范畴。这些概念大多是根据六安市的具体文化产业资源命名的,还参考了其他地区文化产业资源研究的相关资料,以及一些文献研究结果。由于22个具体概念数量太多,因此重点对5个范畴进行解析。

通过开放性译码分析得出的5个范畴从A1至A5分别是文化、美食、旅游资源、休闲、品牌。文化(A1)根植于六安市的历史文化、民俗文化、方言等。六安的文化有着深厚的历史基础,从皋陶文化到寿春楚文化再到六安汉文化,以及后来发展起来的红军文化,经历了几千年的文化熏陶,形成了既包含古代文化精髓又融入现代文明的文化氛围。美食(A2)是由六安的饮食文化和特色小吃资源组成的,正阳"三子"、叶集风干羊肉、皖西白鹅为人们所称道;除了食物之外,六安还有著名的茶叶和各种山珍为人们所喜爱。旅游资源(A3)是六安重要的文化资源之一,旅游资源的种类较多,无论是自然旅游资源还是文化旅游资源都值得游览。大别山北麓的优越地理位置给六安带来了美丽浑然天成的自然景观;几千年的文化发展历史给六安带来了深厚且充满韵味的文化旅游资源;在血与火的战争年代,六安人民为民族解放做出了巨大贡献,也留下了宝贵的红军文化。休闲(A4)是以舒城汤池温泉为主,其他普通休闲项目为辅,集多种娱乐方式为一体;同时人们可以在六安的特色购物街和步行街,如新天街、百大金商、红街商业街等,进行休闲购物消费。品牌(A5)是指六安市产业发达,农工商业基础好,拥有全国数量较多的驰名商标、名牌产品、行业标志性品牌、区域品牌等,尤其是特色农产品及衍生的食品、文创产品等。

2. 主轴译码分析

主轴译码分析是指将开放性译码分析中所抽象出来的各项范畴联结在一起的过程,其具体运用了这样的一个典范模型:因果条件→现象→脉络→中介条件→行动/互动策略→结果。典范模型是扎根理论方法的一个重要分析工具,用以将范畴联系起来,并进一步挖掘范畴的含义。利用产生某个事件(主范畴)的条件、这个事件所依赖的脉络(也就是该范畴性质的具体维度指标)以及在事件中行动者采取的策略和采用的结果,有助于更多、更准确地把握该事件(主范畴)。[1]根据表13.2得出的分析结果,以及运用典范模型的分析方法,从5个具体范畴(文化、美食、旅游资源、休闲、品牌)中归纳得出六安市文化产业资源的4个主范畴,即"中国历史文化名城、中国名茶之都、国家重点红色旅游景区、中国特色魅力城市"。

3. 选择性译码分析

通过前面对六安市文化产业资源的具体资料整理以及分析,对于其文化产业资源的现状有了一定的了解,从最初的"文化、美食、旅游资源、休闲、品牌"5个范畴,到后面深入分析得出"中国历史文化名城、中国名茶之都、国家重点红色旅游景区、中国特色魅力城市"4个主范畴,最终得出六安文化产业资源整合传播应该以历史文化资源与旅游资源为主。

三、六安文化产业资源的整合传播与开发策略

从上面对六安市文化资源的资料分析结果可以看出,六安在历史文化资源和绿色旅游资源(优美环保的自然风光)方面有很大的优势,因此对于六安市的文化资源整合传播与开发可以从这两种资源入手,将历史文化资源和旅游资源充分结合,重点突出地方特色,使六安市的文化产业资源的整合传播与开发得到更全面更快速的发展。

(一)大力发展生态旅游业和绿色休闲业,将养生文化、环保思想与休闲娱乐结合起来

2013年底以来,随着雾霾天的多地发生、多次出现,一些旅行社和网商推出的"洗肺游""好空气游""躲雾游"线路纷纷上线,主打空气质量牌。"拒绝爆表的

---

[1] 张燚,刘进平,张锐.基于扎根理论的城市形象定位与塑造研究:以重庆市为例[J].旅游学刊,2009(9):56-57.

PM2.5,逃离无尽的雾霾天,享受蓝天白云大太阳""寻找好空气,直奔海边去"等广告词让游客心驰神往。2014年,携程旅行网根据旅游线路预订情况,排列出了十大最受欢迎的"洗肺游"目的地,分别是三亚、厦门、丽江、桂林、昆明、长白山、西双版纳、贵阳、大理、黄山。① 而仔细分析这十大目的地,我们会发现这些地方不少已经过度开发,出现了很多旅游消费投诉、节假日游客爆满等现象,使人无法充分休闲放松。而六安的天堂寨、佛子岭、万佛湖、万佛山等山水之间还有不少地方养在深闺,能够充分满足人们"洗肺游""清净游""生态游""深度游"的愿望。

六安地处合肥西边,离省城合肥很近,公路交通便捷,现在又有合肥至武汉的高铁停站六安,只要一小时就能从合肥市区到达六安市区,合肥和六安的同城化交通建设正在进行,那么可以通过各种大众媒介宣传,开发各种时间长度的休闲游产品,吸引合肥地区及六安本地有休闲需求的游客进行周末短途游、假期游、乡村休闲游,同时也可以吸引从外地到合肥进行商务活动、休闲活动的游客到六安进行延伸旅游。

六安位于合肥至武汉的高铁线上,可以成为合肥与武汉之间双城游乃至安徽、湖北两省旅游的中转站。六安地处鄂豫皖交界处,与河南省信阳市相连,与湖北英山县、罗田县相接,与这些地方同属大别山地区,山水相连,风俗相近,物产相似,比如都盛产名茶、竹木、名贵中药材等。这就可以与这些地区的文化产业资源进行整合,延长文化旅游业的产品线,实现协同发展。

而且前面多次提到六安丰富的自然景观有很多没有开发的地方,正好可以满足人们"回归自然、返璞归真"的愿望,可以有效地发展六安的生态旅游资源。在发展生态旅游的同时,可以使自然资源和历史文化资源整合,在生态旅游中加入一些历史和文化主题节目的表演,如可以仿造《印象丽江》《印象刘三姐》此类节目,还原古城形象,使自然资源和历史文化资源有效整合,得到充分传播。

(二)红色旅游要有新气象新做法,将红色文化融入文化演艺活动,打造红色题材影视剧、纪录片、动画片等精品影视节目

红色旅游资源是六安市旅游资源的重要组成部分,但是和其他红色旅游景区相比,六安的红色旅游发展相对较弱,也没有形成固定的精神风貌,因此可以将红色旅游资源作为一个开发目标进行开发。要发挥革命圣地、纪念地作为爱国主义基地的优势,借助宣传、新闻、文化等部门的力量,宣传红色旅游目的地的整体形

---

① 尹婕.好空气成旅游新卖点 "洗肺游"走红[EB/OL].(2014-03-01)[2019-09-28]. http://travel.people.com.cn/n/2014/0301/c41570-24499479.html.

象,把红色旅游和其他优势旅游资源相结合,提升六安红色旅游的知名度。同时要与安徽省内其他地区的红色旅游线路形成合作,与六安周边的湖北省和河南省的相关县市合作,开展红色旅游的整合开发。

同时红色题材要充分编创成歌舞剧、纪录片、专题片、动画片、电影等,打造影视演艺精品,让六安区域内外的受众可以通过观看演出、节目,充分传播六安将军之乡、革命老区的美名,进而带来相关产业的发展。

(三) 深挖茶文化,多渠道开发相关的文化产业

六安盛产茶叶,名茶有六安瓜片、霍山黄芽等。明朝茶学家许次纾在继陆羽《茶经》之后的中国又一部茶叶名著《茶疏》开卷的第一段话就是:"天下名山,必产灵草,江南地暖,故独宜茶。大江以北,则称六安。"古代诸多诗词中,有许多是赞美六安茶的。其中两首最为出名,一是明朝三位名人李东阳、萧显、李士实联手写了一首七律赞六安瓜片:"七碗清风自六安,每随佳兴入诗坛。纤芽出土春雷动,活火当炉夜雪残。陆羽旧经遗上品,高阳醉客辟清欢。何日一酌中泠水?重试君谟小凤团。"二是清朝霍山县令王毗翁写霍山黄芽的诗:"露蕊纤纤才吐碧,即防叶老须采忙。家家篝火山窗下,每到春来一县香。"

其中六安瓜片是中国十大历史名茶之一,简称瓜片,具有悠久的历史底蕴和丰富的文化内涵。唐称"庐州六安茶",为名茶;明始称"六安瓜片",为上品、极品茶;清为朝廷贡茶。六安瓜片已经获得国家质检总局"地理标志产品认证",并被列入国家非物质文化遗产名录。

六安市每年都会举办茶文化节,但内容相对比较单调,以大型文艺演出为主,在此可以将茶叶文化节的内容进行扩展,加入茶叶历史传承、茶道、茶艺等元素,丰富茶文化节的内容。还应该建立茶博物馆或六安茶文化园、茶文化主题民宿,通过互动体验、深度感受,让游客和本地居民充分感受六安茶文化,爱上六安茶文化,传承六安茶文化。同时将依托茶文化,研发衍生农旅产品和文创产品,尽可能地延长产业链和价值链。

六安市及相关茶企业也制作了六安瓜片的形象宣传片,但是表现手法还比较简单,只是一种专题介绍的手法,分几部分分别介绍其生产环境、制作工艺等,还不能充分展现六安瓜片的文化底蕴,也不能打动人心,应该打造反映六安茶文化的剧情片、文化纪录片,将山水风光、民俗风情、传说故事、动人情感融入其中,以此大力传播六安茶文化,在茶文化传播、茶叶生产、茶艺创新和传承中形成良性互动。

（四）与周边地区协作，打皋陶文化、楚文化、江淮文化牌，实现共赢

皋陶是上古四圣之一，但是现在很少有人知道其事迹，由于历史久远，现代完全可以将其事迹传奇化，制作动画片、故事片，通过电视媒介、网络视频媒介充分传播，从而让六安市的历史文化名城形象走向全国。

寿县原属六安，现在划归淮南，是安徽省最早入选国家历史文化名城的3个城市。它曾是楚国后期的都城，是楚文化的故乡，中国豆腐的发祥地，淝水之战的古战场，素有"地下博物馆"之称。历史上4次为都，10次为郡。寿县的楚文化博物馆珍藏国家一级文物160多件，二级、三级文物2000多件，境内拥有国家4A级风景区2个，是安徽省7个重点旅游城市之一。这里还有2500多年前春秋时代楚国相国孙叔敖主持修筑的大型水利工程安丰塘，又称期思陂，古称芍陂。这些历史故事、人物传奇都可以打造成大型歌舞演出，拍摄制作动画片、影视剧，吸引各年龄段的受众，为文化产业开发带来机会。六安市可以和淮南市合作，继续合作开发利用相关文化产业资源。

同时，安丰塘是古代的著名水利工程，泽被后世，但并没有改变江淮分水岭地区十年九灾的历史。中华人民共和国成立后在六安地区又兴建了伟大的水利工程——淠史杭灌区（有佛子岭水库、梅山水库、磨子潭水库、响洪甸水库、龙河口水库（今万佛湖）共5大水库）。这是截至21世纪初兴建的全国最大的灌区，是全国三个特大型灌区之一。灌区以宏伟的灌排体系著称，横跨江淮两大流域，实现了雨洪资源的科学利用和水资源的优化配置，使昔日赤地千里的贫瘠之地变成了今天的鱼米之乡。但是直到今天，对这一工程的宣传，对其在安徽、河南乃至整个江淮领域的经济社会发展中的重要作用的宣传，都没有充分进行，甚至在某种程度上可以说普通群众包括安徽合肥、六安，河南信阳等地直接受惠于工程的人们都不知道这一工程（除了参加过该工程建设、听说该工程建设的60岁以上的区域内居民之外）。事实上，围绕这一工程，安徽和河南乃至湖北可以联手开发，将这一工程展现的社会主义先进文化，与红色文化资源、绿色文化资源，与江淮历史文化、楚文化资源结合起来深入开发，通过研学、旅游、休闲、农旅结合、农产品与食品开发、文化研发等方式，实现社会效益和经济效益的最大化。

四、结　语

六安市是安徽省山水文化资源最为丰富多彩的地级市之一,也是安徽历史文化资源最为鲜明突出的地方,是安徽红色文化资源最为优势的地级市,但是在当前的经济政治文化发展中,六安市还有很多工作可做。当前,六安市需要立足当地丰富的文化资源和自然资源,把六安历史文化的传统品格与发展进步的时代特征更加紧密地结合起来,加快推进文化旅游业、文化强市建设,着力推进文化融入各相关产业的发展之中,相信六安市一定能够创造经济政治文化社会建设的辉煌。

第十四章 阜阳市文化产业资源的整合传播与开发

阜阳是安徽省北方的一座文化产业资源非常丰富的城市,文化源远流长,关于安徽北方地区文化产业资源整合传播与开发的分析先从阜阳开始。

一、阜阳市资源概述

阜阳市在地理区域上属于黄淮海平原南部,淮北平原西部,这种历史上的冲积平原的地势较为平衍,整个皖北地区的地面坡度比降约八千分之一[①],旧志称这里"为舟车四连之区,无岗坡盘结之势"。[②]加上其气候具有从暖温带向亚热带过渡的特点,使该区域的水热资源优于北方而光照亦多于南方,自然生态环境所带来经济的发展,继而影响至社会政治文化。社会的发展史同时也是一部文明史,文明又是某一地域文化与"自然-社会-文化"复合的社会生态系统互动适应的过程,社会-文化理论及在此基础上研究的"环境决定论"在可持续发展研究中的地位慢慢得到社会的认可,特别是在自然环境衡稳的背景下,文化因素对于社会经济甚至社会政治所能产生的影响与结果正是当今社会研究区域文化的重要原因之一。

在唐宋时期,淮河成为公认的南北文化的界限[③],而现在的"秦岭—淮河"线实际上也是南北人文地理的分界线。阜阳区域丰厚的历史文化底蕴便是诞生于淮河中游北部的黄淮平原上,也是笔者由此先界定阜阳区域文化划属于"皖北文化"或"淮北文化"的一个原因,历史上因其地理位置,其文化在形成中不断接受来自大河流域的多种文化影响,在不断吸收周围其他文化养分的过程中逐渐趋于成熟,形成了较鲜明的地域特色、完整有机的体系,其悠久多元的历史文化遗产在今天具有的

---

① 黄河水利委员会. 整理黄泛区工程计划纲要[A]. 油印本,1947.
② 张钫,等. 康熙颍州志[M]. 刻本. 康熙五十五年(1716).
③ 陈正祥. 中国文化地理[M]. 北京:三联书店,1983:5.

开发利用价值,更是我们研究其区域文化资源的源头。但同时区域经济文化因为在中国历史上长期的发展不平衡而所形成的地域性后果和遗留下来的社会经济关系,至今仍强烈地影响着现实的区域文化和经济社会的开发。

在此,要特别指出的是,虽然在2000年5月,国务院正式批准设立地级亳州市,并管辖涡阳、蒙城、利辛三县。从行政区域上看,这样使得阜阳失去了一座中国历史文化名城(亳州),失去了"三曹"(曹操、曹丕、曹植)、"两子"(老子、庄子)、华佗、嵇康等名人,又失去了花戏楼、太清宫、古隐兵道等遗迹,还失去了药都、酒乡、黄牛金三角之美誉。[①]但区域资源的研究并不是单纯地由现今的行政划属一个指标来界定的,它是一个由社会历史发展的、自成系统的、独特区域内均质性等诸因素有机构成的综合性历史研究单位,区域科学创始人瓦尔特·艾萨德认为"区域科学是研究存在于具有意义的区域和区域系统内的社会、政治、经济的行为单位和自然环境综合相互作用的学科"。[②]亳州、颍州等临近相关联地区,经常随着历代政权更迭而隶属不一,地理环境上分属于淮河北岸的涡、颍支流流域上,风俗习惯也略有差别,但在社会的发展进程及地理经济政治区域划分中,是一个拥有更多共同性的同质同源整体的区域史范畴。因此,本章对该区域历史上的文化进行资源整合时,将按其原貌作为一个整体性阜阳区域文化来研究,但并不涉入当代亳州市政府的资源产业。

二、阜阳市文化产业资源分析

(一) 资料搜集与整理

笔者通过实地访谈、古籍文献、期刊论文、电视网络等方式搜集了有关阜阳的历史遗留与现代文化、未来文化产业发展趋势以及阜阳城市自身塑造的现状、利益相关者对阜阳文化资源的优劣分析等资料,具体如下:① 通过实地调查、人事访谈获取了有关阜阳文化资源的第一手资料,包括古民居、古建筑、古遗址、博物馆、纪念地等历史文化遗存下的人文资源状况;② 通过古籍文献、文物考查,收集了其历史文化的源头、名人、更迭等相关能体现区域社会进程的资料;③ 通过大众传播媒体搜集了关于阜阳的历史沿革、区域现有资源、自然环境的相关资料;④ 关于阜阳文化产业对现在的自身塑造实践,包括城市名片、旅游资源的开发、大型主题活动、媒体的城市宣传等;⑤ 从期刊、出版书籍等数据库搜集了阜阳传统现代文化的相

---

① 江华峰.阜阳市旅游开发SWOT分析与发展构想[J].科教导刊(中旬刊),2010(10):106.
② 瓦尔特·艾萨德.区域科学导论[M].陈宗兴,译.北京:高等教育出版社,1992:6.

关文章、言论。最后通过对以上的数据进行整理、分析、整合、归类、质证,详细记录为阜阳区域现在实践的及潜在可开发的文化资源,并对资料进行概念范畴的逐级编缩,继而编码(表14.1)。

表14.1 阜阳市文化产业资源的资料清单

序号	详细的资料记录	概念
资料 a_1	新石器时代至夏商周西汉的文化遗存,一定程度上说明了其文化堆积层之厚,如大汶口文化因素有亳州傅庄遗址和灵璧玉石山;有亳州钓鱼台、临泉老邱堆等发现的蚌镰、蚌锯和半月形的蚌刀、陶。石镰、扁平形的穿孔石斧等遗物与白灰面建筑等都体现了龙山文化的特征①。亳州谯城大寺、临泉费子街、太和倪丘集、阜南润河岸均含有三代文化遗存。中华人民共和国成立后颍上地发现商周时期的铜镰、铜锸、铜镞、铜凿等工具。临泉县还有岗上遗址、沈子国古城、鲖阳古郡、毕卓墓等历史遗迹,有《淮南子•人间训》记载的楚国名相孙叔敖其子孙的寝丘。新石器时代的遗址还有界首小王庄、界首韩湾、阜南万家沟、蒙城尉迟寺("中国原始第一村")、涡阳龙山、利辛伍家、颍上王岗郑家庄南地……还有我国迄今为止发现的历史最早、规模最大的亳州地下运兵道。阜阳区域南部(颍州为中心)自西周已开始建立政权,如妫姓的胡子国、临泉境内的沈子国、颍上境内的慎;春秋战国出现了太和原墙的原阳、倪邱的新、临泉的寝等县邑;秦代始置汝阴(阜阳)县,汉属汝南郡。三国魏置阴郡。北部以亳州市为中心的区域,同样经历了氏族社会发展的历史阶段。商代为都城,"汤始居亳,从先王居"。春秋置焦邑,秦置谯县,领有今亳州境内的谯、城父,属泗水郡……明降州为县,后复升为州,清属颍州府。从历史沿革中都可以看出其悠久的文化积存	A1 先古遗址
资料 a_2	从古村落遗址中出土的有石刀、石簇、石铲、石镰、石斧、陶网坠、陶鼎、瓦当、水壶等器具,新石器时代遗址出土的有水稻、小米和猪、牛、羊骨等,出土的文物有大量的楚钱币,如"郢爰"、"陈爰"、金饼、铜贝的出土范围之广和数量之多,是其他地区无法比拟的,还有出土的各朝代的陶器、青铜器和瓷器等,太和新郭故城遗址曾出土过楚国的剑、戈等兵器。近几十年来阜阳境内仅出土的战国铭文兵器就有蒙戈、卢代戈、凯字矛、芒易戈、二十四年晋戈、十九年邦司寇铍等,其中较为著名的是临泉杨桥出土的魏国勾杀兵器大梁七年戈。值得一提的是,涡阳龙山还出土过战国时期的	A2 文物

① 安徽省博物馆.安徽新石器时代遗址的调查[J].考古学报,1957(1):29.

续表

序号	详细的资料记录	概念
资料 a_2	军用兵器虎纽錞于……1977年阜阳县（西汉汝阴）城郊双古堆发掘的西汉前期的汝阴侯夏侯灶墓里发现了许多珍贵的竹简、木简、木牍，是安徽古代出版的滥觞①；及阜阳出土的新莽铭文镜都是历史的展现；后期遗存的有阜阳晚唐写经残卷、雕印经卷等	A2 文物
资料 a_3	夏、商、周时期，阜阳居民和其他淮河中下游一带居民被称为淮夷，甲骨文和金铭文中多处记载淮夷反抗商周统治的事件②。春秋战国时期，在阜阳大地上出现各国争霸、列国争雄的战局：楚宋之争，楚晋之战，吴楚相伐，再后来秦楚交兵，阜阳境内的陈国、焦国、沈国、胡国等小国均在夹缝中挣扎。陈胜、吴广领导的秦末农民大起义就是在阜阳附近的大泽乡爆发的，当时阜阳地区的人民纷起响应，南路即由汝阴（在今阜阳境内）人邓宗率领。1351年爆发的元末农民大起义，由界首人刘福通首义于阜阳城，并于1355年在亳州建立了"大宋"政权。19世纪中期的张乐行捻军起义，发起地与主要活动区域都在阜阳，历史上仅阜阳发生的著名战役就有东汉建武四年刘秀歼灭刘永的垂惠之战，南宋绍兴十年刘琦抗击金兵的顺昌大捷等。1928年4月9日中共皖北特委为贯彻八七会议决议，在阜阳领导了"四九"起义，建立了皖北苏维埃政府和皖北工农红军，这是安徽第一面工农武装割据的旗帜	A3 历史事件
资料 a_4	历史名人有阜阳周边地域出生的古代思想家老子、庄子，春秋时期政治家管仲、鲍叔牙，精学兵事的秦将甘茂及其12岁为相的孙子甘罗，张良，亳州东魏村人花木兰，"百步穿杨"的楚国名将、临泉人养由基，被曹操赞之"真吾之樊哙也！"的三国名将许诸，年逾花甲时在著名的澶州之战中随宋真宗亲征的蒙城人高琼，唐代与张籍齐名的汝阴诗人王健。汝阴县同出于一家的王铚、王明清和王得臣三名文史学者，被称为"宋代三士"，宋代汝阴人周子雍"为诗清丽有法"，还有音韵学家傅瑾，戏剧作家孟汉卿。元代泰定四年，颍州人李黼获廷试第一名状元，创阜阳科举之最。明代汝阴人张镰"为诗风骨豪俊，不染尘俗"，王文炳"诗笔浓郁有声"，申大志"为文洋洋洒洒"，汤有光"作文操管立就"……明代阜阳人卢翰，著有《签易》《易经中说》《春秋解》《道经注》《坛经撮要》等共129卷著作，时人称其为"卢圣人"；明代阜阳人张鹤鸣、张鹤腾兄弟俩万历年间中进士，都有著作传世……其他还有吕蒙、常秩、张纶、刘福通、吕霞光等历史名人	A4 历史名人

① 安徽省地方志编纂委员会.安徽省志:出版志[M].北京:方志出版社,1977.
② 白寿彝.中国通史:第三卷[M].上海:上海人民出版社,1996：338-346.

续表

序号	详细的资料记录	概念
资料 a_4	另外，北宋年间作为一方小州的阜阳，先后有数位留名千古的文学大师来知颍州，如晏殊、欧阳修、范仲淹（未赴任客死徐州）、苏轼、周邦彦……并留下了"大千起灭一尘里，未觉杭颍谁雌雄"等千年传唱的诗篇，欧阳修更是在颍州任上曾"塞白龙沟蓄水为西湖灌田，以为民利；建书院于湖（西湖）上，俾颍人咸知向学"，整理《五代史记》，退休后定居颍州。还有曾在这里留下《西湖二咏》的苏辙…… 　　越国大夫范蠡，在助越灭吴后功成身退，携西施放浪江湖，最后与西施合葬于阜阳境内，留下了著名的范蠡孤堆。竹林七贤之一、以一曲《广陵散》绝响而从容就刑的嵇康死后葬于涡阳的嵇山	A4 历史名人
资料 a_5	从社会政治看，新石器文化开始，从底层的龙山文化、大汶口文化，到上层的商周文化和战国以后的文化，都可以看出阜阳地域文化之厚。春秋战国之际，阜阳一直为楚所占，楚文化扩张而向北传播，到战国后期，楚都城由湖北迁到陈（今河南淮阳），再迁至钜阳（今阜阳太和境内）……可以说，战国后期楚是以阜阳及其附近为其政治、经济、军事和文化中心的。阜阳地区地处中原文化圈的东南部边缘，东北是齐鲁文化，西南是荆楚文化，东南是吴越文化，地理环境及政权更迭，可以说阜阳文化是中原文化和荆楚文化、吴越文化、秦晋文化等多元文化的融合。 　　从思想文化上看，阜阳地区历史上曾是儒、道、墨、法、农本等思想的汇集地，以道德伦理规范为核心的儒家思想、以阴阳五行为核心的道家思想以及管仲的农本思想等都极大丰富了阜阳以农耕文化为本的内容。而从先秦到当代，对阜阳区域文化影响最深的莫过于在这块土地上土生土长的老子、庄子，正是由于老庄文化的历史积淀，才使阜阳文化能在博大精深、历史悠久的中华文化中占有重要的一席之地。 　　从移民文化来看，据史书记载，阜阳移民大多来自山西、陕西、山东、河南、河北、江苏，如蒙城即是西晋武帝时侨置蒙县。从民族构成来看，阜阳除汉族以外还有回、满、壮、苗、侗、彝、白、傣、朝鲜、蒙古、哈尼、维吾尔、达斡尔等十多个民族，有些民族早在汉唐就已迁入颍州，如曾任元代兵部尚书的临泉人察罕贴木儿，其曾祖就从北庭（今新疆维吾尔自治区吉木萨尔县）迁来定居了。①历史上的移民也形成了阜阳区域多元文化性及各种宗教的碰撞融合。 　　总的来说，阜阳特殊的地理位置使得黄河文化和淮河文化在这里交融，孕育出既打上两河烙印而又独具特色的阜阳文化	A5 文化源流

---

① 亓龙.阜阳文化摭谈[J].阜阳师范学院学报（社会科学版），2002(2)：117.

序号	详细的资料记录	概念
资料 a_6	阜阳的书法、绘画和雕塑都在历史上占有一席之地。阜阳是著名的"剪纸之乡",蕴含着丰富农耕文化与老庄文化内涵的民间剪纸是在新时代具有更多艺术性与审美性的非物质文化遗产。还有至今盛行此地的刺绣和年画等工艺创作。阜阳在安徽省有"曲艺故乡"之称,发源或流行于阜阳的曲艺种类有20多种,比较有名的有淮词、清音、坠子、大鼓评书、相声等;有具有鲜明的民族风格和强烈的地域特色的种类繁多的民间舞蹈,有被周恩来总理称为"东方芭蕾"的花鼓灯舞蹈,还有斗牛舞,阜南朱寨流行的三仙会舞,由民间祭祀演化而来的竹马舞,以传统折子戏为蓝本的肘歌舞等;还有流行的戏剧,如淮北梆子、曲子戏、嗨子剧、四句推子。民间虎头鞋,给孩子的吉祥服"百衲衣",花轿迎亲等人生礼仪(婚姻、生育、寿庆、丧葬)、民俗都有着其独特的历史沿俗	A6民俗文化
资料 a_7	传统的商业庙会与节庆庙会,传递着古老的文化气息,人们会利用庙会唱大戏、演杂技、说曲艺、玩杂耍。阜阳保留下来的古老的迎节法,如"立春前一日,城关各坊金翠锦绣儿童,扮剧加以帷幕,众升之,至县署点阅,曰:演春。次日,随府县彩仗鼓吹,率各官至东郊演武厅,迎芒神土牛入城,曰:迎春。老幼杂逐竞观为乐"。 立春,古代官府在这一天堆个泥牛于衙前,叫作春牛。州、县主管官员祭告天地后,用鞭子打春牛,象征着耕牛走动,春耕开始,所以立春又叫打春。民间至今仍用布缝制成公鸡,缀在小儿衣袖上,叫春公鸡,又叫打春鸡。①界首灯会、颍州灯会、沙河灯会,元宵节打灯笼,节后"撞灯笼"。二月二"龙抬头",阜阳一带吃煎饼炒五谷。清明家家门梁上插柳枝,给孩子耳朵里涂雄黄。五月五,端午节,民间为纪念楚大夫屈原食粽子、糖糕、油角等食物,成年人饮雄黄酒,把小儿耳门、鼻孔、肚脐涂以雄黄,又将艾枝插在门头上等特色习俗流传至今。六月六,城乡人们喜欢在这天晒衣服和书画,借高温除霉;农民中午吃炒面,有甜有咸,谚云:"六月六吃炒面,大人小孩都喜欢",给幼儿祈福设宴,有的地区称为"剃辫子"	A7节庆资源

---

① 《阜阳县志》民国三十六年石印本.

续表

序号	详细的资料记录	概念
资料 a_7	农历七月十五，称中元节，又叫鬼节，做道场，放河灯，在十字路口烧冥纸，以纪念祖先，家家户户也在这天或提前一天到各自祖坟上烧纸。八月十五中秋节，有的地区称为"火把节"，当晚"撂火把子"。农历十月初一，叫十来一，是一年中最后一次集体扫墓祭祖的日子。农历腊月初八有吃腊八粥的习俗，"吃罢腊八粥，家家没事干，见啥就买啥，都把年来办"。腊月有祭灶的习俗，"君祭三，民祭四，王八祭五，贼祭六"，祭日不可改换。岁时节令的民俗充满了追念祖先的精神，并至今不衰	A7节庆资源
资料 a_8	阜阳地区口味属咸中带辣，汤汁口重色浓，惯用香菜佐味和配色，传统食品也多以面粉为原料，搭配大米、山芋、玉米等杂粮，配料多用猪油、牛、羊肉等，自古有"二稀一干"的饮食习惯。当地较有特色的小吃有："格拉条"配以鸡蛋茶，阜阳的大街小巷无不散落着"××格拉条"的店招牌，可谓一大景。一碗膲汤配上几个包子和煎饺，是阜阳人的一顿美味早餐。源自南宋的"枕头馍"又称阜阳大馍、大卷子馍，和小枕头一般大小，堪称馍中之王，相传古代战时士兵每日一人一馍，饿时解饥，睡时做枕，从此流传至今。"粉鸡"亦是一款经典美食，城乡几乎是来客必备。"咸马糊"再配以"豆腐脑"是早晚的街边快餐。"水烙馍"同"受气馍"有异曲同工之妙，都是把配菜卷在面皮里，不同的是一种是上锅蒸的薄面皮，一种是直接在地锅上炕熟的面皮。"香油凉拌荆芥"是阜阳地区由来已久的一道美食凉菜。"煎凉粉"与其他地区的凉粉口味绝对不同。"咸馍"亦是一道城乡的家常主食，特别是以农村地锅蒸出来带焦边的最好。"瓠子馍"有的称为"瓠子饼"，搭配雪菜或咸菜，早上配以稀饭或豆浆。"香椿芽拌豆腐"也是阜阳地区饮食中的一大亮点。街头巷尾推车小贩卖的"娃娃鱼""苋菜糊"也是富有特色的小吃。阜阳面食花样繁多，而锅巴就是其中必不可少的一样。阜阳地区的油酥饼、烧饼都是与其他地区不同的特色小吃，虽然叫法有相似之处。羊龙骨是过节聚餐的一道大菜。"蒸面条"是由自家饮食发展成街边小吃的一道特色主食。"地锅鸡"配以锅边贴的薄饼成为一大特色招牌菜。"重油麻花"是比之重庆麻花完全不失色的小吃。作为过节小吃的小把"馓子"，还有经过当地改良后的"刀削面""豆皮卷油条""狮子头""韭菜面叶""太和板面"，可以看出当地的特色小吃上了农耕文化的印痕	A8特色饮食

续表

序号	详细的资料记录	概念
资料 a_9	作为"酒乡",在与亳州分设之前白酒量约占安徽的4/5,以阜阳酒为主体的皖酒与川酒、鲁酒三足鼎立。阜阳的酿酒业发展历史悠久,境内出土的龙虎尊、兽面纹觚等商代青铜酒器便是很好的例证。早在商周时期,便有"绸水免疫、泉酒醉仙"之说,周文王十子冉季载曾酿美酒敬献文王。高炉酒在春秋时期就开坊酿造,留下了"高炉酒十里飘香,汉三杰闻香下马"的美好传说。阜阳境内的文王贡酒、老子家酒、庄子酒、管子酒、曹操贡酒、魏王酒、太和殿酒、炎黄酒、欧阳修酒等品牌无不展示了阜阳丰富的酒文化,一批文人名士云集于此品美酒的同时,也留下许多咏酒诗篇和遗闻轶事,从而使阜阳的酒文化更加厚重。庄子第一个系统地论述酒能排除外在干扰、导向精神自由的文化作用;晋代临泉人毕卓"得酒数满百解船,四时甘味置两头,右手执酒杯,左手持蟹螯,拍浮酒船中,便中了一生";曾吟过"一曲新词酒一杯"、由宰相而谪为颍州知州的晏殊到颍州后吟咏之作几乎篇篇涉酒,"有酒且醉瑶觥,更何妨檀板新声""美酒一杯新熟,高歌数阕堪听""为别莫辞金盏酒";欧阳修更是在颍州期间吟酒听歌陶醉于西湖之上,留下传世诗篇;据传竹林七贤之一刘伶被罢官后来到阜阳杜小街(今口孜镇),嗅到酒香扑鼻,执意要喝三碗,酒坊主杜用告诉他此酒一碗能醉三秋,刘伶自称酒仙喝十碗无妨,结果三碗之后一醉不醒,此酒后来被称为"醉三秋",杜小街也被改称为刘伶渡、刘伶口……至今阜阳仍是"席上无酒不进餐",喝酒猜拳行令,择筷打杠习以成风	A9酒文化
资料 a_{10}	欧阳修知颍州时称阜阳"民淳讼简而物产美,土厚水甘而风气和",苏轼在颍州知州任上曾上书皇帝言阜阳"士风备于南北,人物推于古今"。康熙《颍州志序》云:"吾颍居河之南、江之北,盖中原股肱之郡也。""虽居平野无山,而众川环绕,灵秀……" 　　阜阳襟带淮河,怀抱西湖,淮河的重要支流沙颍河、汾泉河呈"Y"形在阜交汇,东城河、南城河、西城河、东清河、中清河、西清河、一道河、二道河、济河、古泉河等河网纵横交错,慧湖、瑶池、西城河内河、八中塘等沟塘星罗棋布,"水"构成了阜阳最重要的自然景观元素。目前阜阳的18条河流都已打通,形成了统一的水系,重现了古颍州"三清贯颍"的美景,18条河流如18根蚕丝,织造出皖北的"滨水城"	A10自然资源
资料 a_{11}	阜阳现开发的有鼓楼遗迹、康熙三十五年为振兴阜阳文风所建的文峰塔;有明万历二年所建的奎星楼(又称拐角楼,据传晴日登楼可望霍山,故旧县志又称"望霍楼",俗称"三篷塔")等;有清	A11旅游点

— 175 —

续表

序号	详细的资料记录	概念
资料 a_{11}	末山西药商建造的亳州花戏楼、华佗庙、道德中宫、南京巷钱庄；汤店镇（迪沟镇）建成了生态旅游与佛教文化为一体的旅游风景区，堪称"中国雕塑艺术宝库中的一颗璀璨的明珠"的迪沟生态乐园，主要景点有竹音寺和五百罗汉堂；有管子文化园；位于古代颍河、清河、小汝河、白龙沟四水汇流处的颍州西湖景区，在打造著名的生态型湿地湖泊风景名胜区的同时恢复了宋代欧苏任颍州太守期间的文化遗存；阜阳三角洲公园中的文化广场、尤家花园、管鲍祠、欧阳修会老堂、"四九"起义纪念馆、草寺陵园、魏野畴烈士陵园、颍上县小张庄（张庄公园）和颍上县南部的八里河南湖公园（有宗教文化寺庙白雀寺）都是优质的人文自然旅游景点；还有建在古颍州西湖遗址上的阜阳生态园、颍上县焦岗湖、南湖	A11 旅游点
资料 a_{12}	阜南杞柳柳编（柳编工艺已有500年的历史）、黄岭大葱、口孜大蒜、皮丝、太和贡椿、店集芹菜、太和樱桃、太和薄荷、刘宏西蚕豆酱、灵芝仙芝、临泉毛笔、古城"泥人"、玛瑙玉器系列产品、桔梗、阜阳自古盛产的红薯粉丝、阜阳咸鸭蛋等都是阜阳的特产。当地更是盛产"金蝉"，每年夏季正暑，农村捕金蝉自食，外来贸易者更是逐年增多……这些已经形成特色甚至出口的产品，是近代阜阳境内人们做的副业发展的产品	A12 名优产品
资料 a_{13}	在近代民主革命时期，阜阳地方媒体便应时而生。《阜阳青年》是阜阳最早的报刊，1926年4月15日创刊于上海，出版后寄回阜阳，出版宣言是"研究和讨论怎样使恶绅士棍敛迹，怎样使无知小民觉悟，怎样使正直君子过问政治，怎样使教育当局一改其向来恶习，怎样使麻木不仁的青年奋发有为"，是阜阳媒体历史上的光辉一页。《阜阳日报》1931年创刊，在"九一八"事变后加入抗日救国宣传行列中。还有《淮上日报》《太和动员早报》《淮流》等刊物。中华人民共和国成立前仅阜阳地区境内（不包含现已划出的亳州）就有报纸和期刊30多种。现在阜阳市有《阜阳日报》《颍州晚报》《阜阳广播电视报》，有阜阳广播电台，各县有自己的报纸和广播电视台	A13 媒体资源
……	……	……

（二）资料分析

本章将编码后的资料内容进行概念化的定义，并对之进行范畴命名，找出各个范畴的性质及维度的同质性，重新进行提炼整合，完成开放性译码的过程（表14.2），对阜阳区域拥有的资源划分重组。

表14.2 阜阳市文化产业资源的开放性译码分析

阜阳文化产业资源记录	开放性译码				
	概念化	范畴化	范畴的性质	性质的维度	结论
资料a_1	a_1 先古遗址	1. 由概念$a_1,\cdots,a_5$范畴化为:历史文化(A1)	1. 文化性质: 文化特色 文化根基 文化影响	1.1 鲜明/模糊 1.2 深厚/浅薄 1.3 大/小	鲜明 深厚 很大
资料a_2	a_2 文物				
资料a_3	a_3 历史事件				
资料a_4	a_4 历史名人				
资料a_5	a_5 文化源流				
资料a_6	a_6 民俗文化	2. 由概念a_6,a_7范畴化为:风俗(A2)	2. 民俗性质: 特色 影响度	2.1 鲜明/模糊 2.2 高/低	鲜明 一般
资料a_7	a_7 节庆资源				
资料a_8	a_8 特色饮食	3. 由概念a_8,a_9范畴化为:美食(A3)	3. 美食性质: 知名度 美誉度	3.1 高/低 3.2 好/差	一般 较好
资料a_9	a_9 酒文化				
资料a_{10}	a_{10} 自然资源	4. 由概念a_{10},a_{11},a_{12}范畴化为:旅游资源(A4)	4. 旅游性质: 资源 条件 美誉度	4.1 丰富/贫乏 4.2 好/差 4.3 好/差	丰富 很好 一般
资料a_{11}	a_{11} 旅游点				
资料a_{12}	a_{12} 名优产品				
资料a_{13}	a_{13} 媒体资源	5. 由概念$a_{13},\cdots,a_{17}$范畴化为:文化名片(A5)	5. 文化名片性质: 资源 条件 市场	5.1 丰富/贫乏 5.2 好/差 5.3 大/小	较好 较好 较大
资料a_{14}	a_{14} 影院				
资料a_{15}	a_{15} 书画之乡太和				
资料a_{16}	a_{16} 书法之城				
资料a_{17}	a_{17} 书店琳琅				
资料a_{18}	a_{18} 购物街	6. 由概念$a_{18},\cdots,a_{21}$范畴化为:时尚(A6)	6. 时尚性质: 时尚文化 时尚产业 时尚消费市场	6.1 丰富/贫乏 6.2 发达/落后 6.3 大/小	一般 较发达 大
资料a_{19}	a_{19} 大型商场				
资料a_{20}	a_{20} 消费市场				
资料a_{21}	a_{21} 时尚休闲				

续表

阜阳文化产业资源记录	开放性译码				
	概念化	范畴化	范畴的性质	性质的维度	结论
资料 a_{22}	a_{22} 百亿江淮粮仓	7. 由概念 $a_{22}, \cdots, a_{27}$ 范畴化为：城市名片(A7)	7. 名片性质：城市竞争力 产业规模 产业支撑面	7.1 强/弱 7.2 大/小 7.3 广/窄	较强 大 较广
资料 a_{23}	a_{23} 滨水园林城市				
资料 a_{24}	a_{24} 综合交通枢纽				
资料 a_{25}	a_{25} 商贸物流名城				
资料 a_{26}	a_{26} 煤电能源新城				
资料 a_{27}	a_{27} 人力资源大市				

从表14.2可以看出，通过对阜阳区域文化资源的开放性译码分析或称为关联式的二级编码，最终抽象出27个概念和类属为7个范畴。历史文化(A1)是从区域的历史空间先古遗址、文物、历史事件、名人、文化源流进行考察，挖掘出其历史的积淀；风俗(A2)从民俗文化、节令风俗入手，通过回溯本区域的物质生产生活民俗、精神生活礼仪民俗等，以期挖掘出本区域的社会意识、经济政治水平等社会因素对文化资源的影响；美食(A3)是指阜阳特有的饮食风俗、特色小吃、酒文化等优势资源所形成的区域文化竞争力，是营销传播中重要的一环；旅游资源(A4)是指阜阳的自然地理资源、已经开发的旅游景点、当地的名优特色产品等现有的旅游资源；文化名片(A5)是指区域向外传播利用的文化中介，所有的媒体资源、影视影院资源、作为中国书画之乡的太和这个文化明信片与阜阳正在打造的书法之城这张明信片，以及阜阳的书店一条街，都是阜阳区域很好的潜在对外宣传资源；时尚(A6)体现在一条条购物街、步行街，国际性的购物广场、时尚品牌入驻大型商场、街头休闲时尚精品店等方面；城市名片(A7)是阜阳政府现在已经在规划建构的城市定位，反映出其城市性的发展目标。

(三) 主轴译码分析

"核心类属"就是在已经发现的概念类属范畴中经过考据区域文化突出特色性

的系统分析后,找出更加集中、最大数量并容易与其他类属发生存在意义关联的指标,是更具概括性的、更能有效分析出并在实际操作中尽可能多地成为实质领域的范畴,而且随着核心类属被分析挖掘出后,其范畴会在维度、属性、条件等概念方面都成为一个宽泛的具有统领性的主范畴。考虑到阜阳文化资源的脉络与现实整合的可行性,本章将从表14.2的7个范畴归纳出3个主范畴,分别是人文资源类、自然资源文化园区类、社会资源类。其中,"人文资源类"由A1,A2,A3 3个范畴构成,"自然资源文化园区类"由A4 1个范畴以及自然地理资源、旅游景点、名优产品3个概念构成,"社会资源类"由A5,A6,A7 3个范畴构成。

三、阜阳市文化产业资源整合传播与开发的对策建议

文化是一个区域的核心,是城市发展的原动力,从阜阳区域的文化脉络可以看出其结构的多元共生性,多种不同特色的文化资源在这片土地上相互借鉴、吸收、调适,其丰富的内涵也给了产业发展所能带来的精神想象空间和物质实际效益,而文化差异的原初性和不可替代性,也使得区域文化资源的高附加值效应突出。但自黄河夺淮并长期地泛淮,这片土地自然环境逐渐恶化,加上政治中心格局的转移,经济重心历史上的渐向南移,自宋以后阜阳区域经济慢慢走向衰落,文化日益消沉,以阜阳文化为主体的淮北文化由盛而衰,长久以往又反过来影响到当地的政治地位,所以才有明朝时颍州建"奎星楼"(三层),清朝时颍州再建"文峰塔"(七层),欲振兴当地文运。至今阜阳地区仍是劳动力输出的主要来源地,从一个侧面反映出当地第二、三产业的落后,即经济的落后。借鉴昨天的历史,才能更好地把握今天与创造明天。这也是笔者研究阜阳区域文化资源的意义所在,以期通过对文化产业资源的整合传播与开发拉动地区经济社会的科学发展。

"整合"的核心是利用规模效应追求资源的产业结构优化和整体效益的最佳化,通过分析我们可以看出阜阳区域的文化资源的单体数量多,其遗迹遗址类和建筑类等非物质文化资源都有很大的储量,但分布零散,对历史文化资源的利用效率更是低,除了有现在建成明确的一条旅游路线"八里河—迪沟生态旅游区—尤家花园—张庄公园",其他所建的旅游景点或人文遗址几乎都是未及恢复或零星洒落的。资源的整合就是要在空间和时间的范围内,以社会人文和市场机制为主导,优化现有和潜在资源的配置状态,达到聚核裂变效应。而整合传播除了多元化的传播渠道与内外整合的接触管理,更重要的是让所有的利益相关者参与进来,而这也是阜阳区域的一大软肋,"文化资源"的概念只存在历史定位和当今政府急欲发展

的经济框架中,当地的居民、消费者、文化受众、关系管理者并未投入到文化的营销传播中去,甚至缺失对当地文化资源的基本了解。

(一)历史文化资源的文化旅游与休闲娱乐业路径

对先古遗址的保护重建,对文物的周边资源展示,对历史名人文化的传承立传,对文化源流的传播与追溯,对民间风俗的资金投入与保护推广……需要一整套的整合营销策略与政府的大力扶持。人文资源的开发融入历史文化符号的步骤缓慢,有的甚至只关注经济市场,失去了自己文化的立足点,例如阜阳的酒文化随着与其他市场同行的竞争日渐激烈,酒企业单打独斗却仍是逐年低沉,从一流市场慢慢退入二流市场,或被兼并失去了当地的历史文化元素。

在2010年9月,阜阳市成功地举办了第五届文化旅游艺术节暨非物质文化遗产艺术节,其他如申遗保护、新老遗址景区的规划、旅游文化的管理与宣传、文化艺术节、历史名人研讨会等也陆续展开。为长足发展旅游业,阜阳还规划建设文化长廊和文化园,但几乎都是离散化"点"的项目,缺乏资源的有效融合开发。遗址遗迹作为一种文化象征符号,也是文化发展的首要基础,在这片地域上发源的中原文化、荆楚文化、吴越文化、秦晋文化与当地道家文化、老庄文化、儒释文化的融合、保护和开发,在一定程度上取决于利益相关者如当地居民的认同与维系。而阜阳地区与亳州同质化历史文化资源较多,如何在两个地区建立一条轴心的文化带,也是需要认真考虑的问题。同时民间风俗、传统手工艺、饮食文化、民间演艺文化、节庆旅游资源作为无形的文化资源,将这些独特的历史文化元素注入历史文化物质的再现中,把人文资源加以形式地转化表现出来,再将它们作为一个文化产业整体推向市场,给人们缅古览胜、祭奠先贤、民俗宗教、祈福消灾、寻根溯源和现代的审美怀典精神提供实质依据(如北京一系列的古建筑代表着沉甸甸的历史感),这也需要审慎科学地运作实施。

这需要重新打造整个地区的人文环境,建造文化地标,选取区域历史文化价值较高、影响力较大的资源作为"增长极"进行发展(如颍上县建造的管子文化园),在增长极形成的基础上,再将周边的边缘空间、相关联的文化资源进行环境配套与民俗的日常体现,形成多条资源的联系轴,在空间、交通、风貌等协调整合的同时,进行文化的功能塑造,由此直接推动物质资本的再投入,最终构建出历史人文的整合结构。塑造出一个整体的产业链的上端,继而才能在市场中招徕下游消费市场。在此,引用一张模式图进行说明(图14.1)。①

---

① 汤玉雯. 基于历史文化资源整合的小城镇规划设计研究[D]. 西安:西安建筑科技大学,2010.

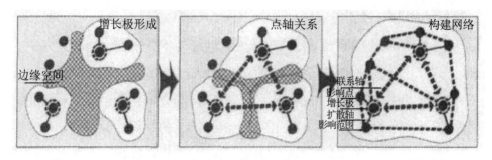

图14.1　构建城市网络演化示意图

（二）文化融入自然资源的文化旅游与文化地产路径

史志上曾这样描述这片土地："襟带长淮，东连三吴，南引荆汝，其水洄曲，其地平舒，梁宋吴楚之冲，齐鲁汴洛之道，淮南内屏，东南枢辖。"阜阳的湖水文化类在全市所有旅游资源中所占比重最大，现已开发的景点也几乎以湖水资源为中心展开，依托地方特定的地貌特征，将一部分的历史人文景观和自然湖水景观进行一体化融合式开发，增加景区旅游观光的附加值。事实上，要打造精品的旅游线路，也要以文化资源为主导元素，才能真正促进地区经济发展。毕竟，阜阳地区单单以自然地理资源的优势在广阔的中国地脉上并不突出，那么地文景观、水域风光、建筑与设施、名优产品就必须成为线、面的空间联系，将自然景观的构架与人文资源文化类的"文化廊"整合，成为阶梯状的模式，将具有区域特色的自然生态资源放在"大文化资源观"的宏观视野下进行系统的设施配置，成为文化资源的核心部分与标志性的文化符号，如美国的黄石公园、欧洲的日内瓦湖，都是将人文、秀水与自然生态结合的产物。

从南北过渡性的生态环境、丰富多元的历史文化积淀、庞大的消费市场、行政区位优势、国家中部崛起的战略等来看，阜阳地区都展示出强劲的可持续发展前景，那么突出自己的区域文化特色便是最好的战略支点，只有整体打造出"先古遗址—商周旧郡—古州县—文化遗迹—生态园区—风俗人文"一体复合的园区资源，才能使本地区的地理资源真正具有"价值增量效应"，在已有的旅游景点周边进行资源的生态关联，开发其他县区的地理资源，如阜南的湿地资源，依赖交通枢纽的便利，推出"寿县—阜阳—亳州"的文化辐射路线（图14.2），最终建立与本区域文化相配套的文化产业结构。

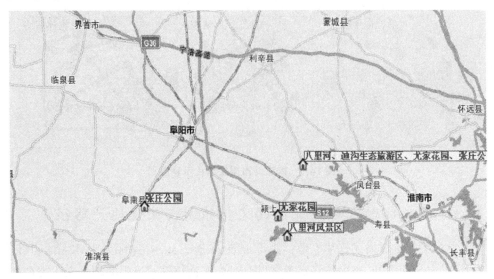

图14.2 阜阳文化辐射路线图

（三）多元联动：文化公共服务、文化街区与大众传播

阜阳地区的媒体资源作为最便捷的传播名片，是将人文资源与自然生态内延外张的最好社会资源，文化品牌的打造需要良好的城市文化氛围和广大市民的参与，自本地区有报纸以来，媒体作为宣传精义及重塑国民性的工具性能一直明确，如《阜阳青年》第一期封底《启事》言："本刊期以扫除社会黑幕，改革人民思想，完整地方自治，为人民自决之先声。"所以，这一区域受众面之广及受众接受度之良，有着自身悠久的文化传统与普世意识，加上此地自近代民主革命以来就有着朴实的"红色"基础，居民对于社会资源的利用大多抱有着朴实的良好意愿。如"四九"起义纪念馆，每年吸引着众多游客自发组织参观，其文化资源基础的铺垫实施较好。由广义的传播概念来看，区域中的景观设计、建筑布局、人文地理环境、文化氛围等，都是区域信号的传播源，利用手中的社会资源实质上就是通过以上这些资源，让受众在精神消费或物质消费时，产生对该区域特色的联想。

举例来看，太和有"中国书画之乡"的优势，但并未给当地带来过较多的经济收益与文化塑形，究其根底就在于上层建筑与下层受众的脱节上。阜阳如今正在打造"书法之城"的名片，就需要将所有的资源整合到一起，组建书画博物馆、书画艺术学院，开发书画市场，大力营造城市文化氛围，从教育资源入手，吸引大中小学校师生和广大市民参与，在电视台和报社长期开设文化书画专栏节目，在机关、学校、社区等悬挂书画作品……而通过这样的文化涵化，会整体提升群众的文化素养，增强他们对文化艺术品的感受力和购买欲，进而带动阜阳区域文化艺术品的生产与销售。

除去以上零碎的传播与开发模式,还应该建立一条完整的文化商品产业链:除去书刊、字画、邮品、工艺品、文物古玩收藏品等经营,还可以通过与诸多国内艺术传媒、大型商会、书画名家、拍卖行、小剧场等的联手引进,打造文化街区。20世纪50年代被拆除的鼓楼气势雄伟、历史久远,具有历史科学艺术价值,在当地有一定的影响力,那里现在也是文化商品交易聚集之地,如能重建设施打造出庞大的文化交易市场,并与周边县区的书店一条街形成一个交易网络,则能直接提升文化品牌档次与消费市场。再辅以周边相关联的"红色文化""民俗手艺""时尚休闲""剧场影院"的资源整合,开发建立文化数据资料库,将文化底蕴与现代性两种文化景观完美结合,则使消费者的视觉享受与心理享受都能达到一个新境界。

四、结　语

阜阳作为中原地带向南方过渡的重要区域,在古代有过灿烂辉煌的历史,多种文化在此荟萃,文化遗存丰富,而今在新的综合评价体系之下,阜阳的优势地位不再。在此背景下,阜阳更需要与周边的区域合作,将皖北文化、中原文化、淮河文化、楚文化、老庄文化、管子文化等文化品牌的优势充分发挥出来,实现与周边区域的共赢、多赢发展。同时,在阜阳本地,必须保护好原有的文化产业资源,并将文化融入建筑、食品加工、服饰制造、文化创意、休闲旅游等产业,尽可能地扩大经济和社会效益。

第十五章 亳州市文化产业资源的整合传播与开发

亳州在安徽,在全国,在东亚文化圈,乃至世界华人圈都有着高知名度,这在很大程度上因为这里出了在中国历史上无与伦比的文化巨匠老子、庄子,雄才大略的传奇人物曹操,因为中医药材的生产与集散形成的"中华药都"。但是,亳州文化产业资源的源远流长与丰富多彩不止于此。

一、亳州市资源概述

亳州市位于安徽省西北部,地处华北平原南端,属暖温带半湿润季风气候区,距省城合肥330公里,是京九沿线一颗璀璨的明珠,是皖北大地上一座古老而年轻的城市,也是享誉全国的药材之都、华夏酒城。2000年5月21日,经国务院批准,撤销原亳州市,设立地级亳州市。亳州市辖涡阳县、蒙城县、利辛县和新设立的谯城区,以原亳州市的行政区域为谯城区的行政区域,市人民政府驻新设立的谯城区。

中华民族古老文化的发祥地之一的亳州,距今已有5000多年的文明史。《说文大字典》解为:"商汤所都,京兆杜陵亭也,从高省乇声。""乇"《说文大字典》释:"原义草叶也,从穗,上贯一,下有根,象形",读作"zhé"。由此可见,"亳"的本义为生长着茂盛庄稼的高地。这块古老而又神奇的土地,遍布着珍贵的文化遗迹,盛开着斑斓的艺术奇葩。这里有集砖雕、木雕而闻名于世的花戏楼,有被誉为"地下长城"的曹操地下运兵道,有庙祠完整、古朴典雅的华祖庵,有文化古迹950余处,其中国家级文物保护单位5处,省级文物保护单位18处。华佗首创的五禽戏、全国非物质文化遗产二夹弦,常演不衰,历久弥新。

贯通黄淮的涡河,两岸数百里一马平川,土地肥沃,平畈丰饶,是古代农耕文明的最好平台。1986年,亳州市被国务院批准为"对外开放和国家历史文化名城",

1998年被评为"中国优秀旅游城市",这自然是亳州人引以为傲的盛事。笔者通过大量的资料搜集、实地访谈和调研,借鉴扎根理论的研究方法,对亳州市的文化资源进行整理和分析,从而得出一条符合当地特色的文化产业发展之路。

二、亳州市文化产业资源分析

(一) 资料搜集

笔者通过实地访谈、古籍文献、政府公示、电视网络等方式尽可能搜集了亳州相关的历史遗迹文化与当代城市文化发展、未来文化产业发展可行性趋势以及亳州城市自身已经塑造的城市基地现状、多方利益相关者对亳州区域文化资源的优劣分析等资料。具体整理如下:① 通过实地文化名胜调研,与相关人员访谈,获取了相关亳州区域文化资源的第一手资料,包括古村落、古遗址、古建筑、博物馆、纪念地等历史文化遗存下的亳州风物资源状况;② 通过查阅存留的古籍文献、文物考查追溯,收集了其历史文化的发展脉络、历史故事典型、政权建制更迭、文人名士等相关能体现区域社会进程的资料遗存;③ 通过选择比较可靠的电视、网络媒体,搜集整理出关于亳州的历史沿革、区域现有资源利用、自然环境形成、物产资源的存储等相关资料;④ 收录关于亳州文化产业对现在的城市塑造实践的资料,包括城市名片、旅游资源的开发、大型主题活动的承办、城市公关的媒体宣传、政府的发展规划等;⑤ 从期刊、图书等信息数据库搜集亳州传统文化与现代发展的相关文章、评论等。最后通过对以上尽可能完善的数据进行整理、分析、整合、归类、质证,形成资料清单(表15.1)。

表15.1 亳州市文化产业资源的资料清单

序号	详细的资料记录	概念
资料 a_1	夏时亳州属豫州,曾是帝喾(高辛氏)的国邑。周初是神农氏后裔的封地,置焦国。春秋时期,焦属陈国。陈于此建焦城,后楚灭陈,筑谯城(今谯城区)。谯夷所辖区域扩大到苦(今涡阳县)、蒙(今蒙城县)及周边地区。秦时置谯县,属砀郡。汉时先后属豫州、国治。建安末年设谯郡。魏皇初二年(221)封谯郡为"陪都",与许昌、长安、洛阳、邺并称"五都"。西晋时,谯是谯国治所,北魏正始四年(507)为"南兖州"治所,北周大象元年(579),改南兖州为亳州,	A1历史沿革

续表

序号	详细的资料记录	概念
资料 a_1	治所不变，亳州之名始于此。隋大业三年（607）又改亳州为谯郡。唐武德四年（621），谯郡更名为亳州，为"十望"州府之一，下辖谯、临涣、酂、城父、鹿邑、蒙城、永城、真源8县。宋时亳州属淮南路，金时属南京路，下辖6县5镇。元时亳州属归德府（今商丘），下辖6县。元至正十五年（1355），刘福通起兵反元，拥韩林儿在亳州称帝，建"宋"政权，以亳州为国都。至此亳州正式成为"三朝"古都之地。明朝初年亳州一度为县，属颍州。弘治九年（1496），又升县为州。清初亳州属安徽布政使司直辖。1864年清廷镇压捻军后，析亳州、宿州、蒙城、阜阳各一部设涡阳县。1912年国民政府降亳州为亳县，由省直辖。1964年，国务院决定从阜阳、涡阳、蒙城、凤台各划出一部分成立利辛县。1986年国务院决定撤销亳县建制，设立亳州市（县级）。1998年收归省直辖（副地级）。2000年正式设立地级亳州市，下辖涡阳、蒙城、利辛三县和谯城区	A1 历史沿革
资料 a_2	涡阳位于安徽西北部，面积2107平方公里，人口138万，是安徽历史文化名城。涡阳交通便捷，青阜铁路纵贯南北，S202、S307省道交会其中。涡阳气候适宜，年平均气温14.6 ℃，无霜期214天，年降雨量809.3毫米。涡阳是全国优质棉、优质烟生产基地和全国产粮百强县，是"中国苔干之乡"，所产贡菜苔干为国内所独有。 蒙城县位于淮北平原南缘，面积2091平方公里，人口131.9万，是安徽省历史文化名城。蒙城县地貌多为平原，境内地势由西北向东南缓倾，坡降1/8500。蒙城县属暖温带半湿润季风气候，四季分明，光热资源丰富，无霜期较长，雨量适中，年平均气温为14.8 ℃。蒙城县历史悠久。新石器时期，人类已在这里繁衍生息。夏朝，境西北为有虞氏，东南为涂山氏，商朝建嵇方国。战国时楚，西汉始设山桑县。南北朝以来，先后设涡阳县、蒙郡、涡州、西徐州、北新安郡、马头郡，至唐天宝元年（742）改称蒙城县，一直沿用至今。 利辛县地处安徽省西北部，介于东经115°50′和北纬32°52′至33°23′之间，面积2005平方公里，人口157.6万，成立于1965年。西淝河、阜蒙河、茨淮新河、濉阜铁路、京九铁路、界阜埠高速公路穿境而过。交通便利，环境优美，利辛县是皖北地区为数不多的无污染区。 谯城区位于安徽西北部，面积2226平方公里，耕地面积13.2万公顷（1公顷=1万平方米），人口161.7万。它从商朝建都开始，是	A2 辖区概况

第十五章 亳州市文化产业资源的整合传播与开发

续表

序号	详细的资料记录	概念
资料 a_2	一座具有三千多年历史的文化古城,以悠久的历史、灿烂的文化闻名遐迩。1986年撤县建市,2000年成立亳州市谯城区。谯城区历史悠久,源远流长,以"三朝古都"名扬海内外。一代圣君商汤,集政治家、军事家、文学家于一身的枭雄曹操,中医外科鼻祖华佗,魏文帝曹丕,七步成诗的曹植,代父从军的孝烈将军花木兰,希夷先生陈抟,著名悯农诗人李绅,画家曹霸等都生于亳州	A2辖区概况
资料 a_3	我国最早的农耕文明发生在中原大地主要河流的上游。北接黄河,南襟江淮的亳州,一条大河贯通黄淮,沿涡河数百里一马平川,土地肥沃,平畴丰饶,是农耕文明的最好平台。有文字记载的半原生态奴隶社会夏朝,经过不太长的战争,就被商所取代。商之所以战胜夏,史家大多认为是夏的最后一个帝王"夏桀"荒淫无道、连年征战江淮,失去民心导致。但有一个很重要的原因长期被忽略了,那就是地理物产的原因。夏桀之所以不断征战江淮,就是因为江淮平原富庶的物产令人觊觎,而商汤就是在这样的丰富物力的支撑下,借民心之力,最终打败了夏桀,建立了"商朝"。商汤的发迹之地,史书称之为"亳",孟子所述"汤都于亳,与葛为临"是也。既然曾为汤都,又处中原腹地,在长期的农耕文明时期,文化符号得以大量产生,文化遗存、历史积淀深厚,"历史文化名城"称号当之无愧	A3文化源流
资料 a_4	以"道"字命名的涡河文化,在春秋直至战国这样一个没有明显断年的时代里,成为历史星空里一团耀眼的星云,在华夏大地产生过重大而深远的影响,形成"亳"地文化的第一个高峰。从历史沿革上说,老子生于涡河流域的"亳"地,是可以断言的。老子做过周朝的"柱下史",相当于国家图书馆的馆长,有机会大量阅读王朝典籍,对周朝之前有较高程度民主的联邦制度所创造的社会和谐非常欣赏。及至战争降临,生灵涂炭,饿殍满地,老子目睹满目疮痍的现实,对社会、人生、世界做了深入思考。出于对"刚性"战争的厌恶性反思,他提出"柔弱胜刚强"的理论,在其篇幅不长的著作中,用不少篇幅反复论述"柔"的功用,"齿之至刚也,舌之至柔也,舌存而齿亡"(《庄子集注》),"坚强者死之徒,柔弱者生之徒";"强大处下,柔弱处上""天下莫柔弱于水,而攻坚强者莫之能胜,以其无以易之"(《道德经》)。这些柔顺处世的原则,构成东方文化含蓄、谦抑、内敛的主要色调	A4涡河文化

续表

序号	详细的资料记录	概念
资料 a_5	东汉末年爆发了黄巾大起义，亳地英雄曹操乘势而起，大体说来，曹操父子对中国文化的贡献有两个大的方面值得称道：一是"建安体"文本扭转一代文风。曹操的创作首重思想，他写的大量"乐府"，首先关心的是人民的生活状态，流露出的是一种深沉的反战思想和对人民不幸遭遇的同情。这些关注民生的诗文，厚重苍凉，成为"建安"时期的文化主调，一扫后汉的浮华，开创了一代文风，被誉为"建安风骨"，对后世产生深远影响。直到唐代，李白还称赞道："蓬莱文章建安骨，中间小谢又清发。"唐宋直至明清的散文，都能找到"建安"文本的骨质。二是完成了从文化到"文学"的升华。魏晋之前，文学仅仅是文化的附庸，并没有自己的位置，曹丕完成了《典论》，其中《论文》一篇，第一次把文章称为"经国之伟业，不朽之盛事"，自此，文章成为中国人追求不朽的"三件大事"之一（立德、立功、立言）。《典论·论文》是我国历史上第一部文学评论，开启了文学评论的先河，比另一部文学评论专著《文心雕龙》早了250多年。这个时期，谯文化在全国影响至巨，是亳地文化的又一座高峰	A5 谯文化
资料 a_6	唐代，我国的文学艺术发展到了一个崭新的高度。强盛的国力，使国都长安成为世界的文化经济中心，这时候，亳州虽远离京城，但由于地扼中原咽喉，又有陆路和舟楫交通之便，仍然成为著名的"望郡"。经济的发展促进了文化的繁荣。因有汉晋的余绪，唐代的亳州仍然活跃着全国知名的文人墨客，画家有曹操的裔孙、以画马享誉华夏的曹霸——杜甫所谓"将军魏武之子孙"者；诗人有现实主义大师李绅，以《悯农诗》传诵千古者；学者有礼记研究专家李敬玄，以《礼记中庸传》《古今字苑》屹立学坛者。这些学者推动了亳州文化的发展。 到了宋代，亳州文化又迎来了一次高峰，峰顶是更为成熟的道家文化。它表现在两个方面：一方面是文学的空前繁荣，一条涡河直通汴梁，亳州成为京畿拱卫，重要的地理位置使亳州成为天下"望州"，来此做官的著名文人纷至沓来，有欧阳修、曾巩、晏殊、梅尧臣、鲁有开、宋京……一大批文学士官居亳州，使亳州的文化氛围一直处于良好的状态；另一方面，道家的重要人物陈抟老祖的出生，使亳州的"道"文化攀上了一个新的高度，影响遗蕴达几百年之久。 诞生于亳地的老子、庄子，虽然开创了道家文化，但道教并不诞于兹地，又因地无名山，道教烟火在亳地并不繁盛，虽有李唐皇帝	A6 道家文化

续表

序号	详细的资料记录	概念
资料 a_6	及宋真宗、徽宗皇帝的多次亳州祭祖、祭祀，亳州仍然不是道教活动的重要区域。"仙人"陈抟的降诞，从真正意义上将亳州道家文化发扬光大。 　　陈抟的盛名来源于同皇帝的交往。宋太祖赵匡胤、太宗赵匡义都与陈抟交情匪浅，宋氏兄弟心里是把陈抟作为"帝师"的，多次征召，连道号"希夷先生"都是宋太宗亲赠。但陈抟的盛名并非幸致，他对道家文化的贡献可谓空前。他著述丰富，引入道藏的有《指玄篇》《易龙图》《九室指玄篇》和演化的河洛图书、先天八卦图等，另有《高阳集》《钓潭集》《人伦风鉴》《三峰寓言》等著作传世。重要的是他并不"空口论道"，而是身体力行	A6 道家文化
资料 a_7	亳州市共有163处文物保护单位，其中省级39处，国家级5处。在这些文物保护单位中，大部分分布在各个乡镇。这些乡镇在发展经济的同时，也在不断发掘历史文化资源，使其成为当地的一个"招牌"。谯城区十九里镇、城父镇和蒙城县坛城镇等就是其中的翘楚。 　　据史料记载，曹操曾在谯城东南凤尾沟入涡河处安营扎寨，扩兵屯粮，这个地方距谯城十九华里（1华里=500米），便得名十九里集。铁关帝庙是十九里为数不多的历史遗迹，位于十九里镇卫生院内，坐北朝南，整座建筑庄重典雅。现存建筑有正殿三间，西偏殿三间，西厢房三间。主体建筑高大宏伟，从其建筑风格来看，应属清代晚期建筑。 　　城父镇是历史文化名镇，在春秋时期称夷，公元前528年，楚平王改夷为城父。汉代的时候设置城父县，西汉军事谋略家张良出生于此。全镇现有省、市级文物保护单位十余处，有大汶口时期原始人居住地铁营古遗址，原始社会部落群青凤岭，神奇传说的四女孤堆、二女孤堆古墓群，汉张良张门楼墓群遗址，宋太祖赵匡胤南巡休憩之地回龙寺庙，城父古城址等一批重点文物。 　　在蒙城县坛城镇，檀公城旧址远近闻名，商称北蒙，汉名山桑，南北朝以后称檀公城，今演化为坛城。史料记载：南朝刘宋太尉檀道济在与北魏争夺淮北失地战中屡获全胜，因军粮不济，困守于山桑城，采取"唱筹量沙"的办法，智退魏兵。西、北两面内城垣均绕北蒙山角而筑，现遗址犹存。 　　此外，还有谯城区十九里镇、涡阳县曹市镇、义门镇，利辛县大李集镇、蒙城县小涧镇、坛城镇、利辛县阚疃镇等乡镇都蕴含着丰富的文化遗迹，都是访古探幽的好去处	A7 文化古迹

序号	详细的资料记录	概念
资料 a_8	亳州地处中原腹地，抗战时期，属于豫皖苏抗日游击根据地，党和新四军第四师在这里领导人民开展了艰苦的抗日斗争；解放战争时期，这里又是刘邓大军"千里挺进大别山"的途经之地和淮海战役的大后方。 　　长期的革命斗争，给亳州市留下了大量的革命遗址，现共发现53处革命遗址，其中有10处重要历史事件和重要机构旧址，8处重要历史事件及人物活动纪念地，包括四烈士殉难处、雪枫井、夜袭芦家庙战斗、曹圩子战斗、王人集战斗、苏湾阻击战和马店阻击战等遗址，1处革命领导人故居遗址即刘少奇同志张村故居遗址，16处烈士墓和18处纪念设施。如谯城区有芦庙战斗纪念馆，涡阳县有新四军第四师纪念馆、辉山烈士陵园，蒙城有板桥集战斗纪念馆和雪枫公园，利辛县有路集烈士陵园等	A8红色旅游
资料 a_9	在亳州美丽的乡村中，有的以自然风光见长，有的以人造景观取胜，还有的是两者兼备。被评为"特色乡村"的比比皆是，其中也不乏国家级的旅游风景区。 　　谯城区古井镇古井酒文化博览园：国家4A级旅游景区，包括古井酒文化博物馆、古井酒工业生产观摩区、魏井园和古井园等四大部分。特色：古井酒文化博物馆为仿明清宫廷建筑，是安徽"十大行业馆"之一，也是国内最早的酒文化博物馆之一。连同古井酒厂、魏井、宋井，被国家旅游局命名为"工业旅游示范点"。 　　涡阳县闸北镇天静宫：我国古代伟大的思想家、哲学家、道家思想创始人老子就诞生在该镇的郑店村。世人为纪念他，从我国汉代起，就在该镇境内修建老子庙，又名天静宫，是国家3A级旅游景区。 　　西淝河湿地公园：东依风景如画的西淝河风景区，南临新中国最大的人工河流——茨淮新河，湿地内沟壑纵横，芦苇丛生，鸥鸟飞翔，鱼肥蟹美，占地面积约为2200亩。特色：景区开发主要采取低洼地改造和湿地保护等措施，建设湿地景观、拓展训练、休闲垂钓、水上娱乐、会议培训、旅游度假等项目。 　　蒙城县城关镇：位于淮北平原古老名城——漆园城内。这里"夏属豫州，商为北冢，周、春秋、战国为漆园，汉以后为山桑、淝水等，自唐天宝元年以后皆为蒙城"。我国古代著名的思想家、文学家、道家先哲庄子就出生、成长并一直活动在这里	A9特色乡村

续表

序号	详细的资料记录	概念
资料 a_{10}	谯城区交通便捷，物产丰富。京九铁路纵贯南北，涡河水运直抵苏杭，济广高速、许泗高速、105国道、311国道、307省道和20多条城乡公路四通八达。谯城区拥有药业、酒业和农副产品加工业等三大特色产业。拥有最大的中药材专业市场，是4次蝉联国家金奖的古井贡酒原产地，盛产药材、小麦、玉米、大豆，产量和质量一直位居全省乃至全国前列。 蒙城是全国商品粮基地县、全国林业百强县，连续三年被授予"全省蔬菜产业化十强县"荣誉称号。蒙城矿产资源丰富，已探明优质煤储量达10亿吨。 涡阳农业特色鲜明。耕地面积198万亩，盛产粮、油、棉、中药材和猪、牛、羊、鸡、鸭、鱼等多种大宗农副产品及土特产，是全国优质粮、优质棉生产基地。国内独有的土特产贡菜——苔干，享誉海内外。自主培育的"皖麦38"被评为国家级优质小麦而广泛推广，"中涡1号杨树"被评为国家级林木良种	A10城市资源
资料 a_{11}	在亳州，元宵节人们通常在家里蒸棉花灯、大雁、蛤蟆等（主要原料是豆面、玉米面、红薯面及白面）。正月十五当天中午人们开始蒸棉花灯、大雁、蛤蟆，大雁是正月十六回娘家送给父母的，蛤蟆是送给外甥的，棉花灯则是晚上点亮绕着房子转一圈，预示一年家宅平平安安。 涡阳县的亳州唢呐、涡阳琴书、亳州高跷（城西"刘楼高跷"）、义门大班会、利辛县的"龙之舞"社火，蒙城县的六国旗、"小车舞"等也是亳州地区的传统民俗活动和民间艺术	A11民俗文化
资料 a_{12}	亳州特产美食种类繁多，主要有魏武小磨香油、涡阳县的高松糖蒜、龙山老队长扒鸡、干扣面、苔干、谯城区的王魁智麻花、利辛县的阚疃大块板鸡、利辛展沟大烧饼等。传统医药有亳芍、亳菊、亳桑皮、亳花粉、亳紫菀、亳州牡丹、华祖养骨散、亳州回族梁氏膏药以及蒙城县的刘氏骨伤膏等。 亳州有著名的古井贡酒。汉代以后，谯县的"九酝春酒"酿造水平在大阜阳地区为最。据说曹操亲自用此法酿造的九酝春酒"常善，其上清，滓亦可饮"。建安元年曹操向汉献帝献上家乡的"九酝春酒"，从而使此酒成为宫廷用酒，此酒便是当今全国五大名酒之一"古井贡酒"的前身，被称为"酒中牡丹"。从此，亳州一带酿酒作坊如雨后春笋般发展起来。据《亳州志》记载，清光绪年间，亳州就出现了明流酒、双酸酒、福珍酒、老酒、三白酒、状元红、佛手露等十多个品牌	A12名优特产

续表

序号	详细的资料记录	概念
资料 a_{13}	蒙城县许疃镇毕集村的尉迟寺遗址,是我国目前发现的规模宏大、保存完整、建筑风格独特的史前聚落遗址,而最令考古界赞叹的就是揭露出的78间红烧土排房。在城郭内的广场中央的位置,出土了一件最能代表尉迟寺原始聚落遗址文化价值的陶器——鸟型神器。此外,涡阳县的石弓"石雕"、蒙城县的手工锡包壶、市直金不换酒传统酿造工艺等也是闻名遐迩	A13考古工艺
……	……	……

(二)开放性译码分析

笔者将经过一级编码后的数据内容打散后,赋予概念化的定义,以新的方式组合(表15.1),找出概念类属,确定其属性和维度。在资料分析中实质性地进入二级关联式编码,发现和建立类属间的各种联系,进行范畴命名,找出每个范畴的性质及维度的同质性(因果关系、情境联系、相似属性、功能过程等),重新进行深度提炼整合,完成开放性编码的过程(表15.2),对亳州区域拥有的各种文化类资源和物质类资源划分类别后重组。经过对资料具体关联性研究后,还要探寻表达或建设这些类属范畴的最本质意图和动机,把它们放入社会的生态系统背景中加以考虑。表15.2即是在对整理后的数据经过尽可能细致描述性的概念类属比较后,将其进行范畴整合,并考虑到文化资源的互为存在关系,用某种可同质的方式联系起来,建立一个具有实践资源开发意义的、合理联系的初步归档系统,或者说是一种区域性的特色"文脉"延络。因为只有在对文化类资源进行科学合理的分类与分析后,才能使潜在可开发维护的区域文化资源具有更强的营销传播运用价值,在操作中才会具有较强的实践意义,为后面的整合营销传播与开发提供可靠的支撑。

表15.2 亳州市文化产业资源的开放性译码分析

亳州文化产业资源资料记录	开放性译码				结论
	概念化	范畴化	范畴的性质	性质的维度	
资料 a_1	a_1历史沿革	1. 由概念 a_1,…, a_6 范畴化为:历史文化(A1)	1.文化性质:文化特色文化根基文化影响	1.1 鲜明/模糊 1.2 深厚/浅薄 1.3 大/小	鲜明深厚很大
资料 a_2	a_2辖区概况				
资料 a_3	a_3文化源流				
资料 a_4	a_4涡河文化				

续表

亳州文化产业资源资料记录	开放性译码				
	概念化	范畴化	范畴的性质	性质的维度	结论
资料a_5	a_5 谯文化				
资料a_6	a_6 道家文化				
资料a_7	a_7 文化古迹	2. 由概念a_7,…,a_{10}范畴化为:旅游资源(A2)	2. 旅游性质:旅游资源资源条件资源的美誉度	2.1 丰富/贫乏 2.2 好/差 2.3 好/差	丰富 很好 一般
资料a_8	a_8 红色旅游				
资料a_9	a_9 特色乡村				
资料a_{10}	a_{10} 城市资源				
资料a_{11}	a_{11} 民俗文化	3. 由概念a_{11},a_{12},a_{13}范畴化为:风俗特产(A3)	3. 风俗性质:民俗特色民俗影响度	3.1 鲜明/模糊 3.2 高/低	鲜明 较高
资料a_{12}	a_{12} 名优特产				
资料a_{13}	a_{13} 考古工艺				
资料a_{14}	a_{14} 天下道源	4. 由概念a_{14},…,a_{17}范畴化为:城市名片(A4)	4. 名片性质:城市竞争力产业规模产业支撑面	4.1 强/弱 4.2 大/小 4.3 广/窄	较强 大 较广
资料a_{15}	a_{15} 曹操故里				
资料a_{16}	a_{16} 中华药都				
资料a_{17}	a_{17} 养生亳州				

从表15.2可以看出,通过对亳州区域文化资源的开放性译码分析或称为关联式的二级编码,总共抽象出17个概念和4个范畴。历史文化(A1)是从区域文化资源的历史空间着手,对历史沿革、辖区概况、文化源流、涡河文化、谯文化、道家文化等进行考察,挖掘出其先古至今的历史风物积淀;旅游资源(A2)在这里是指区域文化向外传播所需要的承载体,从现已利用开发形成的旅游景点及城市打造的公共场所,配套的餐饮住宿设施等,到作为最重要交通的河流公路等运输环境,为旅游资源打造一个整体的便利载体,作为亳州区域对外很好的硬件宣传资源;风俗特产(A3)则从民俗文化、节令风俗入手,通过回溯亳州区域的民俗文化、民优特产、考古工艺等优势资源对文化资源的影响及形成的民俗竞争力,从而对亳州区域文化资源进行整合营销传播;城市名片(A4)是亳州政府现在已经规划出建构的城市战略及所获得的城市荣誉,作为文化资源发展所需要的物质性基础,亳州需要打造一条适应自己特色的经济发展之路,也反映出其城市规划的继续发展目标。

(三) 主轴译码分析

考虑到亳州文化资源的历史传统与当代传承资源进行整合传播与开发的可行性,笔者将表15.2的4个范畴归纳出3个主范畴,分别是历史文化资源类、休闲文化资源类、社会文化资源类。其中,"历史文化资源类"由A1 1个范畴构成,"休闲文化资源类"由A2,A3 2个范畴构成,"社会文化资源类"由A4 1个范畴构成。其中对核心范畴的译码分析有着一定的叠合。

三、亳州市文化产业发展的现状分析及可行性措施

(一) 当前亳州市文化产业发展走势

近年来,我国文化旅游业以其独具的文化底蕴和特有的文化氛围而受到广大游客的青睐。着眼于这种市场需求,亳州市委、市政府制定的《亳州市城市总体规划》提出,将围绕历史名城、名人故里、中华药都、白酒之乡、养生亳州五大品牌,做好药、酒、道家文化相结合的大文章。以养生为龙头,打造中华药都养生园等为特色品牌,确立"天下道源、曹操故里、中华药都、养生亳州"的城市定位。《规划》提出要将亳州打造为集观光休闲、中医药养生度假、商务会议于一体的综合性旅游目的地,打造7大旅游品牌,推进资源整合,促进旅游业转型升级,努力实现旅游产品特色化、客源市场区域化、游客出行方便化、服务质量品质化,为亳州经济社会的加速崛起和科学发展提供强有力的社会保障。

随着亳州市文化旅游产业在经济发展中的地位日渐凸显,亳州文化旅游业呈现迅速发展的良好势头,旅游经济高速增长,效益大幅度提升。以下为亳州市部分旅游景区2014年1月的旅游接待情况:古井酒文化博览园1月接待游客0.11万人,门票(经营)收入2.15万元;花戏楼1月接待游客0.37万人,门票(经营)收入14.74万元;华祖庵1月接待游客0.07万人,门票(经营)收入1.79万元;曹操地下运兵道1月接待游客0.38万人,同比增长17%,门票(经营)收入10.2万元;涡阳天静宫1月接待游客2.58万人,同比增长25.6%,门票(经营)收入28.6万元,同比增长24%;老子文化生态园1月接待游客16.84万人,同比增长22.7%,门票(经营)收入254.2万元,同比增长21.5%;蒙城庄子祠1月接待游客3.92万人,同比增长27.5%;利辛印象江南1月接待游客0.62万人,同比增长21.5%,门票(经营)收入18万元,同比增长20.5%;亳州市博物馆1月接待游客0.58万人。

窥一斑可知全豹。根据这份材料,可知亳州文化旅游业发展势头良好,同时文

化旅游业中又以依托历史文化为重要方面。这也说明,亳州市文化产业资源的整合传播与开发还有很多空白点和发展方面,其中养生游还应该进一步发展,亳州药材产业、药材种植及相关的乡村旅游、农家乐可以大力发展;而随着2020年商合杭高铁的贯通,亳州可以开展与中原地区、河南的夏商文化遗址之间的合作,发展夏商文化旅游,也可以进一步将两宋都城连接起来,利用两宋大文豪多在亳州及周边地区活动,发挥亳州与开封、杭州的链接作用,开展两宋文化游。

(二)推动亳州市文化旅游业发展的可行性措施

1. 打造独具亳州特色的文化旅游品牌

当今时代,品牌意识很重要。要尽快把亳州最具特色的文化旅游资源打造成全国一流的原发首创型文化旅游产品,形成自己的品牌,抢占发展先机则显得尤为迫切。亳州市可以利用最能代表本地特色的文化载体,如古井酒文化博览园、曹操运兵道、花戏楼以及中药材大市场进行深度挖掘,提升游客的可参与性,增强文化旅游的体验和感受;同时还可以利用曹操、华佗等本土名人故事,结合本地事迹,策划出大型实景演出节目、互动参与性文艺演出,让游客产生身临其境的共鸣和震撼,从而加深游客对亳州历史文化的印象,让来自五湖四海的游客成为亳州市文化旅游品牌的宣传者。

2. 构建亳州文化旅游产业链

文化是旅游的灵魂,没有文化的旅游就缺少魅力,抓住文化就抓住了核心价值。立足于亳州市丰厚的人文历史资源,要把旅游创意的着力点放在"大人文"上,具体如下:其一,围绕老子、庄子、曹操、华佗、陈抟等享誉中国乃至世界的历史人物,做足"人"的文章;其二,围绕三国曹魏文化、道家文化、涡河文化等,做足"文"的文章;其三,围绕中华药都做足"药"的文章;其四,围绕以古井贡酒为龙头的酒乡,做足"酒"的文章。要想形成整合当地文化资源的产业链,必须打破传统思维的束缚,以实现文化旅游产业价值增值为目标,着力解决旅游产业自身发展、升级以及市场开发等问题。这些不仅可以发展为旅游景点、文化园区,可以建设成为农家乐、深度体验馆、涡河文化长廊,也可以开发各种药茶、药膳、药食点心、药酒、药妆、保健服装以及各种文具、配饰类文创产品等。

3. 加大文化旅游产业软硬件建设力度

亳州地处欠发达的皖北地区,应充分发挥旅游项目专项资金的引导作用,加大基础设施建设的力度,大框架、大手笔、大战略谋划城区基础设施建设,特别要向文化旅游产业倾斜。要紧紧围绕"衣、食、住、行、游、购、娱"这七大旅游经济要素,着力加强旅游配套设施和服务能力建设,拉伸旅游产业链。同时,还应大力发展现代观光农业和乡村旅游,催生一批旅游企业并扶持它们做大做强。此外,在加快硬环境建设的同时,更要加强软环境建设,努力提高亳州市民的综合素质,使人们的一言一行与"国家历史文化名城"的称号相符合。

4. 利用各种渠道加大文化旅游宣传力度

此前,安徽省委、省政府出台了建设以亳州为重点、"两淮一蚌"为主轴的新皖北旅游区的发展战略,亳州应抓住时机,充分利用各种媒体渠道,加大其旅游文化资源的知名度和影响力。适时突出"天下道源、曹操故里、中华药都、养生亳州"的城市定位,利用省市级乃至中央媒体加大宣传力度,提高亳州文化旅游市场的影响力和占有率。目前,关于曹操父子的电影、电视剧已有很多,关于华佗的安徽文化企业制作的动画片《少年华佗》也即将面世,但是亳州地区还有很多历史名人的故事可以深挖,可以制作影视剧和纪录片、动画片等。

四、结　语

以中药文化、道家文化、三曹文化为核心的文化旅游业是亳州文化产业资源整合传播的最重要途径,也可以扩大到夏商文化、两宋文化、涡河文化等方面,同时更要加大地方传统文艺形式的推陈出新、群众普及,这可以进一步扩大、带动、延伸文化产业各方面的新鲜度和开发深度,也能深入拉动本地及周边地区居民的经常性的文化休闲娱乐。此外,也完全可以将中药文化、道家文化融入亳州日常的餐饮业,融入本地的食品加工业、服饰生产与设计业等产业,促进亳州文化资源、自然资源的深度传播与开发。

参 考 文 献

[1] 马克斯·霍克海默,西奥多·阿道尔诺.启蒙辩证法:哲学断片[M].渠敬东,曹卫东,译.上海:上海人民出版社,2006.

[2] 戴维·斯沃茨.文化与权力:布尔迪厄的社会学[M].陶东风,译.上海:上海译文出版社,2006.

[3] 戴维·思罗斯比.经济学与文化[M].王志标,张峥嵘,译.北京:中国人民大学出版社,2011.

[4] 费雷德里克·马特尔.主流:谁将打赢全球文化战争[M].刘成富,译.北京:商务印书馆,2013.

[5] 约翰·哈特利.创意产业读本[M].曹书乐,译.北京:清华大学出版社,2007.

[6] 迈克尔·波特.竞争论[M].刘宁,等,译.北京:中信出版社,2009.

[7] 道尔.理解传媒经济学[M].李颖,译.北京:清华大学出版社,2004.

[8] 让·波德里亚.消费社会[M].刘成富,全志钢,译.南京:南京大学出版社,2006.

[9] 让·波德里亚.象征交换与死亡[M].车槿山,译.南京:译林出版社,2006.

[10] 唐·舒尔茨,海蒂·舒尔茨.整合营销传播:创造企业价值的五大关键步骤[M].何西军,黄鹂,等,译.北京:中国财政经济出版社,2005.

[11] 艾尔·巴比.社会研究方法[M].11版.邱泽奇,译.北京:华夏出版社,2009.

[12] 丹尼尔·里夫,斯蒂文·赖斯,费雷德里克·G·菲克.内容分析法:媒介信息量化研究技巧[M].2版.嵇美云,译.北京:清华大学出版社,2010.

[13] Strauss A, Corbin J. Grounded Theory Methodology: an Overview[M]. Thousand Oaks: Sage Publications, 1994.

[14] 花建,等.文化产业竞争力[M].广州:广东人民出版社,2005.

[15] 厉无畏.创意产业:转变经济发展方式的策动力[M].上海:上海社会科学院出版社,2008.

[16] 顾江.文化产业经典命题100例[M].南京:东南大学出版社,2011.

[17] 胡惠林.我国文化产业发展战略理论文献研究综述[M].上海:上海人民出版社,2010.

[18] 陈少峰.文化产业商业模式[M].北京:北京大学出版社,2011.

[19] 蔡尚伟.文化产业比较案例[M].北京:中国传媒大学出版社,2009.

[20] 陆勤毅.2010合肥文化产业发展蓝皮书[M].合肥:安徽科学技术出版社,2011.

[21] 夏雨禾.改革开放以来《人民日报》"三农"议程设置研究[M].北京:新华出版社,2008.

[22] 刘吉发.文化产业学[M].北京:经济管理出版社,2005.

[23] 姚伟钧,等.从文化资源到文化产业:历史文化资源的保护与开发[M].武汉:华中师范大学出版社,2012.

[24] 李思屈,李涛.文化产业概论[M].杭州:浙江大学出版社,2010.

[25] 黄传新,等.黄山旅游经济开发研究[M].合肥:安徽人民出版社,2009.

[26] 北京大学城市规划设计中心.安徽省旅游发展总体规划[M].北京:中国旅游出版社,2004.

[27] 季家宏.黄山旅游文化大辞典[M].合肥:中国科学技术大学出版社,1996.

[28] 范娟霞.文化产业竞争力评价指标体系[D].长沙:湖南大学,2008.

[29] 李志珍.中国文化产业资源开发与利用[D].长沙:湖南大学,2008.

[30] 汤玉雯.基于历史文化资源整合的小城镇规划设计研究[D].西安:西安建筑科技大学,2010.

[31] 汪中东.安徽宣城市旅游资源开发对策研究[D].合肥:合肥工业大学,2009.

[32] 章兰新.铜陵市文化产业发展研究[D].合肥:安徽大学,2011.

[33] 盛学峰,章尚正.皖南国际旅游文化示范区背景下的旅游文化产业发展研究:以黄山市为例[J].特区经济,2012(8).

[34] 郝梅梅,疏仁华.铜陵市青铜文化产业发展现状及其对策[J].铜陵学院学报,2011(2).

[35] 张燚,刘进平,张锐.基于扎根理论的城市形象定位与塑造研究:以重庆市为例[J].旅游学刊,2009(9).

[36] 郑萍,陈样平."大型媒体行动"塑造陕西区域形象效果探析[J].新闻知识,2010(4).

[37] 张香萍.基于媒体策略视角的安徽形象塑造研究[J].黄山学院学报,2010(6).

[38] 吴娴.合肥文化三题[J].中共合肥市委党校学报,2010(4).

[39] 俞道忠.发展文化产业 提升合肥软实力[J].中共合肥市委党校学报,2008(3).

[40] 瞿辉,王德桉,王飞.坚持创新推动 推进文化强市:合肥加快文化产业发展主要探索与实践[J].中共合肥市委党校学报,2012(2).

[41] 陆林.旅游的区域环境效应研究:安徽黄山市实证分析[J].中国环境科学,1996(6).

[42] 章锦河,陆林.安徽省旅游业国民经济地位评价研究[J].安徽师范大学学报(哲学社会科学版),2002(2).

[43] 章锦河,赵勇.皖南旅游资源空间结构分析[J].地理与地理信息科学,2004(1).

[44] 王群,章锦河,丁祖荣.旅游环境游客满意度的直属测评模型:以黄山风景区为例[J].地理研究,2006(1).

[45] 马向阳,陈琦,郑春东.区域品牌定位与整合营销传播研究:以天津滨海新区为例[J].天津大学学报(社会科学版),2010(2).

[46] 王运涛.郑州市文化品牌传播与郑开文化资源整合研究[J].魅力中国,2009(9).

[47] 管宁.整合元素 提炼内涵 强化传播:福建文化形象塑造的方式与途径[J].福建论坛(人文社会科学版),2009(12).

[48] 郭蕊.宜兴城市文化与区域经济互动发展个案研究[J].中国商贸,2009(9).

[49] 孟爱云.东北区域冰雪旅游资源整合开发探讨[J].学术交流,2009(3).

[50] 邓显超,孙连红.发展红色旅游与提升赣州红色文化软实力的思考[J].农业考古,2008(6).

[51] 常跃中.嘉庚建筑与厦门文化资本刍议[J].装饰,2008(10).

[52] 汪政杰.文化建设:发展贵州旅游业的希望与难点[J].四川文理学院学报,2008(4).

[53] 魏晗.城市形象资源和地域文化传统特色研究[J].中国勘察设计,2008(3).

[54] 周威平."文化江苏"网络传播平台的建设与创新[J].南通大学学报(社会科学版),2007(6).

[55] 郑微波,郑敬东.区域文化传播的核心竞争力分析[J].新疆社会科学,2007(1).

[56] 陈建,李水弟.论江西红色文化产业发展之路[J].特区经济,2007(1).

[57] 王忠武.山东精神与山东发展[J].山东科技大学学报(社会科学版),2003(3).

[58] 应培忠.城市形象塑造与区域经济发展[J].学习月刊,2001(6).